Herausgeber: Diplompsychologe
Univ.-Prof. Dr. Reinhold Ortner

Führe mein Volk in mein brennendes Herz!
Denn die Zeit drängt!

Prophetische Eingebungen und
Weisungen für eine brennende Welt

„Unbeflecktes, schmerzhaftes Herz MARIENS,
sei unsere Zuflucht!"

Tröstet mein Volk,
denn die Zeit drängt!

Prophetische Eingebungen und
Weisungen für eine brennende Welt

– Trilogie –

Teil I:
Geh und verkünde, was ich dir gesagt habe!

Teil II:
Das entsiegelte Buch

Teil III:
1. **Führe mein Volk aus der brennenden Stadt!**
2. **Führe mein Volk in mein brennendes Herz!**

SALVATOR MUNDI
A-3292 Gaming, Kartäuserstraße 2

Bildnachweis:
Herz-Jesu-Bild, St. Stephan, Wien

Foto: www.foto-style.at

Grafik: www.creativstudios.at

Bestelladresse für Österreich:
SALVATOR MUNDI, A-3292 Gaming, Kartäuserstraße 2
Telefon 07485/98632, Fax 07485/9863215.

Bestelladresse für Deutschland:
SALVATOR MUNDI, D-84495 Altötting, Postfach 1263
Telefon 08671/969856, Fax 08671/96985615.

www.salvator-mundi.at

ISBN 978-3-85353-045-0

3. erweiterte Auflage 2011

Alle Rechte bei:

SALVATOR MUNDI
A-3292 Gaming, Kartäuserstraße 2

DER ERZBISCHOF VON BAMBERG EM.

Vorwort[1]

Große geistige Not, Nebel und Zwielicht liegen über der Kirche unserer Tage. Die nachkonziliaren Päpste selbst haben mit Sorge bei zahlreichen Gelegenheiten darauf hingewiesen. Die Lage ist zwar nicht hoffnungslos, aber undurchsichtig. In solchen Zeiten wie dieser schenkt Gott immer wieder auch Zeichen, die Orientierung geben. Inmitten modischer Weltgläubigkeit und konformistischer Zeitgeistsüchtigkeit erweckt er Seelen, die in seinem Licht die Wirklichkeit illusionslos erkennen und Wege hoffnungsvollen Voranschreitens aufzeigen. Sie lassen sich nicht anstecken von fieberhafter äußerer Aktivität, die im Sog eines Mythos der Progressivität steht und getrieben wird von der Furcht, des Konservatismus bezichtigt zu werden. Aller Verdächtigung einer angeblich schädlichen Verinnerlichung zum Trotz sehen sie in der inneren Erneuerung die entscheidende Voraussetzung für den von Papst Johannes XXIII. erhofften Frühling der Kirche. Sie wissen, dass Christus, der Herr der Kirche, diese in keiner

---

[1] Dieses von H. Erzbischof Dr. Karl Braun verfasste Vorwort ist ausschließlich dem ersten Teil des gesamten Buches gewidmt.

Krise, die sie bislang zu durchleiden hatte, im Stich gelassen hat; sie vertrauen darauf, dass er auch heute ihr beistehen wird, die Krise zu überwinden – kraft seiner Gnade, also nicht durch uns Menschen, aber auch nicht ohne uns, vor allem nicht ohne unsere Umkehr und Buße, ohne unser Opfern und Beten.

Solche von Gott berufene Menschen gehören zu den „Kleinen", denen Jesus seine besondere Zuneigung erweist (vgl. Mt 18,4.6.10.14). Sie blicken tiefer und weiter. Sie protestieren und demonstrieren nicht, sondern erkennen in dem mit Christus getragenen Leid das fruchtbarste Mittel des Apostolates. In einer Zeit, die mehr denn je diesseitsgerichtet ist und in der auch die Christen sich fragen müssen, ob sie sich der endzeitlichen, eschatologischen Dimension unseres Lebens noch bewusst sind, lenken die „Kleinen" im Volke Gottes unseren Blick durch alles Vordergründige hindurch nicht nur auf die unsichtbare Wirklichkeit, auf die Tiefen des Mysteriums Gottes, sondern erinnern uns auch an die „endgültige Zukunft", wie sie die Offenbarung des Evangelisten Johannes, die Apokalypse, schildert. Dabei sehen sie die Zeichen, welche die Heilige Schrift für die Endzeit ankündigt, bereits in unsere Gegenwart hineinragen. Mit klarem Blick entlarven sie die mit dem zweiten Kommen des Herrn verbundenen Machenschaften des Satans, bezüglich dessen Wirken auch viele Gläubige blind sind beziehungsweise es tatenlos mit ansehen.

Aufrichtig freue ich mich, dass in der vorliegenden Schrift die Stimme einer der „Kleinen" im Gottesreich zu Wort kommt – einer Frau, die verschiedene „Verwesungselemente" im nachkonziliaren Geschehen aufdeckt und diese mit geistlichen Mitteln zu bekämpfen sucht. Von den Texten werden sich wohl viele „wache" Gläubige angesprochen fühlen; die Priester könnten die Ausführungen zu einer heilsamen „Gewissenserforschung" einladen, nicht zuletzt hinsichtlich der eucharistischen Anbetung, die „eine Würde und Wirkung besitzt, die der Priester durch nichts anderes erreichen und ersetzen kann" (Papst Johannes XXIII.) und einer Wiederbelebung des Bußsakramentes, dessen Spendung die Priester als den Gipfel der persönlichen Seelsorge hochschätzen sollten.

Wer sich von den Texten in einer Art und Weise berühren lässt, die der Absicht der „Autorin" entspricht, indem er den Wahrheiten nachspürt, die sich durch die Ausführungen Bahn brechen, der kann daraus Kraft zum Handeln im Licht des Glaubens empfangen und Hoffnung für den Weg der Kirche in unserer Zeit schöpfen. In diesem Sinn wünsche ich den Leserinnen und Lesern dieser Schrift geistliche Bereicherung und Anregung zu einem mutigen „Einsatz für den Glauben in der Endzeit."

Bamberg, am Hochfest der ohne Erbsünde empfangenen Jungfrau und Gottesmutter Maria, dem 8. Dezember 2002

+ Karl Braun

Dr. Karl Braun
Erzbischof em. von Bamberg

Vorwort

Liebe Leser!
Die Ihnen vorliegenden Texte sind gewiss nicht leicht zu beurteilen. Ich empfehle Ihnen, vor dem Beginn des Lesens den Heiligen Geist anzurufen. Nach einer alten Regel kann man das, was von Ihm kommt, nur in Seinem Licht erkennen und unterscheiden, nur in Seiner Liebe annehmen. Wer freilich die Verfasserin (oder sollte man besser sagen: die Vermittlerin?) näher kennt, wird zumindest an ihrer Aufrichtigkeit und Wahrhaftigkeit nicht zweifeln. Sie möchte aus Rücksicht auf ihre Familie völlig unbekannt bleiben. Soviel kann angedeutet werden: Herkunft aus einem eher liberalen Elternhaus, Austritt aus der Kirche, Rückkehr aus mehr äußeren Gründen, Hausfrau mit Mann und mehreren Kindern, Bekehrungserlebnis, aktiver Einsatz in Caritas und Pfarrgemeinde.

Die Texte sind größtenteils ein Auszug aus dem sogenannten Tagebuch, das auf Weisung des damaligen Beichtvaters begonnen wurde und das dem dringenden Wunsch der Verfasserin entgegenkam, sich selbst und alle diese Einsprechungen, Bilder und Weisungen dem Urteil der Kirche zu unterstellen. Denn das muss auch gesagt werden: Die Verfasserin erlitt selbst immer wieder die größten Zweifel und heftigste innere Anfechtungen, all diese Einsprechungen... als Teufelstrug zu beurteilen.

Die Texte sind unterschiedlicher Natur oder Qualität: mehr allgemeine persönliche Betrachtungen, dann Kommentare zu Bibelstellen, zu Tageslesungen der Heiligen Messe, zu Exerzitienthemen ..., aber auch Worte, Bilder und Botschaften von großer religiöser Kraft, ja geradezu prophetischer Eindringlichkeit.

Was sind von Gottes Geist direkt geschenkte Eingebungen? Was ist menschlicher Verstandestätigkeit entsprungen? Was sind sozusagen Lesefrüchte, von fremden Autoren übernommene Gedanken und Ideen? Das zu unterscheiden, fällt sicher in die Kompetenz entsprechender Fachleute. Es liegen schon einige Beurteilungen von Beichtvätern, Exerzitienmeistern, Theologen vor – alle mit positivem Ergebnis.

Aber eine Gesamtprüfung ist noch nicht möglich, weil die betreffende Person noch lebt und die Interventionen des Himmels noch keineswegs abgeschlossen sind.

Da die wachsende Verwirrung in Welt und Kirche nach klaren Zeichen und Signalen von oben gleichsam schreit, schien es für einen kleinen Kreis von Eingeweihten höchste Zeit zu sein, diese vorliegenden Texte nicht länger unter Verschluss zu halten, sondern sie den vielen Suchenden anzubieten als eine kleine geschwisterliche Hilfe im Glauben. Sind es nicht Mahnungen an die Kirche im Sinn unseres Papstes Johannes Paul II., „reicher an Barmherzigkeit zu werden"?

N.N., Beichtvater

Einführung und Vorwort zu den drei Teilen dieses Buches

Im vorliegenden Band werden zwei bereits veröffentlichte Schriften in Zweitauflage veröffentlicht: die Bände **„Geh und verkünde, was Ich dir gesagt habe"** und **„Dämonische Belastung ist Realität: Das entsiegelte Buch"**. Beide Bände werden nunmehr ergänzt durch eine dritte Schrift derselben Autorin[1] mit dem Titel **„Führe Mein Volk aus der brennenden Stadt!"** und **„Führe Mein Volk hinein in das brennende Herz Gottes!"**

Die Gesamtheit der Texte dieses Buches gleicht in gewissem Sinne einer Trilogie[2] spiritueller und teilweise prophetischer Eingebungen. Diese wurden von der Autorin aufgezeichnet und werden hier veröffentlicht. Das Buch weist drei Schwerpunkte auf, deren Inhalte in zeitlicher Anordnung und Reihenfolge eine dramatische Steigerung aufweisen. So finden wir wichtige Grundaussagen, Situationsbilder und Zeitanalysen, welche eine

---

[1] Die Bitte der Autorin, ungenannt zu bleiben und weiterhin in Zurückgezogenheit und Bescheidenheit leben zu können, muss absolut und in vollem Umfang respektiert werden. Als Herausgeber verbürge ich mich für die tief gläubige katholische Lebenshaltung, selbstkritische Seriosität und praktische Lebensnähe der Autorin.

[2] Eine Trilogie ist ein inhaltlich zusammengehörendes literarisches Werk, welches aus drei Teilen besteht. Die Einzelteile einer Trilogie haben zwar einen gemeinsamen Rahmen, sind jedoch gleichzeitig selbstständig und in sich abgeschlossen. Die vorliegenden drei Teile stimmen in den Grundaussagen hinsichtlich außersinnlich-religiösen Erlebens, endzeitlich geprägter Weisungen und drängenden Aufforderungen an die Menschheit insgesamt überein.

Glaubensferne heutiger Menschen und vor allem auch die aktuelle Situation der Kirche und ihrer Gläubigen realistisch vor Augen führen. Wörtliche Aussagen sowie bildhaft visionäre Schilderungen werden dem Leser als vorausschauende und teilweise dramatisch geschilderte Bilder und Szenen ins Bewusstsein gebracht. Die drei Teile des Buches enthalten eine Fülle von Charakterisierungen unserer heutigen zusehends gottloser werdenden Menschheit und – mitten darin – einer Kirche, welche gerade in letzter Zeit tödlich geplante schwere Angriffe erleiden musste. Bildhaft vorgestellte Ruinen dieser Kirche versinnbildlichen deren erschreckenden und alarmierenden Zustand, während rings umher zahlreiche Menschen von Feuern der Sünde und Rauchschwaden der Auswegslosigkeit umgeben sind. Gott zeigt den Ausweg.

Mit dem Titel „Gehe hin und verkünde, was Ich dir gesagt habe!" wird in Teil I. das Bild einer Menschheit gezeichnet, die egozentrischer Sündhaftigkeit verhaftet ist. In den weltlichen Wirren und Verirrungen, welche tief in den Glauben eingedrungen sind, haben Männer und Frauen die Orientierung und Beziehung zu Gott verloren. Für sie, aber auch für uns alle, gelten zahlreiche und eindringliche Weisungen, Aufrufe und Worte von prophetischer Eindringlichkeit. Vorausgesehen werden Läuterung und Heilung, Kampf und Befreiung. Angesprochen werden auch Bischöfe und Priester. Die Texte sind geprägt von der Atmosphäre einer geistig-seelischen Notsituation der Christen. Dabei geht es vorwiegend um den tiefen Ernst einer Weltsituation, in welcher Abfall vom Glauben und Verstrickung der Menschheit in Gottlosigkeit, Götzendienst und Sünde den dringenden Ruf nach Umkehr erkennen und verspüren lassen. Zugleich ergeht die Aufforderung an Priester und Bischöfe, wieder Hirten und Seelsorger zu werden. Der schleichende Abfall von

Christus hat auch schon Teilbereiche Seiner Kirche infiziert. Für die ihrem christlichen Glauben treu gebliebenen Menschen ist daher die Notwendigkeit eines geistigen Kampfes unabwendbar. Dieser bricht selbst innerhalb der Kirche Christi aus. Zugleich werden in diesem ersten Teil zahlreiche Hilfen für die persönliche Läuterung und Heilung beschrieben und wird zugleich auf die Notwendigkeit hingewiesen, schließlich und notfalls in dieser beginnenden Endzeit[3] ein „Netzwerk von Partisanen Gottes" aufzubauen.

Auf das alarmierende Ansteigen „psychischer Erkrankungen" in unserer Zeit wird in Teil II. hingewiesen. Dieses Ansteigen ist als Erscheinung einer Gesellschaft zu sehen, die Gottes Gebote missachtet und sich an einem atheistischen Materialismus und Konsumismus orientiert. Diese Entwicklung ist bereits deutlich erkennbar.

Die in Teil II. zu findenden Eingebungen beschäftigen sich mit einer schon seit Jahrzehnten zum Tabu der Glaubensverkündigung gewordenen, jedoch in Christi Worten oft erwähnten tiefen Not von Menschen, die unter dämonischer Belastung leiden. Sie können sich davon nicht selbst befreien, schon gar nicht durch immer häufiger und aufdringlicher angebotene okkulte Heilungs-Praktiken. Auf der anderen Seite scheint die Kirche jenen Auftrag Christi nicht ausreichend ernst zu nehmen und zu befolgen. Bei Mk 6,7 heißt es aber: „Er gab ihnen die Vollmacht, die unreinen Geister auszutreiben" und in seinem Missionsauftrag gibt Jesus den zwölf Apostel die Weisung: „Heilt Kranke, weckt Tote auf, macht Aussätzige rein, treibt Dämonen aus!" Um die damit zusammenhängenden heutigen Nöte der Betroffenen intensiver

---

[3] ... was noch nicht das Ende der Welt bedeuten muss.

spüren zu lassen, bringt Teil II. authentische Beispiele okkulter bis dämonischer Belastungen, dringende Appelle an Bischöfe und Priester und informiert über Einfallstore für dämonische Angriffe bzw. Besitznahme.

In ernster Dringlichkeit und mit Hilfe konkreter Fälle und Beispiele wird hier verdeutlicht, dass und wie in den Menschen im Verlaufe des schleichenden Einflusses zahlreicher Irrlehren, esoterischer Ersatzreligionen bis hin zu satanistischen Untergrundzirkeln „Einfallstore des Bösen" in Fühlen, Denken und Tun geöffnet werden. Zugleich wird darauf hingewiesen, wie gleichgültige und auch klar bewusste Verstrickung in schwere Sündhaftigkeit – vor allem durch die „Kultur des Todes" – vom Beginn des Lebens an bis zu seinem Ende immer tödliche Gefahren körperlicher und seelisch-jenseitiger Art in sich trägt.

Wie soll man sich das vorstellen? Wird ein „Einfallstor" (wie oben beschrieben) geöffnet, sickern dämonische „Infektionen" in psychosomatische Persönlichkeitsbereiche des Menschen ein. Die dann auftretende Symptomatik reicht von unerklärlicher Unruhe und Schlaflosigkeit bis hin zu lähmenden Ängsten, Suchterkrankungen und Suizid-Gedanken. Da dämonisch-psychisch-geistigen Infizierungen oft bekannte psychosomatische und seitens der Medizin heilbare oder zumindest medikamentös zu behandelnde Erkrankungen „vortäuschen", greift die Beschränkung auf ausschließlich ärztliche Heilungsversuche oft ins Leere.

Die Lage ist heute so, dass die für die Beauftragung von Exorzismen verantwortlichen Bischöfe dieser Verantwortung nur wenig nachkommen, da einesteils der Glaube an die Existenz Satans und seiner Dämonen von akademisch lehrenden Theologen als Aberglaube hingestellt wird, andererseits die Furcht vor anprangernden

Angriffen seitens der Medien und anderer antichristlicher Kräfte „vorsichtig" macht. So kommt es, dass z. B. dämonische Belastung, Um- oder Besessenheit als unheilbare „Geisteskrankheit" angesehen wird und Betroffene oft (als letzte „Notlösung" ärztlicherseits) in psychiatrische Kliniken eingewiesen werden. Für einen möglichen Erfolg aber wäre die Kooperation mit einem Exorzisten erforderlich, der von seinem zuständigen Bischof den Exorzismus-Auftrag bekommen hat.

Teil III. trägt den Charakter einer drängenden Zeit, zugleich einer letzten eindringlichen Mahnung. Er setzt in bildhafter Schilderung einen neuen Schwerpunkt in dieser Trilogie. Seine Titel „Führe mein Volk aus der brennenden Stadt" und „Führe Mein Volk hinein in das brennende Herz Gottes" weist darauf hin, dass die in den Teilen I und II aufgezeigten Entwicklungen der Glaubenslosigkeit, des bedenkenlosen bis bewussten Sündigens und der Weigerung zur Umkehr einer Eskalation zusteuern. Nochmals wird eine Gott ferne, sittenwidrige und sündige Gesellschaft vor Augen geführt, deren religiöses sowie ethisches „Burnout"[4] gewissermaßen eine hochbrisante und eilige Rettungsaktion erfordert, bei der jeder, der bislang in der Treue zu Gott und im Festhalten am wahren Glauben standhaft geblieben ist, aufgerufen wird, sich und seine Mitmenschen aus der brennenden Stadt zu retten, indem er aus Nächstenliebe einen geradezu apokalyptischen Einsatz übernimmt.

Zusammenfassend kann man sagen: Am Ende[5] dieses visionären Geschehens finden sich endzeitlich drängende Aufforderungen an alle jene Menschen, die in ihrem

---

[4] Ausgebrannt sein
[5] Vergleiche Band III.

Herzen Glauben, Hoffnung und Liebe zu Gott bewahrt haben. Die im Glaubensabfall unserer Gegenwart zusammengeschmolzene „kleine Herde" bildet das „Volk Gottes". Diese „treue Herde" – mitten unter den vom Glauben abgefallenen und in ihren Sünden verharrenden Menschen – ist ringsum von brennenden Feuern rauchender Sündhaftigkeit des Bösen eingeschlossen und bedroht. In dieser höchsten Not ergeht an alle treuen und glaubensmutigen Christen der Ruf Jesu: **„Führe mein Volk aus der brennenden Stadt in Mein brennendes Herz!"**

*

„Ich bin es, ja ich, der euch tröstet."

(Is 51,12)

Was auch immer auf uns zukommen wird, lasst uns alle lähmenden Ängste und Sorgen in die gütigen Hände Gottes legen und der liebenden Fürsorge und befreienden Tröstung unseres himmlischen Vaters vertrauen:

„Gepriesen sei der Gott und Vater Jesu Christi, unseres Herrn, der Vater des Erbarmens und der Gott allen Trostes. Er tröstet uns in aller Not, damit auch wir die Kraft haben, alle zu trösten, die in Not sind, durch den Trost, mit dem auch wir von Gott getröstet werden. Wie uns nämlich die Leiden Christi überreich zuteil geworden sind, so wird uns durch Christus auch überreicher Trost zuteil." (2 Kor 1, 3-5)

Am Pfingstsonntag des Jahres 2010,
Reinhold Ortner

Teil I

Univ.-Prof. Dr. Reinhold Ortner

Geh und verkünde, was Ich dir gesagt habe

Weisungen, Aufrufe, Worte von prophetischer Eindringlichkeit

Die Visionen des hl. Don Bosco

„Endlich rufe ich auf die Apostel der letzten Zeiten, die treuen Jünger Jesu Christi... Die Zeit ist da, dass sie ausziehen, um die Welt mit Licht zu erfüllen. Gehet und zeiget euch als meine geliebten Kinder. Ich bin mit euch, sofern euer Glaube das Licht ist, das euch in diesen Tagen der Drangsale erleuchtet... Kämpfet, Kinder des Lichtes, ihr, die kleine Zahl, die ihr sehend seid; denn die Zeit der Zeiten, das Ende der Enden ist da."[1]

Einleitung des Herausgebers

1. Zeitgeschichtliche Anmerkungen

Wir müssten schon mit geschlossenen Augen durch die Welt gehen, wenn wir nicht merken würden: Unsere Gegenwart trägt Endzeit-Charakter. Die Kirche Christi steht im Zentrum von Angriffen aus allen Richtungen: Einerseits Unterdrückung, Verfolgung, Demütigung, Kerker und Tod, andererseits Gleichgültigkeit, Spott, Verhöhnung, Verfälschung und Verdrehung oder Nivellierung der uns von Christus überantworteten Wahrheit sowie Ausgrenzung und psychische Verletzungen der im Glauben treu Gebliebenen. Noch schlimmer: Es gibt Zersetzung und Spaltung von innen heraus mit teils subtilen, teils massiven Methoden.

Das Gefährliche dabei ist der schleichende Vorgang dieser umfassend angelegten Zerstörung. Von der Gesellschaftspolitik, von der Medien und gesellschaftlichen Gruppen kommen die Angriffe gezielt und bereits wie

---

[1] Aus „Die große Botschaft von La Salette". Christiana-Verlag. 1977, S. 156.

selbstverständlich. Vom Innern der Kirche heraus aus machen sich Zersetzung und Nivellierung unterschwellig bis verdeckt-aggressiv breit. Mit Hilfe von gleichbleibenden Wort- und Begriffshülsen werden neue, häretische und verfälschende Inhalte ins Bewusstsein der gläubigen Menschen infiltriert. Als Folge zeigen sich zunächst Verunsicherungen und Zweifel, dann Anpassung an „neue theologische Entwicklungen", Übernahme entsprechender Vorgaben und schließlich Abfall vom wahren Glauben. Viele finden Gefallen an Auswahl-Religionen. Wahrheit darf es keine mehr geben. Falsch verstandene „Toleranz" billigt allen Religionen und Sekten ihre „Wahrheit" zu. Der von Christus Seiner Kirche als Wahrheit verbürgte katholische Glaube samt seiner vom Heiligen Geist geoffenbarten Dogmen werden als „Sondergut" in eine sektiererische Ecke gedrängt. Von den Geboten Gottes wird keines mehr verbindlich geachtet: Viele schieben sie weg, nehmen sie zumindest nicht mehr zur Kenntnis oder missachten sie gravierend - oft indem man sie als Affront gegen Gott bewusst und gezielt verletzt.

Finsternis vom Rauch des Hochmuts, vom Nebel der schrankenlos werdenden Begierden überschattet die Menschheit. Sie bewegt sich in einem selbstbezogenen Taumel dem Abgrund zu. Wir stehen offensichtlich vor dem endzeitlich-gigantischen Abfall vom einzigen wahren Gott, verbunden mit einer bereits begonnenen Verfolgung Seiner treuen Herde. Die Bestien im römischen Zirkus von damals, welche die glaubenstreuen Kinder Gottes zerreißen sollten, sind heute demoralisierende, glaubensfeindliche Angriffe über die Medien, Schlagzeilen, bloßstellende Fernseh-Interviews oder Oppositionshaltungen so genannter demokratischer kirchlicher Basisgruppen. Martyrien für Christus vollziehen sich nicht mehr am öffentlichen Marterpfahl, im siedenden Öl oder durch qualvolle Kreuzigung, sondern meist im verborgenen Leiden durch psychische Verwundungen, geistige Dolchstöße, Verleumdung, Rufmord und konzentrierte Attacken publizistisch vernetzter ideologischer Kräfte.

2. Übernatürliche Eingebungen - was ist davon zu halten?

Wir hören heute von vielen „Eingebungen", „Offenbarungen", „Einsprechungen" oder „visionären Erlebnissen". Keineswegs alles, was uns auf dieser Ebene begegnet, ist göttlichen Ursprungs. Nicht selten stammen sie aus dubiosen, esoterischen oder gar diabolischen Quellen. Um auf Echtheit und Wahrheitsgehalt schließen zu können, bedarf es zunächst immer einer strengen und kritischen Analyse. Fragekriterien sollten auf jeden Fall folgenden Rahmen abstecken:

- Handelt es sich bei dem Empfänger/der Empfängerin der Botschaft um eine seriöse und glaubwürdige Person?
- Ist die betreffende Person im Glaubensleben erprobt und geläutert?
- Stehen die Texte und Aussagen zur geoffenbarten Wahrheit Gottes in der Heiligen Schrift und damit zur authentischen Lehre der Kirche im Einklang?
- Werden in den Eingebungen und Aussagen zum Beispiel reale und schmerzende Wunden, Irrwege und Sünden gekennzeichnet, in welche sich die Menschen gerade besonders verstrickt haben oder in Gefahr sind, hinein zu geraten?
- Sind deutlich Klarstellungen, Warnungen oder Bitten erkennbar, welche den Willen und die Führung Gottes

im Hinblick auf die Entwicklung der Kirche im Zeitgeschehen betreffen?
- Finden sich Hinweise, Hilfen, und Aufgaben, mit welchen die Menschen den Willen und die Führung Gottes begleiten sollen?

3. Hinführung zu den in diesem Buch aufgezeichneten Eingebungen und Aussagen

Der Leser darf kein großes literarisches Epos erwarten, auch nicht eine in sich geschlossene komplexe Vision. Vielmehr setzen sich die Texte inhaltlich aus kurzen, überschaubaren und kompakten Einzeleingebungen an die Empfängerin der Botschaften zusammen. Es empfiehlt sich, jeweils über eine oder mehrere dieser kurzen Eingebungen in besinnlicher Ruhe nachzudenken und sie geistig zu verarbeiten, bevor man weiterliest. Jeder Abschnitt enthält in sich bereits eine Teil-Zielvorgabe, eine Forderung, eine Bitte, einen dringend gewordenen Aufruf oder eine vorendzeitliche Warnung. Letztere wird besonders deutlich, wenn man die Aussagen zu den „Partisanen Gottes" liest. Dieses Konzept notwendiger Aktionen glaubenstreuer Menschen fasziniert. Es verdeutlicht unsere aktuelle Gefahrensituation, die in ihren Auswirkungen vielfach noch gar nicht erkannt wurde und deswegen leichtfertig abgetan wird. Wir sollten aber diesen Gefahren rechtzeitig ins Auge blicken, um uns darauf einstellen zu können. Dies ist schon heute wichtig und wird noch mehr in den kommenden Jahren einer sehr nahen Zukunft von dringender Notwendigkeit sein. Dem kleiner werdenden Häuflein der Kirchen- und Papsttreuen, den Kindern der Muttergottes in der Endzeit, den Märtyrern in einer Zeit immer mehr hereinbrechender Gottesferne und eines Umsichgreifens von Lauheit und Gotteshass wird es eine Chance eröffnen, gewissermaßen im „Untergrund" als religiös-geistige Partisanen den wahren Glauben zu bewahren, zu festigen und weiterzugeben. Leidvolle Erfahrungen aus den Christenverfolgungen in atheistischen Regimes[2] und antichristlich geprägten Staatsverfassungen stellen wertvolle Orientierungen für alle glaubenstreuen Christen dar, wenn sie sich in einer möglicherweise bald eintretenden Phase der Vorbereitung auf die Endzeit in den katholisch-religiösen Untergrund begeben müssen. Das Kapitel „*Endzeit*" in diesem Buch ist von eben diesen Gedanken und Überlegungen getragen. „Partisanen Gottes" stellen ein Netzwerk mit tiefer innerer Verbundenheit dar. Seine „Mitglieder" zeichnen sich durch ihre Bereitschaft aus, den guten geistigen Kampf kämpfen zu wollen. Verborgener oder offener Einzel- oder Gemeinschaftseinsatz und Verschworenheit in Treue zu Gott, zur Muttergottes, zu Kirche und Papst unter dem Mantel der göttlichen Wahrheit und des unabänderlichen Glaubens stellen gewissermaßen den Rahmen des Wirkens der „Partisanen Gottes" dar. Konkrete Aktivitäten sind: Anbetung vor dem Allerheiligsten, Gebet, Opfer und Sühne, aber auch Einsatz für den Mitmenschen in religiös geistiger Notlage, eigene Vertiefung im Glauben, Bestätigen, Stärken, Festigen für die unsicher und schwach Gewordenen, Neumissionierung im Glauben mittels verschiedenster Formen. Letzteres betrifft vor allem das Entgegnen und Zurechtrücken von Irrlehren und Irrwegen sowie den Einsatz gegen Nivellierung und Zerstörung des katholischen Glaubens. Zusätzlich kann es immer auch bedeuten, aus

---

[2] Vgl. hierzu die lesenswerte Schrift Wurmbrand R.: „In Gottes Untergrund", Berghausen, o.J.

von Liebe getragener Verantwortung die Hirten der Kirche zurückzurufen, die von ihrer Aufgabe abzuweichen drohen, und jene zu stärken, welche sonst im Einsatz ihrer pastoralen Aufgabe mutlos werden würden. „Partisan Gottes" kann jeder sein, wenn er seine ihm persönlich von Gott geschenkten Begabungen (mit allen Stärken und Schwächen) in den Dienst Gottes stellt. Ein feierlich vor Gott abgelegtes Gelöbnis hilft der geistig-religiösen Aufrüstung des Einzelnen und der Gemeinschaft.

4. Einordnung und Verständnis der Aussagen und Texte

Die vorliegenden Texte wurden nach den Kriterien von Punkt 2. unvoreingenommen überprüft. Briefliche und persönliche Rückgespräche mit dem Beichtvater und einer hohen kirchlichen Persönlichkeit dienten der vertrauenswürdigen Absicherung. Schließlich erfolgte auch noch eine persönliche Begegnung mit der Empfängerin der Botschaften. Dies entsprach der notwendigen Verantwortung des Herausgebers, damit niemand irregeführt werde und der Leser mit gutem Gewissen über das hier Niedergeschriebene nachdenken und es in sein religiöses Leben einordnen kann. Persönlich fühle ich mich von der Echtheit der (übernatürlich) empfangenen Worte, Belehrungen und Weisungen überzeugt.

Die in dieses Buch aufgenommenen Texte bestehen zum Teil aus direkten, wörtlichen Eingebungen, welche die dafür auserwählte Person unmittelbar danach festgehalten und aufgezeichnet hat. Diese als übernatürlich authentisch zu bezeichnenden Aussagen wurden in Anführungszeichen gesetzt und sind als Kursivdruck kenntlich gemacht. Alle anderen Texte stellen Aussagen der Autorin dar, sind zunächst nicht direkten Eingebungen zuzuschreiben, stehen jedoch in engem sinnbezogenen Zusammenhang und sind als subjektive Folgegedanken dieser Einsprechungen zu werten. Dabei drücken sie auch persönliche Betroffenheit aus.

Wichtig erscheinen noch folgende Hinweise: Wenn von „Händeauflegen" zur Befreiung und Heilung gesprochen wird, ist auf jeden Fall zunächst jene Vollmacht zu berücksichtigen, die den Aposteln und Jüngern und ihren Nachfolgern gegeben wurde.[3] Werden Hände zur Befreiung und Heilung aufgelegt, kommt es dabei auf den Glauben an. „Vollmacht ohne Glauben vermag nichts."[4] Die Verheißungen Christi, durch Händeauflegen zu befreien und zu heilen, wurde nach Mk 16,18 [5] allen Glaubenden (im

---

[3] Vgl. hierzu folgende Eingebung von Christus an die Empfängerin der Botschaften: „Der Auftrag, den Ich Meinen Jüngern gegeben habe, ist klar und deutlich: verkündet das Evangelium, heilt Kranke, treibt Dämonen aus, weckt Tote auf! Nicht den Schriftgelehrten und Pharisäern habe Ich diesen Auftrag anvertraut, sondern Fischern, Zöllnern, Sündern. Die von ihnen Mein Wort annahmen wie ein Kind und daran glaubten, konnten alles tun, was Ich ihnen sagte. Das ist heute nicht anders. Wenn ihr es nicht tun könnt, liegt es an eurem Unglauben. Ihr könnt die Werke, die Ich euch aufgetragen habe, nur tun, wenn ihr in Meinem Wort bleibt, wenn ihr Mein Wort nicht „umdeutet", verändert, entstellt. Wenn ihr Mein Wort erfassen wollt, müsst ihr euch von ihm erfassen lassen. Wer auf sich selbst vertraut, wird es nie begreifen, sondern jener Sprachverwirrung zum Opfer fallen wie jene Menschen von Babylon, deren geistiger Hochmut sie hinderte, das große Werk zu vollenden. Kehrt um und geht in die Knie!

Sage ihm (dem Bischof): Es ist notwendig, Vollmacht zu erteilen, die Dämonen auszutreiben. Die Zeit ist da! Wer mit Meinen Augen sieht und mit Meinen Ohren hört, wird das Treiben des Feindes erkennen können. Wer in Meinem Wort bleibt, wird die Wahrheit erkennen und durch diese Wahrheit befreit werden und andere befreien können."

[4] Anmerkung der Empfängerin der Eingebungen

[5] „... und die Kranken, denen sie die Hände auflegen, werden gesund werden."

Gegensatz zu Gläubigen) geschenkt. Da die Gepflogenheiten des Händeauflegens zur Heilung und Befreiung heute auch vielfach leichtfertig im Umfeld nichtchristlich religiöser und esoterisch-therapeutischer Strömungen missbraucht[6] werden, ist gründliche Vorsicht notwendig, die folgendermaßen zu präzisieren ist: Die Heilung und Befreiung durch Händeauflegen durchführen wollen, mögen sich fragen: Wie stark ist mein Glaube? Was fange ich mit der Vollmacht an, die mir ganz persönlich von Christus übertragen wurde? Höre ich mehr auf Ihn oder auf den Vater der Lüge? Oder baue ich auf mich selbst und meinen Verstand? Für einen katholischen Christen ist die Rückbindung an kirchliche Amtsträger (Beichtvater; Pfarrer; Bischof) selbstverständlich.

5. Einleitung zu den einzelnen Kapiteln

Das erste Kapitel handelt von persönlicher Läuterung und Heiligung. Wer in einer Zeit zunehmenden Glaubensabfalls, zerstörerischer Angriffe der Zersetzung und Uminterpretierung des Evangeliums und des dogmatischen Glaubensgutes der Kirche, in einem Klima der Anfeindungen gegen den Papst und gegen die dem katholischen Glauben treu gebliebenen Menschen lebt und geistig und geistlich unversehrt aus diesen Wirren und Vernebelungen hervorgehen möchte, der muss zuallererst die „Rüstung Gottes"[7] anziehen. Denn niemand zieht in

---

[6] Wenn unseriöse Praktiken vorkommen (nicht nur von Laien, sondern auch von Priestern), dann ist das sicherlich kein Grund, den Auftrag Jesu (vgl.: Mk 16,18) nicht um so treuer und glaubhafter zu erfüllen.

[7] Vgl.: Eph 6,13: „Darum legt die Rüstung Gottes an, damit ihr am Tag des Unheils standhalten, alles vollbringen und den Kampf bestehen könnt."

einen Kampf, ohne sich zuvor sorgfältig gewappnet, abwehrbereit gemacht und mit starken Waffen ausgerüstet zu haben. Die Rüstung Gottes ist unsere Stärke. Sie schützt und stärkt den, der sich unablässig um persönliche Läuterung und Heiligung bemüht. Ziehen wir also die „Waffenrüstung Gottes" an. Lassen wir uns von Gottes Kraft, von der „göttlichen Bestrahlung in der Eucharistie"[8] durchdringen. So gestärkt und vorbereitet können wir aus der Tiefe des Glaubens leben, brauchen uns nicht zu fürchten und gehen in Treue unseren Weg: durchhalten, nie aufgeben und zugleich stark sein in der von Demut geprägten Nachfolge Christi.

Verteidigung der eigenen Glaubenssicherheit ist wichtig und gut. Doch Nachfolge Christi bedeutet neben der eigenen Läuterung und Heiligung zugleich ein Öffnen nach außen: den aktiven Einsatz für das ewige Heil unserer Schwestern und Brüder, deren Stärkung im Glauben, der Neuevangelisierung in einer ausgetrockneten Wüste des Glaubens an den lebendigen Gott und damit an das Evangelium unseres Herrn Jesus Christus. Ein solcher Einsatz wird sofort auf massive Gegenkräfte stoßen, auf vernebelndes Blendwerk religiöser Gleichmacherei, auf Verächtlichmachung fehlgedeuteter „radikaler fundamentalistischer Rückständigkeit" bis hin zu medien- und ideologiegestützten Verleumdungen der Intoleranz und angeblicher Fortschrittsfeindlichkeit. Christus sagt: „Wer nicht für mich ist, der ist gegen mich."[9] Die heute mit starken „Heerscharen" aufziehenden Gegenkräfte sind nicht zimperlich im Freund-Feind-Denken. Sie werden in geschickter Tarnung Christus als einen ihrer Freunde ausgeben, dagegen die im Glauben treu Gebliebenen

---

[8] Vgl. Kapitel 1 „Persönliche Läuterung und Heiligung"
[9] Vgl.: Mt 12,30

als Häretiker, Störenfriede, Sektierer und den sozialen Frieden Gefährdende verleumden. Bei dieser Entwicklung kann es, ohne das mutige Zeugnis für Christus aufzugeben, schnell notwendig werden, in den Untergrund gehen zu müssen. Es wird sicherlich eine Zeit des Kampfes hereinbrechen, die uns angesichts der Übermacht der Gottlosigkeit zwingt, als Versprengte gleichzeitig mit geeinten Kräften einen geistig-religiösen „Partisanenkampf" zu führen. Hierzu findet der Leser aufrüttelnde Hinweise im Kapitel **„Kampf"**.

Viele Menschen leben heute in schwerwiegenden Nöten. Andere sind psychisch-geistig gefesselt. Die Ursachen hierfür sind teils in Verwirrungen und Einbrüchen verschuldeter oder unverschuldeter Lebensumstände und Beeinträchtigungen zu finden, teils in einer schwer zu lösenden Verknotung von Bindungen mehr oder minder dämonischer Belastungen. Letztere wollen viele heute nicht wahrhaben, weil sie nicht ins Bild einer materialistischen Weltanschauung passen, die beansprucht, alles wissenschaftlich und wirtschaftlich im Griff zu haben. So ordnet man trotz deutlicher therapeutischer Misserfolge sämtliche „Störungen" in medizinisch-psychologische Schablonen ein. Was nicht sein darf, kann es eben nicht geben. Wer da anders spricht und Maßnahmen der **Befreiung und Heilung** einleiten möchte, gilt als wissenschaftlich unseriös, hinsichtlich seiner „religiösen Einfalt" mittelalterlich oder sonst irgendwie geistig beschränkt.

Wie viele Menschen könnten froher sein und weniger belastet im Leben stehen, wenn ihnen jene Heilung und Befreiung zuteil würde, deren Durchführung Christus seinen getreuen Jüngern auftrug. Gemäß dem Gebot der Nächstenliebe sind wir dringend aufgerufen zum karitativen apostolischen Einsatz an unseren Mitmenschen: Hilfen der

Güte, Barmherzigkeit, Liebe und Wahrheit, vor allem auch in ganz praktischen Dingen des Alltags. Daneben ist es aber auch das Gebot der Stunde, in unerschrockenem Einsatz Menschen mit offensichtlichen und verdeckten diabolischen Belastungen Heilung zu vermitteln. Dies beinhaltet: Verstehen, Mitfühlen, Beten und Befreiung mit Hilfe bischöflich-priesterlicher Vollmachten. Christliche Nächstenliebe darf sich nicht im Materiellen erschöpfen. Die Not der heute seelisch-geistig Leidenden ist schier grenzenlos geworden. Zögern wir nicht länger und verhelfen ihnen zur Befreiung, wenn ihre Leiden der psychologisch-psychiatrischen Therapie unzugänglich sind. Im Kapitel **„Heilung und Befreiung"** findet der Leser wichtige und bedenkenswerte Ermahnungen, die uns in die Pflicht nehmen wollen.

Wer wachen Sinnes das uns umgebende Weltgeschehen wahrnimmt, muss nachdenklich werden. Es gibt vor allem zwei große Strömungen mit endzeitlichem Charakter. Auf der einen Seite nehmen Naturkatastrophen auffallend zu. Es sind nicht vorrangig menschlich verursachte Tornados, Wolkenbrüche, Feuersbrünste, Vulkanausbrüche und Erdbeben, wie uns das politische und gesellschaftliche Management weismachen möchte. Dessen Bewusstsein möchte nämlich keinen Gedanken an die Größe der Allmacht Gottes verschwenden. Dahinter stehen auch keineswegs ausschließlich Ursachen, die sich mittels ökologischem Verzicht bereinigen lassen. Wir spüren, dass es zunehmend um Katastrophen geht, die in ihrer Urgewalt weltweit ausbrechen. Es sind aus der liebenden Sorge Gottes um unser Heil kommende Denkanstöße: „Kehrt endlich um! Denkt um! Lauft nicht weiter in euer Verderben!"

Auf der anderen Seite gestaltet sich der Abfall von Gott zu einem erschreckenden Sog. Verfall, Niedergang und Untergang bedrohen die Welt, wenn sich nichts an folgenden Entwicklungen ändert: Völker und Gesellschaften leben überheblich aus ihrem selbstgemachten ideologischen Denken heraus. Sie haben Gott auf die Seite geschoben, glauben, Ihn nicht mehr zu brauchen, oder haben Ihn schon ganz vergessen. Das Machertum, das „Alles selbst im Griff Haben", der selbst gewählte pseudoethische und egozentrische Lebensstil dominieren. Damit dieser gespenstische Wahnsinn die Menschen in Sorglosigkeit vernebelt bleiben lässt, pumpen Ideologien und wirtschaftliche Gewinnsucht Narkotika in die Gehirne: Konsum, Spaß, Schönheit, Lustausschöpfung, Karriere, Besitz, Wohlstand, Wellness werden angepriesen. Die Menschheit schafft sich ihre eigenen von ihr vergötzten Götter: Sex als Selbstzweck der Lust, Spaß, Klamauk und „Aktion" sind zum Lebensinhalt geworden, ebenso Selbstverwirklichung und Emanzipation als Freiheit von „Unzumutbarkeiten". Damit wird das Gebot „Du sollst keine fremden Götter neben mir haben!" heute in Form einer besonderen lieblosen Steigerung missachtet: Die Menschen haben ihre Götter nicht **neben** dem allein wahren Gott, sondern zunehmend schon **ohne** Ihn.

Selbst die Kirche Christi bleibt nicht verschont. Der schleichende Abfall von Christus hat schon weite Teilbereiche der Kirche infiziert. Sie wird bedrängt und bedroht von dem hartnäckig vorangetriebenen Ruf nach einer „anderen Kirche". In diese Strategie gehört auch, dass glaubenstreue Christen als „zu einer Sekte gehörig" abgestempelt werden. Das mit ihnen verbundene „Behinderungsproblem" für die Verwirklichung einer „neuen Kirche" löst sich irgendwann - so sagt man - „biologisch". Da kann es fast keinen Zweifel mehr geben: Die Verfolgung der Kirche Christi hat bereits begonnen. „Meine kleine Herde will ich ganz in Liebe vereint wissen", heißt es im

Kapitel „**Endzeit**" dieses Buches. Das muss aufhorchen und nachdenklich werden lassen.

Durch den schleichenden Abfall kommt es in unserer Kirche zu einer immer größeren und tieferen Spaltung. Zwar sprechen die verantwortlichen Hirten nicht offen darüber, aber der Riss ist nicht mehr zu leugnen. Er trennt nicht nur die Gläubigen der Kirche, sondern in wichtigen Fragen und Entscheidungen auch die Hirten untereinander. Unwillkürlich denkt man an andere endzeitliche Botschaften, wo es heißt: „Bischöfe werden gegen Bischöfe sein..." Jede professorale Arroganz gegen den Wahrheitsgehalt der Lehre Christi, jede Überheblichkeit von Kirchenfunktionären in Bezug auf katholische Dogmen, päpstliche Lehrschreiben und den Gehorsam gegenüber unaufgebbaren ethischen Normen (zum Beispiel auch auf dem Gebiet von Sexualität, Ehe und Familie), jede versteckte oder offen geäußerte Häme zur Person, Autorität und Sendung des Papstes vertieft und verbreitet jenen Spalt, der dem untergründigen Erdbeben weiteren explosiven Raum zur Kirchenspaltung schafft. Moderne Formen des Martyriums, wie geballte Angriffe der Medien, Anfeindungen aus den eigenen Reihen und psychisch unerträgliche Belastungen in der Wahrnehmung der Hirtenaufgabe, haben zur Folge, dass auch glaubenstreue Hirten geschwächt, in Krankheit getrieben werden und ihr guter Wille gelähmt wird. Christus hat uns vorhergesagt, dass wir gehasst und beschimpft werden.[10] Hierzu findet der Leser im fünften Kapitel ernste und unmissverständliche Mahnungen an **Bischöfe und Priester:** „Bischöfe, werdet wieder Hirten und Seelsorger! Priester müssen wieder Priester werden! Zölibat ist ein Charisma. Ordensgemeinschaften müssen sich im Heiligen Geist erneuern."

---

10 Vgl.: Lk 6,22

Don Bosco sah in seinem bekannten visionären Traum, wie die Feinde versuchen, die zwei Säulen der Kirche zum Einsturz zu bringen. Diese stehen am Eingang des sicheren Hafens, in dem die Kirche in stürmischen Zeiten Zuflucht finden wird. Die eine Säule ist die Heilige Eucharistie, die andere Säule die Muttergottes. Genau dies sind auch die beiden „Angriffsziele", auf die sich teils verdeckt, teils offen Kräfte außerhalb und innerhalb der Kirche einschießen. Dies offenbart gleichzeitig, wie wichtig diese Fundamente der Kirche sind. Daher sollen sie ja auch ins Wanken gebracht werden. In den Eingebungen wird auch auf die zentrale Bedeutung des Heiligen Messopfers und des Sakramentes des Altares hingewiesen. Das Kapitel **„Maria"** weist auf die große „Immerwährende Hilfe" hin, welche die Muttergottes für ihre Kinder in diesen stürmischen Zeiten ist.

Am Fest Allerheiligen des Jahres 2002

Reinhold Ortner

„Die, welche die kleinen Stimmen, die im Namen Gottes reden, unterdrücken, und von denen die heutigen Schriftgelehrten genau wissen, wie sie im Alten Testament genannt wurden[11] und auch, welches ihre Sendung war - diese Stimmen sind und werden nämlich bis ans Ende der Zeiten wie Herolde Gottes unter der blinden Menge sein - , jene sollten sich also sehr bedenken und vom „verfolgst du mich" lernen und fürchten, ja zittern, das Göttliche Wort selbst zu verfolgen." (Aus: Valtorta, M.: Lektionen über den Brief des Hl. Paulus an die Römer. Hauteville 1999. S. 40)

---

[11] Vgl.: Mt 23,1-12

> *„Das ist mein Gebet für alle, die diese Schrift lesen:*
> *Jeder möge sich von dem Wort so treffen lassen,*
> *als sei es ihm oder ihr ganz persönlich zugesprochen."*

Lob und Ehre sei Dir, Du höchster Gott, im Himmel und auf Erden!

Lobt Ihn, ihr Sterne am Firmament,
ihr steilen Felsen auf der Erde,
ihr rauschenden Wasser überall!
Lobt Ihn, ihr Wälder und Blumen,
ihr Länder, ihr Tiere und alles auf Erden;
voll Weisheit und uns zur Freude hat Er alles erschaffen!
Lobt Ihn, ihr Völker alle;
denn zu Seiner Ehre seid ihr erschaffen!
Lobt Ihn, ihr Hungernden und Armen;
Er wird euch satt machen und die Fülle
Seines Reichtums über euch ausschütten!
Lobt Ihn, ihr Geknechteten und Bedrängten;
denn euch zu befreien, ist Er gekommen!
Lobt Ihn, ihr Kranken und Leidenden;
Flügel gibt Er euch,
und ihr werdet die Ersten bei Ihm sein!

Lobt Ihn, ihr Kleinen, Unscheinbaren und Ruhmlosen,
ihr die zu kurz Gekommenen,
zu Großem seid ihr auserwählt,
und überwältigt werdet ihr sein vor Freude!
Lobt Ihn, ihr Mutlosen und Verzweifelten!
Er wird euch aufrichten!
Lobt Ihn, ihr Weinenden und Klagenden,
jede Träne wird Er abwischen und Euren Kummer

mit seinem liebenden Herzen zudecken!
Lobt Ihn, ihr Gedemütigten und Verachteten,
euch wird Er über vieles setzen!
Lobt Ihn alle, unaussprechlich ist Seine Herrlichkeit,
Seine Liebe und Güte grenzenlos!
Öffnet Ihm eure blinden Augen,
eure tauben Ohren, eure erstarrten Herzen!
Ihr werdet sehen, hören und Seine Wunder erfahren!

„Juble laut, Tochter Zion, dein neues Lied!
Juble laut, dass Meine Knechte es hören!"

Noch einmal also darf ich dem Herrn ein neues Lied singen. Als Apostel der Apostel, als mütterliche Schwester, die heilend austeilt, was sie vom Herrn empfängt, soll ich „die erschlaffenden Hände wieder stark" und „die wankenden Knie wieder fest" machen, darf ich Seine Brüder und Schwestern stärken und ihnen verkünden, dass ich Ihm, dem Lebendigen, begegnet bin. Das Herz wird mir schwer, wenn ich diese ungeheure Aufgabe vor mir sehe und dabei meine völlige Unzulänglichkeit eingestehen muss. Ich kann dieses Wagnis nur auf mich nehmen im Vertrauen auf die göttliche Führung, Schritt für Schritt.

Diese Schrift ist vor allen an Priester und Ordensleute gerichtet, aber auch an alle, die für eine Begegnung mit dem Herrn bereit sind, sich von Ihm heilen und befreien lassen wollen. Das ist mein Gebet für alle, die diese Schrift lesen:

Jeder möge sich von dem Wort so treffen lassen, als sei es ihm oder ihr ganz persönlich zugesprochen.

Zu Ehren der Allerheiligsten Dreifaltigkeit will ich nun mit meinem Lied beginnen; das, was mir geschenkt wurde, wie Blüten ausstreuen und allen zurufen: Freut euch mit mir und glaubt es: Ich habe den Herrn gesehen!

N.N.

1. Persönliche Läuterung und Heiligung

„Es ist meine Liebe, die in dir brennt."

Es ist oft schwer, zu den Menschen in der Sprache zu sprechen, die sie verstehen können, zumal es ja die Sprache der Liebe sein soll. Dazu gab mir **der Herr** dieses Wort: *„Bleibe in Meinem Wort, dann wirst du immer das rechte Wort, die rechte Sprache finden!"*
Wer kennt sie nicht, die Anfechtungen gegen sich selbst: Wer bin ich denn? Ein Nichts, Gott kennt mich doch gar nicht. Hat Er mich überhaupt gewollt, kann Er ein Häuflein Staub wie mich auch noch lieben? Dazu schenkte mir **der Herr** Folgendes (nachdem ich ein Gebet der Anbetung aus dem Gotteslob betrachtet hatte) :
„Ich bin der Herr dein Gott! Ich habe dich erdacht, gewollt, geschaffen und dich in Meiner Gnade zu Mir erhoben; damit Ich jemanden habe, den Ich rufen und dem Ich Mein Wort mitteilen kann; damit Ich Meine Güte an dich verschenken kann; damit Ich in dir ein Gefäß habe, in das Ich Meinen Geist verströmen kann, einen Ort, den Ich mit Meiner Ruhe erfüllen kann. Meine Barmherzigkeit vergibt dir unentwegt, damit Ich dich in Meine heilende, wärmende, tröstende Liebe einhüllen kann. Damit Ich Meine Heiligkeit nicht für Mich selbst behalten muss, leitet Meine Vorsehung dich so, dass du nach und nach verwandelt wirst nach dem Bild und Gleichnis, das Ich von dir erdacht habe; damit du Mich für immer schauen kannst und eins wirst mit Mir!"
Mein Herr und mein Gott, ich bete Dich an!

*

„Es ist meine Liebe, die in dir brennt."

„Fällt es dir wirklich so schwer zu glauben, dass Ich dich liebe? Überlege einmal: Du liebst Mich oder hast zumindest große Sehnsucht nach der vollkommenen Liebe zu Mir. Wie kannst du jemanden lieben, den du nicht kennst? In Wirklichkeit ist es Meine Liebe, die in dir brennt, und das was du als deine Liebe bezeichnest, ist Antwort und Widerschein Meiner Liebe, freilich getrübt durch deine menschlichen Schwachheiten und Fehler."

*

„Das Feuer, das Ich auf die Erde werfen will und von dem Ich sehnlichst wünsche, es brenne schon, kann Ich nicht mit grünem Holz entfachen! Seid daher nicht ängstlich und verwirrt, wenn Ich euch in die Wüste führe. Dort werdet ihr ausgetrocknet und bereitet für den großen Weltenbrand Meiner Liebe! .... Lasst euch verbrennen vom Heiligen Geist Meiner Liebe! Je größer der Brand, umso mehr könnt ihr anstecken, umso mehr werden gerettet werden."

*

Herr Jesus Christus, was hast Du mit mir getan, dass ich nichts anderes mehr will, als Dir nachzufolgen! Du hast mich in einem Maße angezogen, dass alles in mir auf Dich zugeordnet ist. Wie ein Falter, der im Dunkel der Nacht vom Licht angezogen wird, kreise auch ich um Dich; mein Denken, mein Wollen, mein Gefühl, jede Faser meines Seins ist erfasst von Dir. Noch flattere ich um Dein Licht herum, in Unruhe, in Erwartung, ja auch in Angst vor dem Verbrannt-Werden. Aber ich weiß, eines Tages wirst Du mich ganz hineinziehen in Dein Licht, und ich werde lichterloh brennen, als ein Fanal Deiner Liebe, als Fackel für die im Dunkeln. Ja Herr, ich bin bereit, ich freue mich, ich sehne mich danach, für Dich zu brennen, die Welt in Brand zu setzen, und noch in meiner Asche soll Deine Kraft und Herrlichkeit offenbar werden. Amen.

*

„**Liebst du Mich?**" Diese Frage Jesu an mich kann ich menschlich gesehen nicht mit einem ehrlichen Ja beantworten, weil ich Ihn schon zu oft enttäuscht und verraten habe. Da aber Er mich zuerst geliebt hat und mir Seine Liebe im Augenblick meiner Bekehrung grundlegend eingegossen hat, kann ich sagen: ‚Ja Herr, ich liebe Dich!' Nichts kann mich deshalb von dieser Liebe trennen, weder die äußeren noch die inneren Stürme, noch meine eigene Schwachheit. Da Seine Liebe in mir mein Denken stets neu und mehr umwandelt, ich also zunehmend von Ihm her denke, gereicht mir auch alles zum Guten. So kann ich zum Beispiel loben und danken, wo andere klagen und hadern. (Gelegentliche Rückfälle sorgen dafür, dass ich mich nicht überhebe bzw. „abhebe"!)

„Mein Plan ist nicht der deine."

„Wie oft betest du: ‚Herr, tue mit mir, was Du willst; führe mich, wohin Du willst!' Genau das habe Ich getan! Aber Mein Plan ist nicht der deine ... Noch bist du gewohnt, Wasser aus irdischen Quellen zu trinken. Die Wüstensonne, das ist Meine göttliche Liebe, wird alles Irdische austrocknen in dir, und gespeist von Meinem lebendigen Wasser wird bald übernatürliches Leben in dir erweckt werden ...."

*

O Gott, wie froh bin ich, dass ich nicht mehr meinen eigenen Willen zu tun brauche! Wie befreiend ist es doch, mich ganz Deinem Heiligen Willen zu überlassen! Ich brauche nicht mehr über meine Vergangenheit nachzugrübeln, sie ruht in Dir, zugedeckt von Deiner Barmherzigkeit. Ich brauche mich nicht mehr um die Zukunft sorgen, da Du das viel besser kannst. Ich lebe, und jeder Augenblick gehört Dir, ist voll von Dir. Aus Deiner göttlichen Fülle verströmt mein Leben, um doch nur wieder einzumünden in den Ozean Deiner grenzenlosen Liebe, Du mein Gott und mein Alles!

„Völlige Loslösung von allen Anhänglichkeiten"

„Gegenwärtig ist eine Zeit der Prüfung für dich. Du wirst aus ihr geläutert und befreit hervorgehen, wenn du dich Mir noch radikaler überlässt als bisher. Ich will dir Meine Art zu lieben geben. Dazu brauche Ich aber deine völlige Loslösung von allen Anhänglichkeiten, deine völlige Entäußerung ... Nach diesem Prozess der Läuterung wirst du wahrhaft lieben können, so wie Ich es dir hin und wieder schon gezeigt habe, als Trost, als Ermutigung. Nun jedoch ist nicht die Zeit des Trostes; Ich will dich stark machen.

Ihr müsst lernen, auf Meine Art zu lieben; denn nur diese ist rein, ist selbstlos, ist befreiend. Eure eigene Art zu lieben ist, auch wenn ihr meint groß und tief zu lieben, zu sehr von Eigenliebe durchsetzt. Daher kommen auch die vielen Verletzungen durch die Liebe ...."

*

„Nicht dein Fasten, dein Opfern an sich ist es, was Mir wertvoll ist, sondern deine Erkenntnis, dass du schwach und unbeständig bist. Dies will Ich von dir: dein demütiges Eingeständnis, dass du ohne Meine Gnade nichts zuwege bringst;

dass du trotzdem an diesen Übungen festhältst, damit sie dir eine ständige Übung der Demut seien und dich vor Selbstgefälligkeit und Überheblichkeit schützen."
Wer „Leistungen" erbringen will, will sich selbst gefallen; dem Herrn gefällt allein meine Schwachheit, meine Liebe, meine Barmherzigkeit.

*

„Liebst Du mich?" Wie oft frage ich das den Herrn, wenn ich mich verlassen und verworfen fühle! In der Hl. Messe bekam ich heute Seine Antwort: *„Weißt du immer noch nicht, dass Ich in dir lebe und leide, und dass dies Meine schmerzerfüllte, bange Frage an jene ist, die Ich zu Meinen Nachfolgern berufen habe? Dass dies Mein Schmerz ist, von ihnen nicht geliebt zu werden?"*

Die suchende Liebe

„Ich habe dich in deiner Niedrigkeit belassen, damit du nicht in Gefahr gerätst, an dir selbst Gefallen zu finden; denn Ich will, dass du ausschließlich Mich liebst!"

*

Gott, Du mein Gott, Dich suche ich, meine Seele dürstet nach Dir. Ich suche Dich und finde Dich nicht, Dich, den meine Seele liebt! - Gott lieben: wie geht das? Kann ich das überhaupt? Kann ich jemanden lieben, den ich nicht kenne? Wer den Sohn kennt, kennt auch den Vater. Aber kenne ich den Sohn, dessen Liebe ich so gar nicht (mehr) spüren und erfahren kann? - So viele Fragen, so viele Nöte!

Da kam eine **Antwort:** *„Wenn du Gott suchst, mit all deiner Kraft, mit ganzem Herzen und all deiner Sehnsucht, dann hast du das erste Gebot bereits erfüllt. Erfüllte Liebe kann dir* *auf dieser Welt nicht gewährt werden. Sie würde dir nicht genügen können ...*" Und noch ein Trostwort von Maria, der Mutter der Liebe: „*Die Sehnsucht nach der Liebe ist selbst eine Form der Liebe. – Eine noch tiefere Form der Liebe ist es, daran zu leiden, dieser Liebe nicht genügen zu können.*"

*

Sprich zu den Menschen in der Sprache, die sie verstehen können: **der Sprache der Liebe.** Hierzu erhielt ich eine ausführliche Unterweisung durch den Herrn: „*Wenn jemand immer wieder mit dem gleichen Problem kommt, übe dich in Geduld und Langmut. Begütige und beruhige die Aufgeregten. Ereifere dich nicht, wenn jemand etwas sagt oder tut, was in deinen Augen falsch ist. Prahle nicht mit dem, was dir geschenkt ist, um nicht Ärgernis zu erregen. Gibt jemand an, dann blähe dich nicht gleichermaßen auf, sondern schweige, dann fällt sein Aufblähen wie Schaum zusammen. Lass anderen den Vorteil, den du selbst gern hättest. Lass dich nicht zum Zorn reizen, wenn andere dich aufregen oder kränken. Trage das Böse nicht nach, sondern ertrage es. Freue dich nicht, wenn Böse Unrechtes tun, sondern freue dich, wenn du auch in ihnen noch ein Fünklein Wahrheit entdeckst. Halte allem hier auf Erden stand, glaube und hoffe alles, was vom Himmel kommt. Höre nie auf zu lieben!*"

Herr, leg Dich wie ein Siegel auf mein Herz, damit ich lerne, wie Du zu lieben!

*

Die Freude an Gott kann menschlich erfahren werden durch die Wahrnehmung der Schönheit alles Geschaffenen. Je tiefer, reiner und geistiger diese Freude ist, umso schmerzlicher wird sie jedem, da sie die Grenzen irdischer Freude erreicht. Die Freude, die der Mensch zutiefst sucht, wird er auf Erden nicht finden. Sie ist Erfüllung in der Ewigkeit. Aber dazwischen gibt es die suchende Liebe, die Sehnsucht nach dieser Freude, welche letztlich nur in der Vereinigung mit Gott bestehen kann. Diese suchende Liebe verleiht Stärke und Kraft für alles, was der unbegreifliche Gott uns weiterhin zumutet.

„Liebesfunke Gottes des Vaters seit Ewigkeit."

Weißt du, wie sehr sich der Vater nach deiner Liebe sehnt?! Wie sehr Er dich liebt?! Schau auf Seinen Sohn, den Er ans Kreuz geschickt hat und lass dir von Jesus sagen:

„Für dich! Und mit Meiner Einwilligung! Denn der Vater und Ich sind eins, und der Vater tut nichts ohne den Sohn und umgekehrt. Auch wenn Er dich als einzigen Menschen auf Erden erschaffen hätte, hätte Er das getan. Er musste dich doch erlösen, auslösen." - Aber hätte Er Sich die Mühe mit dir und das Leid mit Seinem Sohn nicht ersparen können, indem Er dich nicht erschaffen hätte? **Höre Seine überwältigende Antwort:**

„Du kommst nicht aus dem Nichts, sondern bist als Liebesfunke Gottes des Vaters seit Ewigkeit hineingedacht in diesen Augenblick, in Seinen Plan. - Du musst es nicht fassen; aber du bist längst erfasst und hineingezogen in das Geheimnis der Liebe Gottes. Denn wenn Ich und der Vater im Hl. Geist eins sind, und wenn du in Mir bleibst, ganz und ungeteilt, dann bist auch du mit Mir eins mit dem Vater und dem Heiligen Geist!" Wer es fassen kann, der fasse es!

*

Auch die Liebe Gottes ist mit Schmerzen verbunden, da sie immer wieder die Grenze der himmlischen Glückseligkeit durchstoßen muss, um uns Irdische zu erreichen; so wie umgekehrt die Liebe des Menschen mit Schmerzen verbunden ist, je reiner und geistiger sie wird, und je näher sie an die Grenzen der Ewigkeit stößt.

*

Als ich den Herrn im Gebet um alles bat, was Er mir geben möchte, sagte Er: *„Es gehört dir ja schon. Alles was Mein ist, ist auch dein. Bitte den Vater in Meinem Namen um alles, was dein Herz begehrt; du wirst es empfangen, damit deine Freude vollkommen ist."*
Ich betrachtete die Fülle des Herrn und fragte mich, was denn mein Herz jetzt noch begehren könnte. Es begehrte nichts mehr. Da wusste ich: Vollkommene Freude heißt: nichts mehr zu begehren. Oder in Umkehr des Psalmwortes: Dein Herz begehre nichts mehr, dann freut es sich innig am Herrn. Da brauchte ich den Herrn um nichts mehr zu fragen!

„Aus meinem Herzen habe ich dich ausgesandt."

Wer den Willen Gottes erkennen und erfüllen will, darf nicht fragen: Wo geht es mir besser, wo kann ich besser wirken? Könnte ich nicht viel mehr für Gott tun, wenn ich meinen Stand (meine Familie, meinen Orden usw.) verlasse? Wer so denkt bzw. handelt, wird denen zum Ärgernis, die ihr mühseliges Kreuz so lange getragen haben und nun vielleicht ebenfalls die Flucht ergreifen.

Treue und Gehorsam sind tragende Säulen der Demut. Wer die aufgibt, gibt letztlich die Nachfolge Christi auf. Er folgt seinem eigenen Gesetz, an dem er irgendwann zerbrechen wird.

*

Exerzitien sind kein Ort religiöser Verspieltheit. Hier werden die Jünger Jesu ausgerüstet und gesendet. Wem es ernst ist mit der Nachfolge Jesu, der stellt sich bedingungslos zur Verfügung, auch wenn er im Augenblick nichts erkennen kann und keine Sicherheiten und Garantien menschlicher Art erhält.

*

Ich halte dem Herrn meine Kleinheit und Bedeutungslosigkeit hin. Dazu sagt Er: *„Wer von Mir gesendet ist, braucht kein Papier mit Stempel. Das Siegel, das Ich ihm aufgedrückt habe, ist mehr! Aus Meinem Herzen habe Ich dich ausgesandt.* ***Ich bin selbst das Siegel auf deinem Herzen!****"*

*

Ein inneres Wort zu einem inneren Bild: *„Ich sende dich zurück in die Trümmerwüste Meiner Kirche, die Ich so sehr liebe. Laufe nicht in diesen Trümmern herum (keinen fragwürdigen Theologien nachlaufen), versuche auch nicht, Steine wegzuräumen; du könntest sonst unter zusammenstürzenden Mauern begraben werden. In der Mitte dieser Kirche, auf dem Fundament, das bleibt, will Ich dich als lebendigen Eckstein setzen. Viele werden an dir Anstoß nehmen, aber viele werden sich auch um dich sammeln und sich ebenfalls als lebendige Steine zu einem neuen Haus aufbauen lassen."*

*

„Der Stein, den die Bauleute verwarfen, er ist zum Eckstein geworden!" Der Eckstein ist ein Stein, bei dem 2 Mauern aus unterschiedlichen Richtungen zusammentreffen. Wer im geistlichen Bereich „Eckstein" ist, hat die Aufgabe, die unterschiedlichen Richtungen nicht aufeinanderprallen zu lassen, sondern sie zu verbinden, damit der Bau nicht auseinander fällt, sondern vollendet werden kann. Das heißt aber nicht, nach allen Seiten hin „verbindlich" zu lächeln und zu nicken, oder einmal nach dieser und einmal nach jener Seite zu rutschen. Ein Eckstein muss fest an dem Platz bleiben, an den ihn der göttliche Baumeister hingesetzt hat, auch wenn er dabei „aneckt" oder Stürme sich an ihm austoben.

„Haltet durch! Gebt nie auf!"

Bei der stillen Betrachtung des Kreuzes sagte Jesus: *„Sieh Mich an! Entblößt und bloßgestellt vor all denen, die nichts begriffen haben, die nichts begreifen können. Damit will Ich nicht sagen, dass es dir genauso ergehen wird. Ich will nur deine grundsätzliche Bereitschaft dazu. Anteil an Meinen Gnaden bedeutet auch Anteil an Meinen Leiden!"*

Später vor ausgesetztem Allerheiligsten sagte Er: *„Ich verhülle Mein Angesicht in Trauer vor dem, was auf euch zukommt. Haltet durch! Gebt nie auf!"*

*

Wenn der Herr Seine Gnade auf die ausgedörrte Seele gießt, tut Er das zunächst tropfenweise, um die gute Erde nicht wegzuschwemmen.

*

„Ich will dich segnen, damit auch du zum Segen wirst für viele. Nicht immer wird ein Segen aber auch als ein solcher erkannt. Hüte dich daher, die Wirkung Meines Segens an der Anerkennung der Menschen zu messen. Glaube und gehorche! Erwarte nichts; aber sei stets bereit, alles zu empfangen!"

*

„Das ist Mein Leib, der auf geheimnisvolle Weise in euch weiterlebt; durch das Ja der Jungfrau bin Ich Mensch geworden.

Ebenso will Ich durch euer Ja in euch wiedergeboren werden. Dazu habe Ich euch den Hl. Geist gegeben. Je vollkommener euer Ja ist, umso reiner werde Ich Mich in euch verwirklichen können. Folgt Mir nach, ahmt Mich in allem nach, zu allererst im Glauben; dann wird euch möglich sein, zu denken, zu fühlen und zu handeln wie Ich. Und auch zu leiden!

Denn wer Mir nachfolgen will, muss zu allem bereit sein, zur Hingabe seiner selbst, seiner irdischen Güter, seiner Ehre und Anerkennung; der muss bereit sein, verlassen, verleumdet und verspottet zu werden; der muss bereit sein, aus der Geborgenheit seines gewöhnlichen Lebens herauszutreten, um Aufgaben zu übernehmen und zu erfüllen, die irdischem Denken zuwider sind.

„Er hat einen Dämon", hat man von Mir gesagt. Von euch wird man sagen: Er (sie) ist nicht normal, ist verrückt! Das seid ihr in Wahrheit: ver-rückt, in Meinen Augen an die richtige Stelle gerückt, an Meine Seite. Darum braucht ihr auch keine Angst zu haben. Ich bin bei euch und nichts wird euch fehlen."

*

*„Jetzt ist die **Zeit des Vorübergangs** des Herrn! Sei wachsam, denn wenn Er vorübergeht, wird Er stehen bleiben; Er wird dich anschauen und zu dir sagen: ‚Komm, folge Mir nach!' Wenn das geschieht, dann geh, lass alles liegen und tue, was Er dir sagt!"* - *„Wer Mir nachfolgen will, muss das Wort ‚Kompromiss' völlig aus seinem Leben streichen ..."*

„Gehe in aller Treue deinen Weg!"

Je tiefer der Herr einen in Seine Nachfolge zieht, umso mehr wird dieser erfahren, dass auch er keinen Ort mehr findet, wohin er sein Haupt legen kann, um auszuruhen. Er wird getrieben vom GEIST, rastlos, bis er erfüllt hat, was Gott von ihm will. Da gibt es kein Ausruhen mehr, keine

Behaglichkeit, keine Absicherung, keine Geborgenheit in irdischen Bindungen, und schon gar nicht in materiellen Werten. Mitten unter seinen Brüdern und Schwestern, ist man doch durch eine tiefe Schlucht getrennt, und man kann unter keinen Umständen mehr wünschen, dorthin zurückzukehren. Es ist wie eine Umpolung! Ein anderes Magnetfeld zieht einen jetzt an! Darum ist es auch besser, nicht mehr umzuschauen, sondern nur noch nach vorne, nach oben, dem Licht entgegen!

*

Die Bereitschaft, mein Leben mit dem Heilsweg Jesu zu verbinden, schließt als notwendige Konsequenz auch die Bereitschaft ein, mein Dienen mit dem Heilsweg Jesu zu verbinden. Zu diesem Dienen gab mir **der Herr** eine Erläuterung: *"Wer Mein Fleisch isst und Mein Blut trinkt, der muss es ganz tun, der muss **den ganzen Christus aufessen**. Viele wollen an Christus nur das essen, was ihnen schmeckt; sie wollen Kranke heilen, Macht über Dämonen ausüben und allerlei glänzende Taten vollbringen; aber sie wollen sich nicht selbst aufzehren lassen, sie wollen nicht ihr Blut vergießen, sie wollen nicht in den Schmutz der Sünder und Ausgestoßenen hinabsteigen. Nur wer selbst Brot für die anderen wird, nur wer bereit ist, sein Blut, sein Leben zu geben um Meinetwillen, wird Mein Heil verwirklichen."*

All deine Ängste und Nöte aus Vergangenheit, Gegenwart und Zukunft, die du in Vereinigung mit der Todesangst Jesu aushältst und durchleidest, gemäß dem Willen des Vaters, können ein Stück Heilsweg werden auch für andere, die an deiner recht durchlittenen Not erstarken und selbst leidensfähig werden können. Geh also in aller Treue deinen Weg, auch wenn du weißt, dass du dabei Angst und Blutschweiß zu erwarten hast.

„Nicht Erfolg führt zur Heiligkeit."

Das Streben nach **ganzheitlicher Heilung** darf sich nicht beschränken auf die Stunden, die man im Gebet, in der Hl. Messe oder in anderen Formen der Frömmigkeit verbringt, sondern muss das ganze Leben umfassen: die Arbeit, die man so gut als möglich verrichtet, die Standespflichten, die man in Treue durchhält, ebenso Krankheit und Leiden, usw. Auch die Ruhezeiten, die uns von Gott geschenkt sind, können und sollen der Heiligung dienen.

*

Ich dachte an Mutter Theresa und ihren weltweiten Erfolg und verglich es mit meinem kümmerlichen Tun bzw. Versagen. Da erbarmte Sich **der Herr** und sprach in meinem Inneren: *„Nicht der Erfolg führt zur Heiligkeit eines Menschen, sondern **einzig und allein die beharrliche Treue** in der Erfüllung eines Auftrages, auch wenn sich scheinbar nur Misserfolge einstellen. Das ist sogar verdienstvoller und dient der größeren Demut. Mutter Theresa war demütig, darum konnte (durfte) sie Erfolg haben."*

*

Nichts soll mich von meiner Entscheidung für Christus abbringen! Und wenn ich heute den Auftrag bekäme, nach Rom zu gehen, und wüsste, dass morgen mein Leben gefordert wird, ich würde gehen! In Treue zu dem bisher Erkannten, im Gehorsam zur Sendung, in der Hoffnung wider alle Hoffnung.

Aushalten – durchhalten – die Pflicht des Tages erfüllen, als gebe es nichts anderes.

*

Noch nie war der Heilige Franz so populär wie in unserem Jahrhundert, aber noch nie wurde er auch so falsch verstanden wie heute. Alle möglichen Bewegungen haben sich seiner bemächtigt und ihn quasi als Galionsfigur an ihr Schiff geheftet. Wer aber lebt in seinem Sinn?!

„...den Sprung wagen."

Ich glaube, in irgendeiner Form wird jedem Menschen einmal sein „Damaskus" zuteil. An diesem entscheidenden Punkt gilt es, den Sprung zu wagen, das Ja des eigenen Willens daranzugeben, den wahren Akt des Glaubens zu vollziehen, einmal für alle Zeit, unerschütterlich. Alles andere wird Gott dazugeben, reifen lassen, vollenden.

*

Der Mensch sucht Sicherheit, verlangt Zeichen von Gott, um glauben zu können. Aber nicht die Zeichen sind es, die Gnaden, die uns glauben machen, sondern die totale Hingabe des eigenen Ich, des eigenen Willens an den Allerhöchsten.

*

Gott kann uns Zeichen geben und Gnadenerweise; wir werden immer zweifeln, ob wir nicht dem Verführer oder einer Selbsttäuschung erlegen sind. Haben das die Zeitgenossen Christi nicht hinreichend bewiesen? Erst wenn wir diesen Sprung hinüber getan haben, wenn wir uns ganz in Gottes dunkle Hand haben fallen lassen, können wir auch an Seine Zeichen glauben, können sie uns richtig beglücken, können wir sie oft erst wahrnehmen.

„Ohne reines Herz kannst du Gott nicht schauen."

Erkenne dein Tun als unvollkommenes, vergängliches Stückwerk! Das bewahrt dich davor, dich aufzublähen und zu prahlen. Vollkommen erkennen und von Angesicht zu Angesicht schauen kannst du erst später. Für jetzt bleibt die Sehnsucht, die manchmal große Schmerzen bereiten kann: **Geburtswehen der neuen Schöpfung.** - Ohne reines Herz kannst du Gott nicht schauen, kannst du nur trübe, rätselhafte Umrisse von Ihm erahnen. Doch Er erkennt dich durch und durch, so wie ein Schwert durch Mark und Sehne fährt. Bitte den Herrn um ein reines, hörendes Herz!

*

*„Wer mit Mir eins ist, **teilt auch die Dunkelheit des Grabes mit Mir**, so wie das Gefühl des (scheinbaren) Verlassenseins. Du kannst Mich nicht festhalten und in Besitz nehmen ..."*

*

Ein Wort der **Gottesmutter:** *„Dies ist das Zeichen, das Ich all jenen gebe, die sich Mir in Ganzhingabe geweiht haben: **Ich rufe sie, mittelbar oder unmittelbar, zum Kampf gegen Satan auf.** Daran sollen sie erkennen, dass Ich ihre Weihe an Mich angenommen, ernstgenommen habe."*

„Wieder in die Stille kommen..."

Maria sehnt sich danach, dem Herrn Seelen anzubieten, die bereit zur Sühne sind, zur Ganzhingabe. *„Dieser Weg wäre gar nicht so schwer zu finden; aber er ist nahezu unmöglich zu finden in der Hektik und Betriebsamkeit eurer Zeit, in der äußeren und inneren Unruhe eures Lebens; im Lärm,* *mit dem ihr euch pausenlos berieseln lasst, in eurer Abhängigkeit von materiellen und geistigen Gütern, in eurer grenzenlosen Ichbezogenheit.*

Wie schon so oft, rufe Ich euch auf, wieder in die Stille zu kommen, damit ihr die wahre Mitte eures Lebens wieder finden könnt, damit ihr euch eurer Erlösung wieder bewusst werdet und zum Heil, zur Heilung an Leib und Seele gelangen könnt..."

„Der Friede gründet in Meiner Liebe."

Herr, einmal sagst Du, „der Friede sei mit euch!" und ein andermal sagst Du, „Du bist nicht gekommen, den Frieden zu bringen, sondern die Spaltung!" Wie ist das zu verstehen? Seine **Antwort** kam sofort: *„Der Friede, den Ich euch gebe, ist zutiefst in euerer Seele erfahrbar und gründet in Meiner Liebe. Diesen Frieden verwechselt ihr zu gerne mit jenem anderen, den man auch Sattheit oder Bequemlichkeit nennen könnte. Diesen Frieden bringe Ich euch nicht! Und wer heute Ernst macht mit der Umkehr und mit Meiner Nachfolge, wird bald spüren, dass er, wenn 5 Personen in einem Haus wohnen, nicht nur 3, sondern 4 gegen sich hat. Er wird der Zündstoff sein für das große Feuer, das Ich so sehnlich erwarte."*

*

Wer nach dem richtigen Weg sucht, dem sagt **der Herr:** *„Ich habe dir Meine Mutter gegeben. Wenn du dich von Ihr führen lässt, wirst du immer den richtigen Weg gehen. Wenn du den kürzesten Weg gehen willst, ohne Umweg, dann gehe mit Ihr!"*

„Wunderbare Segensfülle."

O felix culpa! - wer dieses Wort in seiner ganzen Tiefe begriffen hat, wird mit wachsender Freude die wunderbare Segensfülle des Heiligen Bußsakramentes in sich verkosten dürfen. Warum nur wollen so viele unserer Priester diese „felix culpa" verkürzen und beschneiden durch psychologische Erklärungen und Entschuldigungen, die nicht wirklich frei machen. Wenn ich meine Schuld bekennen darf, werde ich durch die Lossprechung des Priesters wahrhaft frei; gutgemeinte verständnisvolle „Verwischungen" oder Entschuldigungen hinterlassen nach der Lossprechung ein unbefriedigendes Gefühl einer leichten Enttäuschung. Die Schuld ist zwar wirklich vergeben, aber sie schwebt irgendwie noch im Raum. Weniger zarte Gewissen werden auf diese Weise verbildet und schließlich in die Irre gehen. Psychologie im Beichtstuhl - ja, soweit sie der besseren Erkenntnis dient; nein, wenn sie die Grenze zwischen Gott (bzw. Seinem Gesetz) und Mensch verwischt und überschreitet.

*

Echte Trauer ist nicht Verbitterung, Hader, Verhärtung. Wirklich trauern kann nur, wer sich wie Jesus im Innersten bewegen und erschüttern lässt; wer den Schmerz zulässt und ihn an Gott ausliefert. Echte Trauer ist nicht hoffnungslos, sondern birgt immer den Trost Gottes in sich. Wessen Herz leer ist von allem irdischen Ballast, von Anhänglichkeiten und Begierden, der ist rein von allem Unreinen (Neid, Habgier, Angst, Misstrauen usw.), der wird Gott schon hier auf Erden schauen in allem, in allen Menschen, in seiner eigenen Mitte. Welche Unreinheit deines Herzens steht zwischen Ihm und dir?

„Ich trage es bis ans Ende."

„*Wer von Mir in Meine Nähe gezogen wird, wird nicht Trost und Bestätigung von Menschen mehr erfahren können. Er wird Meine Einsamkeit teilen, aber in dieser Einsamkeit ein sicheres Zeichen Meiner Nähe empfangen.*" Wenn der Herr der Seele nach und nach alles Sinnenhafte und Fühlbare entzieht, will Er sie stark machen für Seine Aufträge und Weisungen. Gefühle täuschen, täuschen auch vor! Glauben, hoffen, lieben, ohne fühlbaren Trost, das führt zur wahren Freiheit.

*

„Christus hat Sein Kreuz nur ein paar Stunden getragen; meines dauert schon Jahre, ein ganzes Leben" – so höre ich oft von Leuten, die ein schweres Kreuz zu tragen haben; so spricht der Versucher manchmal auch zu mir. Das hielt ich dem Herrn hin und **Er antwortete:** „*Du sagst es, Ich habe Mein Kreuz nur wenige Stunden getragen.* **Aber das deine trage Ich seit (x) Jahren.** *Ich hebe es auf, wenn du es Mir vor die Füße wirfst, wenn du dich aufbäumst und es abschüttelst. Ich trage es bis ans Ende. Ich trage nicht nur dein Kreuz, Ich trage das von Milliarden von Menschen, seit fast 2000 Jahren. Ich freue Mich unendlich, wenn einer sein Kreuz auf sich nimmt und mit Mir geht. Komm!*"

*

Deinem Kreuz kannst du nicht davonlaufen. Es holt dich überall ein und wird nur schwerer. Also nimm das Kreuz wieder auf und trage es Ihm nach, schweigend!

„Du bist Kind und Miterbe"

In der Kraft Gottes **vermagst du alles:** Kranke heilen, Gefangene befreien usw. Du vermagst aber auch dein und andere Kreuze zu tragen, dich verspotten und beschimpfen zu lassen. Du vermagst alles, aber du hast keinen Anspruch auf Lohn; denn wenn du alles getan hast, hast du immer noch nicht genug getan. Du bist nur ein unnützer Knecht, eine unnütze Magd, Er ist der Unendliche. Alles ist Gnade und Geschenk, das dir umso reichlicher zufließt, je mehr du dich dafür öffnest.

*

Vergiss alles, was hinter dir liegt, alle Kränkungen, Schmerzen, aber auch all dein Tun; strecke dich aus nach Christus, der vor dir ist, der dich ergriffen hat, in dem du bist, lebst und dich bewegst.

*

Christus hat dich „aus-gelöst" aus der Knechtschaft und dir die Kindschaft Gottes erworben. Jetzt bist du nicht mehr Knecht/Magd, die aus-gezahlt, entlohnt wird, du bist Kind und Miterbe. Ein Kind aber wird nicht bezahlt, entlohnt, es wird höchstens belohnt, beschenkt, weil der Vater Seine Freude an ihm hat. Je kleiner ein Kind ist, umso mehr freut sich der Vater darüber. Was könnte ein kleines Kind auch für den Vater tun, das diesem wesentlich von Nutzen ist? Wenn ich Kind Gottes, Miterbe bin, brauche ich gar keinen Lohn. Es gehört mir ja alles.

*

Klein wie ein Kind sein und gleichzeitig zum Vollalter Christi heranwachsen: in den Augen der Welt ein Widersinn; doch im Reich Gottes ist alles möglich.

Charisma aus der Mitte des göttlichen Herzens

Auch **Leiden ist ein Charisma,** aus der Mitte des göttlichen Herzens dem Menschen geschenkt; eines, das nicht nach außen leuchtet, sondern hineinstrahlt in Tiefen, die für den menschlichen Verstand unauslotbar sind. Selig, wer durch sein Leiden sich eintauchen lässt in dieses Geheimnis!

*

„Schiele nicht neidisch nach den Früchten der anderen! Es ist dir nicht bestimmt, deine eigenen Früchte zu ernten; das werden andere tun. Du aber hilf denen bei der Ernte, zu denen Ich dich sende!"

*

Den Willen des Herrn erfüllen! Allzu gerne sind wir oft bereit zu sagen: Ja, Herr, ich will Deinen Willen erfüllen, aber lass mir noch ein wenig Zeit. Doch **der Herr** sagt: *„Warte nicht zu lange! Gerne benutzt der Teufel die Zeit, das Zuwarten, um Misstrauen zu säen, um zu versuchen, Meine Pläne zu durchkreuzen und zu verhindern. Je schneller du Mir gehorchst, umso leichter wird es dir fallen ..."*

Warum zögern und was fürchten, da wir IHM doch ganz gehören?!

„Glaube und fürchte dich nicht!"

„Wen Ich mit Mir auf den Berg Tabor nehme, um ihn an Meiner Herrlichkeit teilnehmen zu lassen, den nehme Ich mit Sicherheit auch mit nach Getsemani und Golgota. Deshalb vergiss auch in den dunkelsten Stunden nicht, was Ich dich habe erleben lassen! Dies sei dir eine große Kraft, um auszuhalten in den Leiden, damit der Wille des Vaters vollkommen erfüllt werden kann. Glaube und fürchte dich nicht! ..."

„Glaube und fürchte dich nicht!"

Auf Tabor ist es leicht zu sagen: Wohin Du gehst, dort will auch ich hingehen. Wieder auf Erden kommt die Ernüchterung und die allmähliche Erkenntnis der eigenen Armseligkeit und Unzulänglichkeit, die von Tag zu Tag klarer wird. Je mehr ich mich nach Gott sehne, umso weiter meine ich mich von Ihm zu entfernen. Je mehr ich meine, Ihn zu lieben, umso schmerzlicher wird mir der Mangel an Liebe bewusst. Je mehr ich versuche, Seinen Willen zu erfüllen, Gutes zu tun, umso weniger wert erscheint mir alles, was ich tue. Was ich auch tue, vor Ihm ist es ein Nichts. Unter alldem leide ich sehr. Dabei ist auch dieses Leiden nur Eigenliebe; denn es zeigt mir, dass ich es nicht ertragen kann, mich so zu sehen, wie ich wirklich bin. Wie viel fehlt noch, dass ich mich meiner Schwachheit rühme und mich darüber freue! Um in meiner Schwachheit stark werden zu können, darf ich nicht mehr mich selbst suchen, sondern nur noch IHN!

*

Der Tabernakel meines Herzens ist eine einzige Wunde. Dort will ich Den anbeten und lieben, für Den keine Wunde zu groß sein kann. Welche Wunde könnte sich denn messen mit der Seinen? – Herr, vereinige meine Wunde mit der Deinen, damit heilende Kraft aus ihr ströme für viele!

*

Es ist Glück zu wissen, warum und für wen man leiden darf. Wenn aber das andere Leiden kommt, das namenlose, unbeschreibliche, meine ich fast, es ist der Herr selbst, der um die Verdammten weint.

*

Christus hat durch Sein Leiden alle deine Leiden (Angst, Verfolgung, Beleidigung, Verachtung, Verkannt-

Sein, Unterdrückung usw. und den Tod) schon vor dir durchlitten und leidet dies jetzt in und mit dir. Er tröstet nicht mit vergänglichem, fühlbarem Trost; Er hebt dich in deinen Leiden zu Sich empor, auf eine andere Ebene. Je mehr du also in Ihm, um Seinetwillen leidest, umso höher und näher kommst du Ihm. Am innigsten mit Ihm vereinigt bist du dort, wohin wirklich nur Er dir folgen kann; besser: dort wo das Maß der Qual unübersteigbar ist, dort wartet Er bereits auf dich.

*

Auch **das Maß des Leidens** muss ich mir als Gnade zumessen lassen! Wer es fassen kann, der fasse es! Je nach dem Grad der Vereinigung mit Christus werde ich nicht mehr um Vergängliches bitten, sondern um das, was ich erhalte. Wenn ich um die Vereinigung mit Ihm, mit Seinem Wort, bitte, dann habe ich schon die ganze Fülle des LEBENS in mir.

*

„.... **Den Kranken und Leidenden** *sage Ich: Kämpft nicht gegen eure Krankheit, sondern eure Krankheit, euer Kreuz, sei die mächtige Waffe im Kampf gegen das Böse!"*

„Im Opfer Christi verwurzelt"

Wer einmal den Himmel offen gesehen hat, der kehrt nicht mehr zur Schöpfung zurück; der geht durch sie hindurch, nimmt sie dankbar und freudig wahr und kümmert sich um sie; aber er kann sich nicht mehr bei ihr aufhalten.

*

Ein Opfer darf niemals aus dem Zusammenhang des Leibes Christi herausgerissen werden und für sich allein stehen. Das wäre Selbst-Vergötzung, man würde das Opfer für sich verzehren. Das Opfer muss immer im Opfer Christi verwurzelt sein und dem ganzen Leib dienen. Es muss auch mit tiefer innerer Freude dargebracht werden; was nicht heißt, die Kreatur dürfe niemals aufschreien.

*

Von den Dingen Gottes (Gnaden, Aufträge, Leiden u.a.) darf man niemals selbst etwas wählen oder nehmen, aber man darf alles empfangen. Man braucht nichts zu tun! Mystische Gnaden und Erfahrungen sind keine Belohnung, allenfalls Liebkosung oder Ermutigung Gottes. Auch diese müssen dem ganzen Leib Christi dienen.

*

Es ist heute wohl nicht anders als zu Jesu Zeiten: Die Massen hören von einem wundertätigen Heiler, und nicht um seiner oder seines Wortes willen strömen sie zusammen, sondern um Zeichen und Wunder zu sehen, die der Herr auch geschehen lässt – wegen ihres Unglaubens und wegen ihrer Herzenshärte. Wir dürfen aber nicht stehen bleiben und Ihn nur in Seinen Zeichen erkennen wollen. Der Herr will uns weiterführen, in die Tiefe, in die Mitte Seines Herzens, in der immer auch das Kreuz zu finden ist, das allein uns Heil ist.

Sei demütig: „Höre und diene!"

Urteile und bestimme nicht selbst über die leisen Regungen des Herzens, sondern folge ihnen in aller Demut und überlass die Beurteilung dem geistlichen Begleiter.

*

Sei demütig: „Höre und diene!"

„Wenn du meinst, gut und fromm zu sein, ist es dir ein Leichtes, Mein Wort zu hören und zu befolgen. Welch ein Verdienst hast du dabei? Aber Meine Aufträge hören und ausführen, wenn du im Elend deines Sündenbewusstseins steckst, dazu ist starker Glaube nötig und Mut zu dienen - Demut! Höre und diene!"

Ja, Herr, ich will nicht in feiger Zimperlichkeit die vielen Schmutzflecken meiner Seele mit ebenso schmutzigen Lumpen zudecken; ich will vor Dich hintreten, Dich anbeten und auf Dein Wort hören. Ich will mich und meine arme Seele nicht so wichtig nehmen, sondern nur auf Dich achten und mich Dir ganz und gar ausliefern. Mein Herr und mein Gott!

*

Eine Mahnung des **Schutzengels:** *„Sei auf der Hut, N., der Satan versucht auf verführerische Weise, dir die Verlockung der Machtausübung, der Einflussnahme, der Geltung vor Augen zu führen. Verscherze dir nicht Gottes reiche Gnaden und bleibe demütig!"*

*

Was ist Selbsterniedrigung? Betrachte den Zöllner! Er erkannte seine Schuld und blieb im Tempel ganz hinten auf dem „letzten Platz". Aber hätte er dann nicht auch sagen können: Meine Schuld ist so groß, ich gehe gar nicht erst in den Tempel hinein. Wäre **das** nicht der letzte Platz gewesen? Er hätte sogar noch weiter gehen können: Er hätte vor dem Tempel vor allen Leuten seine Schuld bekennen und ihnen demonstrieren können, dass er sich absolut auf den letzten Platz stelle. Aber dann wäre der Zöllner zu einem noch schlimmeren Pharisäer geworden.

*

Bei der Selbsterniedrigung kommt es vorrangig auf Ehrlichkeit und Lauterkeit an. In Demut Schuld und Versagen erkennen, in Demut aber auch die Barmherzigkeit und unendliche Güte Gottes zulassen. Selbsterniedrigung heißt nicht, sich selbst in den Schmutz zu treten (das wäre eine Beleidigung Gottes!), sondern sich auf den Platz zu stellen, der dem Grad meiner Selbsterkenntnis entspricht.

„Wahre Nächstenliebe nur in wahrer Gottesliebe"

„Du hast Mir alles gegeben, also sei Mir alles! Auch Hammer, Waffe des Streites, **Waffe eines heiligen Kampfes um Gerechtigkeit** *für die Unterdrückten, um Befreiung der Gefangenen!"*

*

Willst du zur **Freude an Gott** gelangen, ist es notwendig, vor Ihm still zu werden, auf Ihn zu warten, Ihm deinen Weg anzuempfehlen und darauf zu vertrauen, dass Er alles fügt. Dann musst du ablassen von Groll und Zorn über all die schwierigen Menschen, mit denen du zu tun hast. Dazu ist es notwendig, auszusteigen aus dem Boot der Gewöhnlichkeit, nur auf Ihn zu schauen, ohne auf den Wind und die Wellen ringsum zu achten. Der schwierigste Schritt zur Freude an Gott ist die Liebe zu Gott. Wie kann ich Gott lieben, der es fertig bringt, so viele Jahrtausende zuzusehen, wie die Menschheit sich selbst und Seine wunderbare Schöpfung zugrunde richtet?

*

Wer dem Herrn gehört, wer Ihn wirklich liebt von ganzem Herzen, der wird als Folge davon auch seinen Nächsten lieben, den Hungrigen speisen, den Nackten bekleiden, den Trauernden trösten (mit dem Trost, mit dem er von Gott getröstet wird!), den Kranken heilen, den Gefangenen befreien. Wer aber meint, wenn er seinen Nächsten liebt, ihn speist, kleidet, tröstet usw., der liebe auch schon Gott, kann sehr in die Irre gehen. Vielleicht sucht er sich selbst in seinem Nächsten? - Soziales Engagement allein ist nicht wahre Nächstenliebe. Wahre Nächstenliebe ist nur möglich in wahrer Gottesliebe; denn sie zielt neben allem „sozialen" Helfen immer auch auf ein Hinführen zu Gott, auch wenn dieses Ziel nicht vordergründig durchscheint. Wer Gott liebt und Seine Liebe erfahren hat, möchte, dass alle Menschen Ihn lieben, und die irdische Hilfe ist nur ein Ansatzpunkt für die wichtigere Hilfe auf dem Weg zu Gott.

Dass viele Menschen nur irdische bzw. materielle Hilfe schätzen und die andere Hilfe ablehnen, ist eine andere Sache und oft genug eine schmerzliche Erfahrung für den Helfenden.

*

*„Wer in Mir bleibt und in wem Ich bleibe, **der wird selbst zum Brot für andere**. Wundere dich also nicht, wenn du „aufgezehrt" wirst."*

*

„Du vergibst dir nichts und gibst Mir die Ehre, wenn du als Erste einen Menschen grüßt und ihm dein Lächeln schenkst. Denke daran, dass Ich es bin, dem du in jedem Menschen begegnest, damit dein Eifer, Mir zu dienen, nicht nachlasse."

„Ich bin getreu..."

Wort des Herrn an einen Ordensoberen, der große Sorgen mit dem Bau seines Klosters hat: *„Warum bist du so kleingläubig? Wenn du auf deine eigene Kraft vertraust,* *wirst du immer Angst haben; wenn du alles auf das Vertrauen in Meine Kraft setzt, wirst du handeln in Freiheit. Fürchte nichts! Ich baue das Haus! Ich will es zu einer Stätte des Segens und des Heils machen für viele. Wenn du „keine Zeit" hast, bedenke: Ich füge, während du schläfst, was du mit großem Zeit- und Kraftaufwand nur mühsam zuwege bringst. Werde Kind, geh zur Mutter! Ich bin getreu und verlasse die Meinen nicht, wenn sie nur die Meinen sein wollen."*

„Vom Brennglas der Liebe Gottes entzünden lassen"

Es gibt Menschen, die glauben, sie müssten sich selbst heiligen; die sagen, sie müssten zuerst an ihre eigene Heiligung denken (bevor sie anderen helfen!). Hat **„Selbstheiligung"** nicht sehr viel Ähnlichkeit mit „Selbstverherrlichung"?! Wenn jemand sich selbst heiligen will, beschränkt er von vornherein das Maß seiner Vollkommenheit auf den Grad eigener Erkenntnis; das heißt er wird immer fragen (und zwar sich selbst!): Genüge ich mir? Bin ich jetzt heilig? Wie armselig wäre solche Heiligkeit! Ich wünsche niemals, dem Herrn Grenzen in meiner Heiligkeit zu setzen. Ich gehe eins mit der kleinen Hl. Therese und sage zu Ihm: Ich wähle alles! Ich möchte mich nur von Ihm heiligen lassen; denn ich weiß, dass nur Er meine Sehnsucht nach Heiligkeit erfüllen kann, in einem Maße, das alle eigenen Wünsche und Vorstellungen unendlich übertrifft. Wie es für mich kein „Genug" vor Gott gibt (wenn das auch leider oft im Wollen und Ersehnen stecken bleibt), so findet Gott kein Ende, immer mehr an Gnade, Erbarmen, Liebe, Heiligkeit zu verströmen an den, der sich Ihm öffnet.

*

Bedenke in allem die größere Ehre Gottes! Betrachte weder die Ehe noch den geistlichen Stand als Selbstzweck, sondern als Mittel, das Ziel der Heiligung zu erreichen. Insofern kann letztlich alles zum „Sakrament" werden. Lass dich von dem Brennglas der Liebe Gottes einfangen und entzünden, damit die Welt zu brennen beginne, wie Er es so sehnlichst wünscht!

Göttliche Bestrahlung in der Eucharistie

Das Geheimnis der Eucharistie kannst du nicht erfassen; du musst dich **von ihm erfassen und ganz durchdringen, durchtränken lassen.** Suche nicht die Sättigung der Seele (der Gefühle), sondern lass diese Speise wirken; und an den Zeichen, die geschehen, erkenne, dass Er in dir lebt und du in Ihm. Die Ströme lebendigen Wassers, die aus deinem Inneren fließen, erkenne sie als Sein Wort, das Geist und Leben ist.

*

Ein inneres Wort an alle, die überall zu finden sind, wo eine angebliche Botschaft oder Erscheinung stattgefunden haben soll: *„Lauft keinen fragwürdigen Botschaften und Erscheinungen nach! Wer immer das eucharistische Geheimnis anbetet, der hat* **die wahre Erscheinung;** *und wer ganz still geworden ist, kann auch die Botschaft hören, die Ich mitteilen will."*

*

Wer sich tagtäglich Seiner göttlichen Bestrahlung in der Eucharistie aussetzt; welche anderen Strahlen hätte der zu fürchten?

*

„... Welch große Mühen und Widerwärtigkeiten nehmen die Menschen auf sich, um alte historische Stätten aufzusuchen, um große Kunstwerke zu sehen und zu genießen! Sie sagen: Ich bin da und dort gewesen und habe dieses und jenes gesehen; und oft ist ihre wissenschaftliche oder kunstbegeisterte Begründung nur eine Verbrämung einer besonderen Art von Habsucht. Frage sie alle, die Tausende, wer von ihnen dieselben Mühen auf sich nehmen würde, um eine Hl. Messe zu besuchen!"

„Freue dich aus vollem dankbaren Herzen"

Bitte den Herrn, dich in ein Kind umzuwandeln, damit du dich wahrhaft freuen kannst. Wenn ein Kind an Weihnachten an den vollen Gabentisch geführt wird, sagt es nicht: ‚Ach, Vater, das habe ich nicht verdient, höchstens die eine oder andere Gabe'; vielmehr strahlt es übers ganze Gesicht und nimmt alles vom Vater an. Es kommt nicht auf den Gedanken, der Vater könnte vielleicht seine Demut oder Bescheidenheit prüfen wollen. Weise nicht in falscher Demut ein Geschenk Gottes zurück! Zweifle nicht, sondern freue dich aus vollem, dankbaren Herzen über die Gnaden Gottes, über Seine Liebkosungen, und strahle diese Freude auch auf andere aus!

„Heilige Jungfrau, lege ein Siegel auf meine Stirne"

Hl. Jungfrau Maria, ich bin Dir ganz geweiht. Lege **ein Siegel auf meine Stirne,** damit ich nur Gutes und Heiliges denke, damit Jesus Seine heiligen Pläne in mir wirken kann. Lege ein Siegel auf meinen Mund, damit nichts Böses ihn berühre, sondern die Quelle des Lebens und der Wahrheit aus ihm entspringe. Lege ein Siegel auf mein Herz, damit es für die Welt verschlossen ist und der göttliche Funke es entzünde zu einem gewaltigen Liebesbrand. Amen.

„Heiliger Schutzengel, tritt du an meine Stelle"

Heiliger Schutzengel! Ich danke Dir für Deine treue, stille Gegenwart. Beständig umgibst Du mich mit wachsamer Liebe. Du kennst meine Nöte, mein Versagen, meine Sehnsucht. Ich vertraue mich ganz Deinem Schutz an, denn Du bist mir vom höchsten Gott beigesellt worden. Ihm in ewiger Anbetung zu dienen, ist meine Sehnsucht und meine Bestimmung. Aber dazwischen steht meine menschliche Schwachheit, und dies ist mein Schmerz: meine Unzulänglichkeit zu erkennen und doch um dieses einzig Wahre zu wissen. Deshalb bitte ich Dich: Tritt Du an meine Stelle, wo immer mein Vermögen nicht ausreicht, damit dem ALLERHÖCHSTEN unablässig und auf würdige Weise Lobpreis, Ehre und Anbetung zuteil wird.

2. Kampf

„Jetzt ist die Zeit des Kampfes"

Maria spricht zur Seele: *„Jetzt ist nicht die Zeit, dich an Meiner Gegenwart zu sättigen und in Meiner Liebe auszuruhen. Das kommt später. Jetzt ist die Zeit des Kampfes, und* **Ich bin daran, das letzte Aufgebot zu bestellen.**"

*

Ein **Wort der Gottesmutter:**
„Dies ist das Zeichen, das Ich all jenen gebe, die sich Mir in Ganzhingabe geweiht haben: **Ich rufe sie, mittelbar oder unmittelbar, zum Kampf gegen Satan auf.** *Daran sollen sie erkennen, dass Ich ihre Weihe an Mich angenommen, ernstgenommen habe."*

*

Jesus: *„… Heute, da* **Meine Kirche ein Schlachtfeld** *ist, muss sich die Heiligkeit einer Seele nicht in ihrer Schönheit erweisen, sondern in ihrer absoluten Verfügbarkeit, auch an vorderster Front. Dort, wo Schmutz und Verwundungen, wo Kampf und Erschöpfung, wo Angst und Verfolgung eine Seele prägen, dort wird der Sieg für Mein Reich errungen. Hingabe und Gehorsam verlange Ich von euch, ihr Meine Getreuen.* **Ihr seid berufen zum Einzelkampf.** *Lasst euch nicht entmutigen durch Einsamkeit und Angst. Ihr werdet gestärkt. Partisanen Gottes seid ihr! Holt die Verwundeten aus dem Kriegsgetümmel und heilt sie! Befreit alle, die der Feind in Gefangenschaft hält! …*

Ich sende euch in die vordersten Stellungen und in die Schlupfwinkel des Feindes, damit ihr dort eure Sprengsätze anbringen könnt. **Diese Sprengsätze** *sind Stätten der Anbetung, Gebetskreise, Zönakel, Stätten der Heilung und Befreiung, wie*

Ich sie wünsche. Holt euch das tägliche Brot des Lebens, das ihr so notwendig braucht. Betet ohne Unterlass, damit euch die Angst in eurer Einsamkeit nicht überwältigt. Haltet treu zusammen: Papst, Bischöfe, Priester, Laien! Man soll von euch sagen: Seht wie sie einander lieben."

*

„Du hast Mir alles gegeben, also sei Mir alles! Auch Hammer, Waffe des Streites, Waffe eines heiligen Kampfes um Gerechtigkeit für die Unterdrückten, um Befreiung der Gefangenen!"

*

Wer Soldat ist und im Krieg, darf weder nach regelmäßigem Sold noch nach geregelter „Arbeitszeit" fragen. Der Dienst am Vaterland ist Lohn und Ehre zugleich. Um wie viel mehr gilt dies für einen „Soldaten" im Kampf um das Reich Gottes!

*

Wenn du traurig bist, dass deine Seele so gar nicht schön und heilig aussieht, sondern dass sie erheblich verschmutzt, heruntergerissen und elend ist, trotz allen ehrlichen Ringens und guten Willens, dann lass dir vom Herrn dieses Wort sagen: *„Wen Ich in Meinen Kampf berufe, der geht nicht in seiner Ausgehuniform, sondern in einem geeigneten Kampfanzug, der Löcher und Schmutz, Schweiß und Blut aushalten kann. Dies heiligt den treuen Kämpfer für das Reich Gottes. Wie viele tragen unter ihrer glänzenden Uniform den Aussatz der Sünde und der Gottesferne! Lasst euch nicht blenden, sondern bleibt auf eurem Weg!"*

„...damit ihr gerüstet seid, wenn es so weit ist"

(Eine schwerwiegende Weisung der **Muttergottes** an Ihre Getreuen): *„Die Zeit ist sehr nahe, da Mein Widersacher solche Macht gewinnt, dass es unmöglich scheint, ihn mit den üblichen Mitteln zu bekämpfen. Ich habe es dir schon vor längerer Zeit gesagt: Wenn der Feind ins Land eingedrungen ist, wenn alles, sogar das eigene Heer von ihm durchsetzt ist, wenn sogar die Heerführer kopflos werden und teilweise voller Angst davonlaufen, wenn alles in Auflösung ist, dann gibt es nur noch eines: den Einzelkampf! Werdet Partisanen Gottes! Schließt euch zu Gemeinschaften zusammen, die bereit sind, in totaler Auslieferung an Christus den Kampf aufzunehmen....*

Mit großen Aktionen ist nichts mehr zu retten! Um jede einzelne Seele müsst ihr kämpfen und ringen. **Eure Waffen: Gebet, vor allem der Rosenkranz: Schlagring und Kette der himmlischen Macht!** *Eure Medizin für die Wunden, die Satan den Opfern zufügt, die ihr ihm entreißt: Güte und Verständnis, Geduld, Liebe, Liebe und wieder Liebe! Legt ihnen die Hände auf und heilt sie, ganz dem Auftrag der Heilung und Befreiung entsprechend. Die Priester sollen durch die Spendung der Sakramente das Ihre dazu beitragen. Ihnen besonders gilt auch der Auftrag zu befreien, auf Grund ihrer* **Vollmacht.** *Auch das Briefapostolat ist ein Mittel zur Heilung. Partisanen scheuen nichts! Darum ist es notwendig, einen starken Halt im „Untergrund" zu haben.*

Ich will eure Heerführerin sein. Weiht euch Mir ganz! Liefert euch Christus aus! Durch Mich! Unterstellt euch dem Bischof als dem von Mir eingesetzten Gewährsmann! Ich verlange absoluten Gehorsam ihm und denen gegenüber, die der Bischof mit Meiner Zustimmung als Vertreter bestimmt. Diese Gemeinschaft ist allen zugänglich: Laien,

Priestern, auch Ordensleuten, wenn sie die Zustimmung ihrer Oberen erhalten, Verheirateten und Unverheirateten, Männern und Frauen. Sie sollen in kleinen Zellen arbeiten und einander stützen. Jeder wird zu einer besonderen Aufgabe gerufen, je nach seinen Gaben und Umständen.

Vor allem rufe Ich die Kranken, Schwachen auf, die, welche meinen, ihr Leben sei nutzlos und sinnlos: Ihnen lege Ich die verantwortungsvollste Aufgabe auf die Schultern: das Gebet, das Leiden, die Patenschaften für die einzelnen Seelen. Dies alles sage Ich euch, damit ihr gerüstet seid, wenn es soweit ist. Überall auf der Welt habe Ich begonnen, aufzurüsten für den Endkampf.

Wer Ohren hat, der höre! ..."

*

Der pausenlosen Zermürbungstaktik des Widersachers können wir nur durch Einigkeit der kleinen Herde und durch treues Durchhalten begegnen, immer unter dem Schutzmantel der Gottesmutter, die uns führen wird. Es ist Kampfzeit!

*

Ein inneres Wort, von **Maria** gesprochen:

„**Der rote Drache ist nicht tot,** wie viele meinen. Es ist ihm nur gelungen, sich gut zu verbergen und in anderer Gestalt und Verkleidung aufzutreten. Aber in Meiner Nähe muss er sich zu erkennen geben. Deshalb können auch alle Mir Geweihten ihn erkennen. Sie rufe Ich auf zum Kampf gegen den roten Drachen. Fürchtet euch nicht, Ich bin eure Heerführerin und gehe euch voran!"

*

Wer sich Maria geweiht hat, ist ihr Eigentum geworden. So wie sie Jesus im Tempel aufgeopfert hat, so wird sie jeden Ihr Geweihten dem Herrn zum Opfer darbringen. Aber wie viele suchen sich Ihren Händen wieder zu entwinden, lassen Sie gewissermaßen mit leeren Händen vor Gott hintreten. Für viele ist somit die Weihe an Maria zur furchtbaren Verantwortung geworden.

Umso mehr müssen die anderen Ihr Geweihten bereit sein, sich von Marias mütterlichen Händen zu einem vollkommenen Opfer formen und im Tempel darbringen zu lassen. Unsere Armut und Bedürftigkeit ist für Sie kein Hindernis. Die Zeit drängt, und Sie wendet Sich an die Allerletzten, bestellt sozusagen das letzte Aufgebot.

„Ich bin die Frau aus der Wüste!"

*„Jetzt ist die Zeit des Kampfes gekommen und Ich bin daran, das letzte Aufgebot zu bestellen. Die Großen, die Starken haben versagt, sie haben Ihre Gaben und Gnaden verschleudert...***Nun wende Ich mich an die Kleinen, die Elenden, die Schwachen, an die zu kurz Gekommenen, an die, die in den Augen der Welt versagt haben.*** *Sie haben keine anderen Waffen, als die Ich ihnen gebe. Das sind jedoch nicht die Waffen der Welt, auch nicht der Geisteswelt! Nicht Intelligenz brauche Ich von euch, keinen glänzenden Geist, keine Klügeleien und Überlegungen, keine Sprachgewalt noch Überredungskunst, kein Ansehen und keine Macht, keine Beziehungen zu den Mächtigen. Von euch, die ihr nichts von alldem besitzt, brauche Ich etwas ganz anderes:* **euch selbst, euren Glauben, euer Gebet, eure Tränen, euer Opfer, eure Sühne, euer Leiden und eure liebende Hingabe,** *und dies alles bis zum Äußersten. Nur ihr, Mein letztere Aufgebot, seid fähig, dies zu geben, denn ihr seid durch vieles in eurem Leben schon vorgeformt dafür. Es gibt keine andere Rettung mehr, als dass ihr euch zur Verfügung stellt:*

zur letzten Aufopferung, auch des Lebens, zur ununterbrochenen Sühne für die Gräuel, die pausenlos verübt werden und die Sein göttliches Herz noch grausamer durchbohren als damals am Kreuz. Seid bereit zu allem, seid bereit zur Kreuzigung, damit das Maß der Tage erfüllt wird. Zu Meinem letzten Aufgebot sollen alle gehören, die bereit sind, Meine Wünsche zu erfüllen, besonders aber alle Kranken und Behinderten, alle Bedrängten, Gequälten, Verachteten, eben alle Letzten. Ihnen verheiße Ich: Der Herr selbst wird sie an Seinem Tag abholen und ihre Ehre wiederherstellen

Lasst euch von der unbefleckt Empfangenen umformen und erziehen! *Ihr sollt das Bollwerk gegen Satan sein. Ihr sollt die Flut von Bosheit, Hass und Gewalt nicht weiterleiten und abreagieren, sondern auf euch nehmen und abbremsen. Ihr braucht keine Helden zu sein, sondern Menschen des Alltags, die still und treu ihre Pflicht erfüllen, die kein Aufsehen von sich machen, deren Wirken jedoch in der Tiefe ihrer Hingabe an Gott beginnt, in der Bereitschaft zu Gebet, Opfer, Leiden, Schweigen. - Wenn du eine Ehefrau bist und erfährst von deinem Mann eine Grobheit oder Lieblosigkeit, dann gib das nicht weiter an deine Kinder oder zahle es deinem Mann heim mit Zank oder Beleidigtsein, nimm es an; es ist ein Schlag, der Jesus ins Gesicht traf. Schlug Er zurück? Erleidest du von deinem Vorgesetzten eine Ungerechtigkeit, bremse diese ab und leite sie nicht weiter an deine dir Untergebenen; denke an die Geißelhiebe, die Jesus schmerzvoll ertrug, ohne Fluchen und ohne Hass gegen Seine Peiniger. Hat dir Gott die Gnade des Gebets geschenkt und du wirst belächelt oder verspottet, dann stehst du mit Ihm vor der Meute, die Ihm ins Gesicht spuckt. Krankheit und Sorgen drücken dich, die Kinder sind einen anderen Weg gegangen als du wolltest, deine Ehe ist schwer geworden; auch das Kreuz, das Er trug, - für dich! - war schwer. Hilf Ihm tragen! Und wenn dir alles genommen ist, Hab und Gut, der liebste Mensch, dei-*

ne Ehre, alles, wenn nichts mehr da ist, woran du noch hängst, dann stehst du mit Ihm auf Golgota, der Kleider beraubt, nackt und bloß, bereitet und fähig zum Letzten. Dann wirst du die Hände ausstrecken und das Kreuz, das du so lange getragen hast, liebend umfangen, dieses Kreuz, um dich endgültig kreuzigen zu lassen. Und wenn du dann da oben hängst, ganz allein in Todesnot, dann darfst du ruhig schreien: Mein Gott, warum hast Du mich verlassen? Dann ist dein Werk schon vollbracht, So wie Er wirst auch du viele an dich ziehen, sie werden dir, vielmehr Ihm, nachfolgen und das Gleiche an sich geschehen lassen. **Und so entsteht ein gewaltiges Golgotha,** mit einem überdimensionalen Kreuz darauf, und dieses ist das Bollwerk, das für Satan unübersteigbar ist, er muss weichen. Die aber hinter diesem Bollwerk Schutz gesucht haben, werden so vor ihm gerettet werden. Durch euer Gebet, Opfer, Leiden, Schweigen, durch eure Kreuzigung!"

Barmherzigkeit und Liebe

Maria an alle, die in Ihrem verborgenen Heer der PARTISANEN GOTTES dienen und kämpfen:

„Barmherzigkeit und Liebe sind die Heilmittel für die Verwundeten, die ihr aus dem Schlachtfeld herausholen sollt. Schließt aber dabei keine Kompromisse mit Meinem Widersacher. Gerade euer Erbarmen mit den so grausam Verstümmelten versucht er in schlauer Taktik für seine eigenen Pläne zu benutzen. Geht auf keines seiner trügerischen Angebote ein. Hört nicht auf ihn, sondern geht unerschrocken den Weg Jesu. Das Erbarmen Jesu besteht in der Vergebung der Sünden, nicht aber in der Aufhebung des Gesetzes, das zu erfüllen Er gekommen ist. Auch euer Feind redet von Erbarmen und Mitleid; aber was er meint, ist

Auflösung und Zerstörung aller göttlichen Gesetze, von denen Jesus keinen Buchstaben weggenommen wissen will.
*Eure Aufgabe ist **das verborgene Ringen im „Untergrund" um jede Seele.** Hütet euch vor der Öffentlichkeit! Da der Feind weiß, wie gefährlich ihm diese Art des Einzelkampfes ist, wird er alles versuchen, euch bekannt zu machen, der Verachtung und dem Spott auszuliefern und euer Wirken empfindlich zu mindern. Deshalb wiederhole Ich es:*
***Zieht euch zurück in die Anbetung eures eucharistischen Herrn,** damit ihr aus der Begegnung mit Ihm Licht und Weisung für euer Tun empfangen könnt. Bleibt immer in der Haltung der Anbetung!"*

„Partisanen Gottes"

Wer „Partisan Gottes" sein will, verpflichtet sich durch ein Gelöbnis vor dem Diözesanbischof[1] zu einer geistlichen Lebensführung (tägl. Hl. Messe, Stundengebet, Rosenkranz, Anbetung, regelmäßige Beichte u.a.). Diese Spiritualität soll aber nicht zur Ausstattung eines verinnerlichten, weltabgewandten Seelenstübchens werden. Sie soll vielmehr die Kraft- und Gnadenquelle sein im Kampf um Menschenseelen und mit den Mächten der Finsternis; Mut, hineinzukriechen in die Schlupflöcher des Elends, um die herauszuholen, die nicht mehr von selbst dazu fähig sind, und dabei das Sich-Schmutzigmachen nicht zu scheuen.

Du kannst nicht auf die Pflege deiner schönen Seele bedacht sein, wenn rings um dich das Inferno tobt. Du kannst

---

[1] Das Gelöbnis kann auch vor einem Priester des Vertrauens abgelegt werden, denn nicht jeder Bischof ist dafür zugänglich. Man kann das Gelöbnis auch vor dem Tabernakel ablegen, besser (mit stärkerer Gewichtung) vor einer kirchlichen „Amtsperson"

dir keine Heile-Welt-Illusion vortäuschen, wenn sich die Wirklichkeit in der Drogen- und Pornoszene, in Ehebruch und Scheidungselend, in Abtreibung und berechnender Sexmentalität abspielt, in der zunehmenden Verrohung ganzer gesellschaftlicher Gruppen, in der Terror- und in der Psychoszene und so fort.

Die „PARTISANEN GOTTES" werden immer mehr zu **einem endzeitlichen, apokalyptischen Auftrag!** Hier wird sich die Nachfolge Christi bis zum Äußersten erweisen müssen. - Christus hat Sich sicher nicht mit Wonne kreuzigen lassen, aber Er hat Sich kreuzigen lassen. Er tut es heute mehr denn je. Und du? Folgst du Ihm ganz nach? Oder ziehst du dich auf halbem Weg zurück, weil du es nicht zugeben und ertragen könntest, laut aufzuschreien: Mein Gott, warum hast Du mich verlassen? Du willst dein Gesicht wahren und verlierst es. Du willst nicht eins sein mit Ihm!

Oder doch?!

*

„Partisanen Gottes" sind weder ein Verein noch ein Orden; sie sind Einzelkämpfer in einer sehr losen, aber spirituell sehr eng verbundenen Gemeinschaft. Es ist jedoch wichtig, feste Stützpunkte auszubauen und nach Art der Kinder dieser Welt die „Institutionen zu unterwandern" (Sauerteig sein!)

*

„Noch niemals hat es Mein Widersacher so gut verstanden, sich in einen Engel des Lichts zu verkleiden wie heute. Sogar die Worte Meines göttlichen Sohnes verwendet er in heuchlerischer Weise, um die Menschen einzuspinnen in sein teuflisches Netz. **Nur das Netz der barmherzigen Liebe Gottes** *vermag jenes Netz zu durchdringen. Die Maschen dieses Net-*

zes sind noch groß. In dem Maße, als sich die „Partisanen Gottes" vermehren werden, wird auch das Netz der barmherzigen Liebe dichter, umso mehr Menschen können gerettet werden. *Die Knotenpunkte in diesem Netz sind die PARTISANEN GOTTES, die kleinen Zellen, von denen die Kranken geheilt und die Gefangenen befreit werden sollen."*

Auch hinter New Age verbirgt sich jener, der sich als Engel des Lichts ausgibt!

Netzwerk der „Partisanen Gottes"

Warum sind die Drahtzieher bzw. Netzknüpfer des New Age so schwer auszumachen? Weil sie überall mitten drin sind! Auch in Gruppen und Einrichtungen mit scheinbar religiösem Gepräge! So sollen auch wir als „Partisanen Gottes" überall mittendrin sitzen, unerkannt, aber in voller Aktion. Wir müssen Kontaktpersonen gewinnen aus den unterschiedlichsten Lebens- und Arbeitsbereichen, die ihrerseits in genau diesen Bereichen Partisanen Gottes-Arbeit verrichten sollen. Jede der als zuverlässig geltenden Kontaktpersonen ist gewissermaßen Knotenpunkt in dem „Netzwerk" der PARTISANEN GOTTES; und jeder wird für seinen Bereich Sympathisanten finden, die ihn unterstützen. Jeder weiß aber auch, dass er letztlich Einzelkämpfer ist, getragen zwar von der kleinen und großen Gemeinschaft, aber doch großenteils allein auf sich und auf Gott gestellt. Wer Knotenpunkt ist, muss Einsamkeit ertragen können. In diesem Netz der PARTISANEN GOTTES sollen die Menschen aufgefangen werden, im Gegensatz zum Netz des New Age, in welchem sie gefangen und verfangen sind.

*

Ein **Wort Mariens an die Partisanen Gottes:**
„*Wenn ein Bischof gelähmt oder gefesselt ist, seid ihr umso mehr sein Werkzeug, auch wenn er es nicht weiß oder nicht will. Dann werde Ich persönlich es sein, die das Werkzeug in die Hand nimmt und damit ausführt, was der Meister[2] anweist.*"

*

Heute am Rosenkranzfest hörte ich im Gebet **Maria** in meinem Inneren sprechen: „*Heute geht es nicht mehr darum, einen äußeren Feind des Christentums zu besiegen.* **Heute ist der Feind in den Mystischen Leib Christi eingedrungen, bis in seine innerste Mitte.** *Nicht die Türken, die Kommunisten, die Araber sind es, die euch vernichten wollen, sondern der Antichrist selbst. Er ist gut getarnt mitten unter euch, aber für alle erkennbar, die Mir geweiht sind. Er blendet die Menschen mit einer rein humanitären Liebe, die nicht über diese Welt hinausreicht; die Einheit, die er predigt, birgt Spaltung in sich; seine Wahrheit ist Lüge; und sein Friede (Weltfriede!) ist erkauft um den Preis der Wahrheit und soll seine endgültige Macht und Herrschaft besiegeln.*

Dieser Feind ist wahrhaftig nicht mit den Heeren früherer Jahrhunderte zu bekämpfen, sondern nur – mit Partisanen Gottes! Und mit den Waffen des Geistes ... Geblieben ist der Rosenkranz, heute wie damals eine mächtige Waffe für alle, die ihn treu und beharrlich beten."

*

Ein echter „Partisan Gottes" ist auf Gemeinschaft angewiesen. Er ist zwar Einzelkämpfer, keineswegs aber Einzelgänger!

*

---

[2] Christus ist der Meister. Vgl. Joh 13,13: „Ihr sagt zu mir Meister und Herr, und ihr nennt mich mit Recht so; denn ich bin es."

Man hat es fast vergessen, dass das Rosenkranzfest eingeführt wurde als Dank für den Sieg über die Türken. Dieser Sieg wurde erfleht durch inständiges Rosenkranzgebet. **Um wie viel mehr haben wir heute Grund, die Hilfe der Gottesmutter zu erflehen gegen einen viel heimtückischeren Feind: den Feind Christi, der ins Innere der Kirche Christi eingedrungen ist und dort verheerenden Schaden anrichtet.**

3. Heilung / Befreiung

„...wenn ihr tut, was Er euch sagt."

Ein inneres **Wort der Gottesmutter:** *„Eure Wallfahrten, Andachten und Gebete sind Mir lieb und recht. Die größte Verehrung bringt ihr Mir jedoch, wenn ihr tut, was Er euch sagt: das Evangelium verkünden und bezeugen, Kranke heilen, Dämonen austreiben; wenn ihr umkehrt und Ihm nachfolgt. – Wenn eure Verehrung sich in Äußerlichkeiten erschöpft, bleibt sie unfruchtbar. Darum die Bitte um die Ganzhingabe an Mich. Ich führe euch so, dass ihr tut, was Er euch sagt."*

*

*„***Mich erbarmt auch heute noch des Volkes!** *Deshalb will Ich ihm eine Stätte des Heiles bei euch schaffen, eine Stätte der Heilung und Befreiung von Sünde und Krankheit. Ich kenne die Not der Menschen, die von Anbeginn an nicht so groß war wie heute. Sie haben ihre Mitte verloren ...*

In eurem Erbarmen mit euren Brüdern und Schwestern will Ich selbst lebendig werden. Sammelt sie um euch, hört ihre Not und Bedrängnis an, betet mit ihnen, legt ihnen die Hände auf, vergebt ihnen die Sünden und heilt sie, in Meinem Namen! Die Krankheit der Seele ist heute ernsthafter als die Krankheit des Leibes. Darum sollen sie nicht in erster Linie auf eine äußere Heilung hoffen, sondern auf eine **Befreiung ihrer Seele** *von der Last der Sünde und von der Knechtschaft Satans.*

Nur so werden sie dauerhafte und beglückende Gesundung ihres Seins erfahren, und die körperliche Heilung wird ihnen gar nicht mehr so wichtig erscheinen. Die körperliche Heilung schenke Ich von Fall zu Fall dazu, als einen sichtbaren Erweis Meiner Liebe und wegen eurer Schwachheit im Glauben ..."

*

Gebet: „Herr Jesus Christus, Du erbarmst Dich auch heute noch Deines Volkes. Deshalb schenkst Du uns Dein Werk der Heilung und Befreiung. Wir danken Dir dafür und bitten Dich: Erleuchte und erfülle mit Deinem HEILIGEN GEIST, die Du zu Hirten und Wächtern in Deinem REICH bestellt hast; dass sie Deinen Auftrag erkennen und mutig und treu erfüllen in der Vollmacht, die Du ihnen gegeben hast.

Mache auch uns zu Werkzeugen Deiner Gnade, damit Dein Heil bald alle erreiche, die in Elend und Gefangenschaft sitzen. Befreie uns alle, o Herr, wo Satan uns in Fesseln hält, damit wir Dich von Herzen loben und preisen können und zur wahren Freiheit der Kinder Gottes gelangen.

Maria, Du unsere wunderbare Mutter, bitte für uns und nimm uns in Deinen ganz besonderen Schutz. Amen."[1]

Möge der Auftrag zu heilen und zu befreien in die Herzen der Verantwortlichen fallen wie Regentropfen auf das Gras und wie Tauperlen auf die Pflanzen!

*

„Wohl habe Ich Meine Vollmacht zu heilen, zu befreien, in erster Linie Meinen Aposteln und Nachfolgern verliehen; aber Ich habe es euch gesagt, und Ich sage es auch heute: Es kommt auf den Glauben an. **Die Vollmacht ohne Glauben vermag nichts!** *Wenn aber der Glaube auch nur wie ein Senfkorn so groß ist, wird allen, die glauben, nichts unmöglich sein! Denen, die glauben wird gelingen, was jenen, die Vollmacht besitzen, aber keinen Glauben haben, unmöglich ist ...* **Teile denen mit Vollmacht deinen Glauben mit,** *damit sie in ihrem*

---

[1] Der Ortsbischof genehmigte dieses Gebet, sowohl für den privaten Gebrauch als auch im kleinen Kreis.

Glauben wachsen und gestärkt werden, damit ihre Vollmacht wirksam wird; damit ihr gemeinsam heilen und befreien könnt; ein jeder nach dem Maß Meiner Gnade."

Die es angeht, mögen sich fragen: Wie stark ist mein Glaube!? Was fange ich mit der Vollmacht an, die mir ganz persönlich von Christus übertragen wurde?! Höre ich mehr auf Ihn, oder auf den Vater der Lüge? Oder baue ich auf mich selbst und meinen Verstand?

Und wieder der Auftrag zu Heilung und Befreiung: *„Wie kann die Gottesliebe in euch bleiben, wenn ihr euer Herz vor dem Bruder verschließt, der in Gefangenschaft sitzt, während ihr die Vollmacht besitzt, ihn zu befreien? Liebt nicht mit Wort und Zunge, sondern in Tat und Wahrheit!"*

*

Die Jünger wurden zu zweit ausgesandt, um zu heilen und zu befreien. Propheten jedoch werden allein gesandt. Der Preis für ihre Nähe zu Gott ist die Einsamkeit.

Werk der Heilung und Befreiung

„Ich rufe euch auf, Werkzeuge Meiner Gnade im Werk der Heilung und Befreiung zu sein, indem ihr **geistliche Bürgschaften, Patenschaften übernehmt** *für eure Brüder und Schwestern, die in Abhängigkeit und Bedrängnis sind. In gründlicher Vorbereitung und nur im Gehorsam dem Beichtvater gegenüber sollt ihr euch zu einem persönlichen Verzicht verpflichten; zuerst für eine bestimmte Zeit, und wenn es euch bestimmt ist, auf Lebenszeit. Tut dies jeweils für eine bestimmte Person, die ihr durch euer beharrliches Opfern befreien könnt. Lasst euch nicht entmutigen, wenn ihr euer Versprechen oft nur unvollkommen erfüllen könnt, gebt niemals auf! Wenn ihr alles in Lie-*

be erfüllt und nicht auf „Leistung" bedacht seid, wird es euch gelingen! Für euch selbst wird es eine kostbare Übung der Demut sein! ... Ein kleines Opfer, beharrlich durchgehalten, ist mehr wert als ein großes, das wegen seiner Schwere doch bald wieder aufgegeben wird. Die Demut hat noch immer den Stolz besiegt. Darum tut alles mit der demütigen Magd Maria. Mit Ihr wird euch alles gelingen."

*

Wie sollen die Menschen zur Freiheit der Kinder Gottes gelangen, wenn die Fesseln der Sklaverei nicht ganz durchtrennt werden! Wenn die Verantwortlichen des Volkes Gottes nicht **ihre ganze Vollmacht** zu heilen und zu befreien ausüben! Werden die angehenden Priester in den Priesterseminaren daraufhin ausgebildet?

*

So etwa könnte das Werk der Heilung und Befreiung aussehen: Zu den Mitgliedern des Heilungs- und Befreiungs-Teams gehören Priester (Vollmacht!), Psychologen (Diagnostiker, Therapeuten), Laien (für den Gesprächs- und Gebetsdienst), evtl. Ärzte. Ein diskreter Raum ist notwendig, möglichst nahe beim eucharistischen Herrn.

Zunächst führen die Laien die ersten Gespräche mit den Betroffenen und beten mit ihnen. Vieles kann ja da schon bereinigt und geheilt werden. Für die schweren Fälle ist dann der Psychologe (Diagnostiker) an der Reihe. Er muss bei seiner schweren Aufgabe von den anderen mit Gebet und Anbetung begleitet werden. Er entscheidet schließlich, ob etwas krankhaft ist und Behandlung braucht oder dem Priester und dessen Vollmacht unterstellt wird. Beide sollten eng und vertrauensvoll zusammenarbeiten, da es sicher auch Grenzfälle gibt. Überhaupt sollte dieses kleine Team

absolut verlässlich sein. Kein Konkurrenz- oder Kompetenzdenken! Alles in der Haltung der Demut vor Gott! Absolute Schweigepflicht gegenüber Außenstehenden! Sollte es im Fall schwerer Umsessenheit oder gar Besessenheit zum Exorzismus kommen, müssen alle zusammenstehen und durch Gebet, Fasten und eucharistische Anbetung Unterstützung leisten, evtl. den Bischof einschalten!
Möge der Herr Seinen Segen und Seine Kraft dazu geben!

*

Einige Punkte, die für den Dienst der Heilung und Befreiung wichtig sind:
Nicht allgemein um Heilung beten, nicht kunterbunt durcheinander, wie es gerade „kommt".

Zuerst die Frage: Willst du geheilt/befreit werden, oder ist das nur so ein unverbindlicher Wunsch? Bist du bereit, auch selbst an deiner H/B mitzuarbeiten? Gegebenenfalls Gebet um Heilung des Willens!

„Was willst du, dass Ich dir tue"? Wovon willst du frei werden? Was muss geheilt werden?

Welche Hindernisse bestehen? Erst die Steine wegräumen! Falls nicht bekannt, möge der Herr im Gebet zeigen, welche Steine wegzuräumen sind.

In einfachen Fällen mag es vorkommen, dass man gleich auf Anhieb um die ganze Heilung beten kann. Meist wird man aber mehrere oder viele Schritte machen müssen. Beim Gebet um die ganze Heilung könnte jemand, der mehrere Schritte braucht, sehr enttäuscht und entmutigt sein, wenn die gewünschte Heilung sich nicht einstellt, wie das bei Heilungs- und Befreiungsdiensten leider immer wieder geschieht.

Gebet um Heilung und Befreiung ist keine Spielerei. Man muss sich der Verantwortung für den Betroffenen voll bewusst sein. Man muss bereit sein, unter Umständen für lange Zeit einen Menschen zu begleiten. Er darf nicht allein gelassen werden, sondern soll an unserer Liebe genesen und aufblühen.

Der Glaube an die Kraft des Wortes Jesu und die Demut Mariens sind Grundvoraussetzungen für diesen Dienst.

*

Man braucht die Kraft und die Liebe Jesu

Wer sich mitverantwortlich fühlt für alles, was mit Heilung und Befreiung zu tun hat, der muss einen ganz geraden Weg gehen, den Weg der Demut und des Gehorsams. Man muss sich distanzieren von allen verworrenen Vorstellungen und zwielichtigen Praktiken, die man leider immer wieder antreffen kann, auch bei gläubigen Menschen, sogar bei Priestern. Um den Auftrag Jesu zu erfüllen, braucht man kein Pendel, keine Kupferdrähte oder Kupferblöcke, keine Obertonmusik und keine Abwehrgeräte, keine Steine und anderes Okkultes mehr. Man braucht nur die Liebe und Kraft Jesu, die viel mehr in einem Menschen bewirken kann, als er sich je wünschen und ausdenken kann.

*

„Verbringe deinen Lebensabend nicht in satter Gemütlichkeit mit Fernsehen und anderen unnützen Dingen! Vergiss nicht, dass du in den Kampf gestellt bist, zur Heilung und Befreiung deiner Schwestern und Brüder!"

*

Eine schaurige Begegnung mit Frau X., die sich ‚besessen' fühlt. Nach meiner Einschätzung ist sie zumindest

‚schwer umsessen'. Einige Symptome, die ich selbst feststellen konnte: zwanghaftes Kopfschütteln, von dem sie sagte, das tue der Teufel in ihr gegen ihren Willen; ebenso Zittern des Körpers. Sie wird gepeinigt von entsetzlichem Gestank, den ich sekundenlang selbst wahrnehmen, jedoch nicht mit körperlichen Ausdünstungen identifizieren konnte. Laut ihrer Aussage spüre sie deutlich, wenn der Teufel aus ihr ausfahre. Der habe ihr auch verboten, mit mir über alles zu sprechen, da ich ihm ein Dorn im Auge sei. Als ich sie fragte, ob sie (Fr. X. spricht auch von mehreren Dämonen) ihr auch verboten hätten, über andere Dinge nicht zu sprechen, sagte sie mit Bestimmtheit: „Nein, sie haben mir sonst nichts verboten, nur, dass ich mit Ihnen darüber rede." Eine weitere Aussage: „Ich bin todmüde, die Augen möchten mir zufallen; aber er lässt mich nicht schlafen, er zwickt und kratzt und kitzelt mich und macht Geräusche." Weder Spritzen noch Schlaftabletten zeigten auch nur die geringste Wirkung. Sie hat Angst, dass er sie töten will, um ihre Seele in die Hölle zu stürzen. - Diese wenigen Beispiele können nur bruchstückhaft wiedergeben, was sich tatsächlich abspielt. Zur Ergänzung sei noch gesagt, dass die Frau immer wieder in psychiatrischer Behandlung ist, was aber bisher stets bei einer Symptombeseitigung stehen blieb, mittels hoher Dosen von Psychopharmaka. Das zutiefst in ihr liegende Problem, das auch mit schwerer Schuldverstrickung zu tun hat, wurde nie erkannt bzw. gelöst. –

Zurück zum konkreten Ereignis: Ich versuchte mit intensivem Gebet, Handauflegung, Segen, Rosenkranzgebet und beruhigendem Zureden, ihre Lage erträglicher zu machen. Es ging ihr tags darauf besser, sie hatte auch schlafen können, aber die teuflischen Quälereien gingen mit aller Wucht weiter. Ich versuchte einen Priester zu erreichen, den einzigen mir bekannten in der Diözese, der solche Phänomene wirklich ernst nimmt, aber die Sekretärin wurde fast ausfällig, als ich andeutete, weshalb ich den Priester dringend sprechen müsste. –

Nun bin ich voll Zorn, Bitterkeit und Resignation. Kann man denn zu niemandem mit einem solchen Anliegen kommen? Jeder von ihnen hat doch den Auftrag Christi erhalten, Dämonen auszutreiben! Ist denn keiner da, der diesen Auftrag erfüllt? Ich komme mir vor wie ein Hirtenhund, der von einem Ende der Herde bis zur anderen hetzt, um die verschreckten Schafe zurückzutreiben bzw. den Wölfen abzujagen. Und die Hirten? Was tun sie? Wo sind sie? Hinter verhockten Schreibtischen? Auf Tagungen? Bei Jubiläen und Feierlichkeiten? Auf (Pilger)- Reisen? Oder haben sie sich in den Dunst ihrer Höhlen verkrochen und ziehen die Decke über die Ohren? Wo seid ihr, ihr Priester, ihr Bischöfe? Ich schreie es laut in die Nacht, stellvertretend für die vielen, die keine Stimme (mehr) haben. Wir haben wahrhaftig zu wenig Priester, nicht an Zahlen gemessen, sondern an echten Berufungen. Wenn der Herr uns nur einen Hl. Pfarrer von Ars schicken würde!

Hundert Priesterfunktionäre würde dieser aufwiegen!

„Wer ein glühendes Herz hat"

Als ich dem Herrn klagte, warum gerade ich die Not und Dringlichkeit zu dem Auftrag Heilung/Befreiung so schmerzlich empfinden und begreifen müsse, da ich doch nur eine Frau und völlig inkompetent sei, erhielt ich zur Antwort: *"**Kompetent im Reich Gottes** ist nicht, wer gut ausgebildet und einflussreich ist; kompetent ist, wer ein glühendes Herz hat!"*

*

Immer wieder kann man erleben, dass Menschen sich in ihren Gebeten hartnäckig auf **vordergründige Heilung** körperlicher oder seelischer Krankheiten versteifen. Diese oberflächliche Heilungserwartung gab es auch schon im AT (siehe die Heilung des Aramäers Naaman 2 Kön 5,10-14). Naaman glaubte, durch ein Gebet mit Handauflegung billig eine Heilung zu erlangen und wurde zornig, als auch eine Selbstbeteiligung von ihm verlangt wurde: „Geh": das heißt setz dich in Bewegung, mach dich auf den Weg; „wasch dich": Man wäscht sich, wenn man schmutzig ist; also reinige, läutere dich, tue Buße, bekenne und bereue; „siebenmal": das heißt Beharrlichkeit, Ausdauer, Treue ist gefordert und nicht zuletzt Demut; denn Naaman hätte sich lieber in den klaren Gewässern seiner Umgebung gewaschen als in dem wohl nicht so ansehnlichen Jordan, den der Prophet schon vorausgeschaut hat als den Ort der Taufe des kommenden Messias.

Verhalten sich die Menschen unserer Zeit anders? Sie gehen mit kühnen Erwartungen in einen Heilungsgottesdienst oder zu einem Heiler, lassen sich die Hände auflegen und über sich beten und gehen, wenn nichts geschehen ist, enttäuscht oder wütend weg, wie Naaman, der dann allerdings gehorchte und rein wurde.

Dass trotzdem auch spontane Heilungen erfolgen, ist eine Tatsache und gehört zu den Geheimnissen Gottes, die Er Sich auch durch noch so gut ausgeklügelte Methoden nicht entreißen lässt. Auch nicht durch noch so inbrünstiges „Beten". Er ist eben der Herr, der über allem steht, dem allein es zusteht, dem Menschen zuzuteilen, was Er will; der allein auch weiß, was dem Menschen wirklich zum Heil dient. Dann auch zu Seiner größeren Ehre!

Zögert nicht länger und befreit sie!

*„**Blickt euch doch um und seht sie,** die euch anschauen mit ihren traurigen Augen ohne Hoffnung, mit ihren stummen Lippen, die Satan verschlossen hat, mit ihren Gesten der Verzweiflung. Öffnet ihnen die Lippen, indem ihr ihnen Meine Liebe schenkt! Verkündet ihnen die Freiheit und die Vergebung! Befreit sie aus ihrem Gefängnis, indem ihr die Vollmacht ausübt, die Ich euch gegeben habe. Ich habe sie euch nicht gegeben, damit ihr darüber diskutiert, sondern damit ihr sie tut, in Meinem Namen! Redet die Wahrheit nicht unter den Tisch, sondern **nennt den Feind furchtlos beim Namen!** Wenn ihr die Kranken versteckt, können ihre Krankheiten nicht geheilt und die Dämonen nicht ausgetrieben werden. Lasst euch diesen Auftrag nicht zur furchtbaren Verantwortung werden!"*

*

Ein dringlicher Auftrag an die Bischöfe:

„.... Bestimme einen, der Vollmacht hat, die Dämonen auszutreiben! Denke nicht: Das ist in meinem (kleinen) Bistum nicht nötig. Nach außen scheint alles in Ordnung. Diese Ruhe hat Satan benutzt, um sich einzuschleichen, einzunisten. Noch hat er sich nicht offenbart, da ihn die Menschen nicht erkennen. Es wird nicht mehr lange dauern, dann kann er sich nicht mehr verbergen, dann wird er sich selbst enttarnen. Seid gerüstet für diesen Tag! Wie viele warten schon lange auf ihre Befreiung! Zögert nicht länger und befreit sie!"

*

*„**Misereor! Mich erbarmt auch heute noch des Volkes!** ... Das Misereor, das Ich heute ausrufe, gilt euch, die ihr hungert und dürstet nach Wahrheit und Liebe, die ihr gefangen seid in den Netzen Satans! Wie ihr euch der materiellen Not eurer Brüder und Schwestern erbarmt habt, will Ich Mich eurer geistigen Not erbarmen. Das Misereor-Werk, das Ich heute errichten will,*

ist jedoch viel schwieriger; denn es wird nicht auf der materiellen Ebene erbaut. Wie viele Ängste und Widerstände gilt es zu beseitigen bei denen, welche die (Voll-) Macht haben zu dieser Aufgabe! - Fürchtet euch nicht, Ich bin bei euch! Wenn Ich mit euch bin, wer kann euch dann etwas anhaben?"

*

„... **Es ist so viel Befreiung notwendig. Die Bischöfe sollen den Exorzismus wieder erlauben.**"

*

Wenn in einer Gemeinschaft eine Person plötzlich „ausbricht", aggressiv und beleidigend wird, dann wird man zunächst versuchen, ein vernünftiges Gespräch mit ihr zu führen. Wenn aber der Sturm immer bedenklicher wird und die eigene seelische Stabilität zu wanken beginnt, dann sollte man mit dieser Person beten und ihr wenn möglich die Hände auflegen. Das wirkt schneller und besser als eine Beruhigungsspritze vom Arzt.

*

„Der Auftrag, den Ich Meinen Jüngern gegeben habe, ist klar und deutlich: verkündet das Evangelium, heilt Kranke, treibt Dämonen aus, weckt Tote auf! Nicht den Schriftgelehrten und Pharisäern habe Ich diesen Auftrag anvertraut, sondern Fischern, Zöllnern, Sündern. Die von ihnen Mein Wort annahmen wie ein Kind und daran glaubten, konnten alles tun, was Ich ihnen sagte. Das ist heute nicht anders. Wenn ihr es nicht tun könnt, liegt es an eurem Unglauben. Ihr könnt die Werke, die Ich euch aufgetragen habe, nur tun, wenn ihr in Meinem Wort bleibt, wenn ihr Mein Wort nicht „umdeutet", verändert, entstellt. (*vgl. Mt 10,8)
Wenn ihr Mein Wort erfassen wollt, müsst ihr euch von ihm erfassen lassen.

Wer auf sich selbst vertraut, wird es nie begreifen, sondern jener Sprachverwirrung zum Opfer fallen wie jene Menschen

von Babylon, deren geistiger Hochmut sie hinderte, das große Werk zu vollenden.
Kehrt um und geht in die Knie!
Sage ihm (dem Bischof): Es ist notwendig, Vollmacht zu erteilen, die Dämonen auszutreiben. Die Zeit ist da! Wer mit Meinen Augen sieht und mit Meinen Ohren hört, wird das Treiben des Feindes erkennen können. Wer in Meinem Wort bleibt, wird die Wahrheit erkennen und durch diese Wahrheit befreit werden und andere befreien können."

*

Ich betrachte **die Trümmer in der Kirche**, so viele tote Steinhaufen, und frage den Herrn, was ich damit anfangen soll. Seine Antwort: *„Weißt du nicht, dass Ich die Macht habe, auch tote Steine zum Leben zu erwecken? - Und du, wenn du glaubst und in Meinem Wort bleibst, wirst tun, was Ich getan habe: Kranke heilen, Gefangene befreien...! – Du sollst die großen Taten dessen verkünden, der dich aus der Finsternis in Sein wunderbares Licht gerufen hat."* Lass dich also vom Herrn als lebendiger Stein mit aufbauen zu einem geistigen Haus, zu einer lebendigen Kirche!

*

„Die Welt sähe anders aus, wenn ihr Glauben hättet."

Beim Evangelium (Mt. 10, 24-33) weckte der Herr mein Ohr und Er begann zu sprechen: *„Wer sich zu Mir bekennen will,* **der muss auch leben wie Ich lebe, der muss auch tun, was ich tue:** *Kranke heilen, Tote aufwecken, Dämonen austreiben, Gefangene befreien. Wer sich damit begnügt zu sagen „Herr, Herr!", zu dem kann Ich Mich nicht bekennen. Ich kenne ihn nicht.*

„Die Welt sähe anders aus, wenn ihr Glauben hättet."

Das gilt für alle, denen Ich Meine Vollmacht erteilt habe, und für alle, die Ich zum Dienst der Heilung und Befreiung berufen habe. Geh nun und verkünde von den Dächern, was Ich dir ins Ohr gesagt habe!"

*

Ein Wort zum Glauben: *„Warum fällt es euch so schwer, Mir zu glauben?* – Wenn einer von euch kommt und sagt: Ich werde dies und jenes planen und vollbringen, dann glaubt ihr ihm, wenn es ernsthaft gemeint ist. Und wenn er es fertiggebracht hat, viele Tonnen Stahl und Blech durch die Lüfte zu jagen, dann staunt ihr über dieses „Wunder" der Technik. Wenn aber Ich sage: Heilt Kranke, treibt Dämonen aus, weckt Tote auf, dann dreht ihr das Wort so lange um und zerlegt es, bis nichts mehr von seiner ursprünglichen Kraft vorhanden ist, und wundert euch, wenn nichts geschieht. Die Welt sähe anders aus, wenn ihr Glauben hättet! Warum nur glaubt ihr Mir nicht?!"

*

Mein Herr und mein Gott! In euphorischer Begeisterung habe ich Dir einmal versprochen, ein Leben lang auf .... zu verzichten, damit all jene befreit werden, die in irgendeiner Art von Abhängigkeit gefangen sind. Im Bewusstsein Deiner liebenden Nähe und Deiner Kraft glaubte ich, dieses Versprechen halten zu können. Einige Jahre ging es ganz gut; aber dann hast Du Dein Gesicht von mir abgewandt, so dass es finster und kalt in mir wurde. Immer weniger konnte ich das Versprechen halten. Aus den Hütten, die ich Dir auf Tabor bauen wollte, sind nur armselige Luftschlösser geworden. Und doch kann und will ich dieses Versprechen nicht zurücknehmen. Es ist, als ginge eine Kraft aus von dem schmerzlichen Eingeständnis meines Versagens. Herr, lass mich Dir wenigstens diesen Schmerz und diese Beschämung darbringen und lass mir die Hoffnung, dass

„Die Welt sähe anders aus, wenn ihr Glauben hättet."

Du irgendwann einmal wieder machtvoll in mein Leben eingreifst und es lenkst. Auch wenn ich nichts mehr habe, um es Dir anzubieten, um zu „bezahlen", so bitte ich doch weiterhin um Heilung und Befreiung für all jene, die in so grausamer Gefangenschaft stöhnen. Du bist ein großzügiger Gott, der umsonst gibt. Ich danke Dir, dass Du mir meine Sünden vergibst, umsonst, ohne Bezahlung. Nur Liebe willst Du dafür. Aber auch um diese muss ich Dich bitten, denn ich habe nichts mehr, nichts!
Herr, Du selbst bist die Liebe, gib Dich mir - ganz!

Rosenkranz der Heilung und Befreiung

Jesus, der alle Kranken heilt,
Jesus, der durch den Finger Gottes die Dämonen austreibt,
Jesus, der alle vom Tod der Sünde auferweckt,
Jesus, der die Bischöfe und Priester mit Seiner Vollmacht ausgerüstet hat,
Jesus, der allen Glaubenden den Auftrag zu heilen und zu befreien gibt.

*

Gebet zu den Erzengeln Michael und Raphael

Heiliger Erzengel Michael,
kämpfe für mich"
Heiliger Erzengel Raphael,
heile, heilige, tröste mich!

4. Endzeit

Fürchtet euch nicht!

„Wer von Mir gerufen ist, dem darf und kann es nicht genügen, sein Leben in einer Idylle beschaulicher Frömmigkeit zu verbringen. Zu viele gibt es, die auf dieser Stufe stehen geblieben sind. Ich wollte sie zu Meinen besonderen Werkzeugen machen, aber sie haben sich nur ein wenig an Meiner Liebe gewärmt und in Meinem Licht gesonnt.

Wer sich Mir ausgeliefert hat, ist gefordert bis zum äußersten. Er muss Mir nachfolgen bis hin zur letzten Konsequenz. So wie Ich dem Vater gehorcht habe, so muss er Mir gehorchen, im absoluten Vertrauen, in restloser Hingabe, im Dunkel des Glaubens. Lasst euren Glauben durch nichts erschüttern! Und wenn Ich euch eine Aufgabe übertrage, zweifelt nicht, ziert euch nicht mit falscher Demut.

Ich weiß um eure Armut und um eure Schwachheit. Ihr traut Mir wenig zu, wenn ihr meint, Ich könnte nur vollkommene Geschöpfe brauchen. Lasst Mich doch wirken! Ja, gerade in euch, durch euch!

Das kann Ich jedoch nur, wenn ihr Mich einlasst in eurer Leben, in jede Faser eures Seins. Verlangt auch keine äußeren Zeichen von Mir. Wenn ihr dem Geist in euch nicht glaubt, wie wollt ihr dann den Sinnen glauben? Meine Zeichen geschehen in eurem Glauben! Vor allem aber: Fürchtet euch nicht!

ICH bin bei euch!

ICH habe Worte ewigen Lebens.

ICH bin das ewige Leben!"

*

Deutet die Zeichen der Zeit!

„Es drängt Mich, Mich euch im Wort und im Leben mitzuteilen. Die Liebe drängt Mich; denn Ich sage euch: **Die Zeit läuft aus!** Deutet die Zeichen der Zeit! Seid bereit, ihr Meine Getreuen, Ich komme bald!
 Hört auf Mich! Ihr könnt Mich hören. Hört nicht auf die Welt, auf das, was alle meinen.
 Ihr werdet sehr allein sein, so einsam, dass ihr meint, von Mir verlassen zu sein. Aber die Nachfolge Christi wird immer dorthin führen. Ich sage es euch, damit ihr euch nicht ängstigt, sondern glaubt."

*

„Die Zeit ist da, in der Meine Söhne und Töchter prophetisch reden, Meine Knechte und Mägde von Meinem Geist erfüllt sind, in der die Alten Träume haben und die Jungen Visionen.
 Die Zeit drängt, du hast nicht mehr viel Zeit. Setze diese kostbare Zeit restlos ein in der Erfüllung Meines Willens und zögere nicht länger, Mir ganz zu gehorchen. Ich warte sehnsüchtig darauf."

*

„Wachet und betet! **Wie viele von denen, die Ich zu Wächtern bestellt habe, zu Aposteln und Nachfolgern, schlafen! Sie sind müde geworden oder bequem.** Viele sind satt und hungern und dürsten nicht mehr, daher fallen ihnen die Augen zu. **Aus allen Ritzen dringt der Rauch Satans,** er kann jeden Augenblick zum Weltbrand ausbrechen. Weckt sie auf, ihr Meine Rufer, bevor sie ersticken und alle zugrunde gehen ..."

*

„Könnt ihr euch Mir versagen, wenn ihr Mich so leiden seht in Meinen Schwestern und Brüdern? Seid ihr Mir nicht nachgefolgt? Folgt Mir ganz nach! Seid nicht so kleingläubig! Glaubt doch an die Verheißungen, die Ich euch gegeben habe: Die Werke, die Mich der VATER gelehrt hat, werdet auch ihr tun! Warum nehmt ihr das Erbe nicht an? Ich möchte euch so gerne beschenken, überschütten mit allen Gaben, die Ich vom VATER habe. Ihr aber zögert und überlegt. Steht auf, es ist höchste Zeit!"

„Fahrt hinaus mit eueren Booten!"

Ein Wort, in völliger Nüchternheit zu Beginn der Hl. Messe zugesprochen:
„Es wird eine Verfolgung kommen, wie sie noch nie da gewesen ist. Es wird sein wie in den Urzeiten der Kirche. In verborgenen Kellern und Gewölben wird das Heilige Messopfer gefeiert werden müssen, und nur wenige werden daran teilnehmen."

*

Eine Vision, die mir während der Hl. Messe geschenkt wurde: In meinem Inneren sah ich **die Kirche als ein großes Schiff, eine Art Arche**, außen mit vielen feingeschnitzten Verzierungen, innen jedoch morsch und brüchig. Ich sah das Meer, auf dem viele kleine Boote schwammen. In jedem Boot befanden sich nur wenige Menschen, die anderen zu Hilfe kamen, die im Wasser schwammen oder sich an zerborstenen Trümmern festhielten. Dazu meinte ich folgende Worte zu hören:
„Die Zeit ist zu kurz, um das Schiff zu reparieren oder ein neues zu bauen. Macht euch kleine Boote und fahrt hinaus, da-

mit möglichst viele gerettet werden, die hilflos auf dem Wasser treiben!" Die Boote waren ganz einfach und alle aus dem gleichen Material gebaut. Sie fuhren weit verstreut und konnten so viel mehr Menschen aufnehmen, als dies das große, schwerfällige Schiff vermocht hätte.

*

Wieder sah ich bei der Heiligen Wandlung die große Arche, fein geschnitzt und sehr groß, aber sichtlich seeuntüchtig. Von dieser Arche wurden die vielen kleinen Boote heruntergelassen, aus dem selben Holz und von gleicher Farbe wie die Arche. Dazu die Worte: *„Nicht das Schiff ist das Ziel, sondern der Hafen!"* Mir fielen die Worte Jesu ein von der Einheit der Kirche, die auch die Unterwelt nicht erschüttern könne. Erschrocken fragte ich den Herrn: „Und die vielen Boote?" Bei der Heiligen Kommunion erhielt ich die Antwort: *„Die Einheit und Unerschütterlichkeit der Kirche wird auch in einer veränderten äußeren Gestalt erhalten bleiben."*

*

„Fahrt hinaus mit euren Booten! *Es ist höchste Zeit! ... Ich habe euch zu Menschenfischern berufen; also fahrt aus. Die Boote sind stark."* Wieder sah ich ein aufgewühltes Meer, in welchem viele Menschen verzweifelt mit den Wellen kämpften. Aber sind aus diesem Hexenkessel überhaupt noch Menschen zu retten? Nichts aus eigener Kraft, aber alles mit Seiner Gnade, die uns trägt! Stürzen wir uns in dieses brausende Meer, um mit dieser Kraft der Gnade die Ertrinkenden zu retten!

*

Die Gräuel der Verwüstung

"Siehe den Gräuel der Verwüstung an heiligem Ort! Wer Augen hat zu sehen, der sehe. Viele aber sehen und sehen doch nicht; hören und hören doch nicht! **Erkennt die Zeichen der Zeit!***"*
Ein flammendes Wort und eine ernste Mahnung! Viele Millionen konnten es im Fernsehen „sehen": Kirchen, in denen einst das Heilige Opfer gefeiert wurde, sind „umfunktioniert" in Museen, Diskotheken, Speiselokale, Kindergärten usw. Aber wer von den Millionen hat wirklich gesehen!

*

Wer sind **die Könige des Ostens?** (Siehe Offb. 16,12) Ist das nur der Kommunismus? Kann man nicht auch in den östlichen Ideologien, Philosophien, Religionen, Sekten usw. jene Könige erkennen, denen der Weg doch längst offen steht? Hat der 6. Zornschalenengel seine Schale bereits ausgegossen? Wenn der Strom des Lebens, das christliche Abendland, ausgetrocknet ist, wenn die Menschen aus ihm nicht mehr Wasser des Lebens schöpfen können, wundert es uns dann, wenn sie den Wunderzeichen der Dämonen nachlaufen? Wahrhaftig, der siebte Zornschalenengel ist schon im Kommen.

*

"Wenn ihr den Gräuel der Verwüstung am heiligen Ort stehen seht - wer Augen hat zu sehen, der sehe - dann ist die Zeit da, **selbst heiliger Ort zu sein, Tempel des Hl. Geistes!** *Es ist die Zeit, im Geist und in der Wahrheit anzubeten! Bindet euch weder an Menschen noch an Orte. So wie Ich euch sende, ohne Vorratstasche, ohne jede menschliche Absicherungen, so geht, heilt und befreit Kranke und Gefangene, dort, wo ihr sie antrefft. Zu diesem Dienst sind keine menschlichen Institutio-*

nen nötig, nur der unbedingte Glaube an die Kraft Meines Wortes. Wenn ihr sie befreit habt, lasst sie nicht allein! Lasst sie an eurer Liebe genesen und aufblühen. Seid selbst der Ort der Heilung, Brot für die Armen und Verhungernden, Antwort auf die Frage nach der Liebe Gottes! Ihr schreibt und lest zahllose Bücher über Heilung und Befreiung. Was aber tut ihr?! Vergrabt nicht die Talente, die euch gegeben sind, sondern wuchert mit ihnen! Sonst könnte es sein, dass sie euch genommen werden und denen dazugegeben, die Meinem Wort glauben und sich nicht fürchten vor der Welt."

Das sind schwerwiegende Worte, für eine Zukunft mit endzeitlichen Voraussetzungen für Heilung und Befreiung. Jetzt heißt es, hellwach zu sein und alle Müdigkeit und Trägheit abzustreifen!

*

Der Gräuel der Verwüstung am heiligen Ort! Heute zu sehen in sogenannten „Kunstausstellungen" in profanierten Kirchen: Messgewänder, die mit Tierblut und obskurem Schmutz besudelt und an Kreuzen aufgehängt sind; fotografische „Werke", die an Obszönität und Blasphemie kaum zu übertreffen sind; dazu eine Cafeteria in einer Ecke der Kirche (so geschehen in Lübeck). Ich konnte den Zorn Gottes spüren und mir war, als riefe Er: *„Ich habe euch eine Chance gegeben nach jenem entsetzlichen Krieg. Aber ihr habt Mein Haus nur äußerlich wiederaufgebaut. Schafft den Unrat hinaus und betet den Allmächtigen an! Er lässt Seiner nicht ewig spotten. Der Tag der Vergeltung wird furchtbar werden, wenn ihr nicht umkehrt und euch bekehrt!"*

„Meine kleine Herde will ich ganz in Liebe vereint wissen"

„Es wird eine Zeit kommen und sie ist nahe, da werdet ihr keinen festen Ort haben, wohin ihr euer Haupt legen könnt. Legt euch nicht fest auf bestimmte Einrichtungen und Räume. Es ist keine Zeit, sich häuslich einzurichten. Von Tag zu Tag, von Stunde zu Stunde sollte ihr bereit sein zu gehen, wohin Ich euch sende, zu heilen und zu befreien, wann und wo immer euch Mein Auftrag erreicht. Ich bin mit euch; Ich gebe euch stets den nötigen Denar und zeige euch das Haus, in das ihr gehen könnt. Ich brauche nur euer Vertrauen, eure Ganzhingabe. Duldet keinen Zwiespalt! Seid eins! Bereitet euch darauf vor, in den Untergrund zu gehen. Meine kleine Herde will Ich ganz in Liebe vereint wissen. Nur so werdet Ihr der Übermacht des Feindes begegnen können. Und nun geht und glaubt und handelt danach!"

*

Das Kommen des Herrn muss ganz nahe bevorstehen! Es ist wie bei Seinem ersten Kommen: Die Sehnsucht des Volkes nach Rettung und Erlösung, seine Erwartung des Messias war so bis aufs letzte gespannt und ausgerichtet, Er musste kommen. Er kam, und sie haben Ihn nicht erkannt, weil sie einen anderen erwartet hatten, einen siegreichen Befreier von weltlicher Unterdrückung und Macht. Und heute? Wenn Er heute kommt, wird Er wohl Glauben finden? Wartet man nicht auch heute auf einen ganz anderen? Heute ist es der Messias des New Age, der Maitreya, der Christus Superstar oder wie immer er heißen mag. Auf alle Fälle nicht der, der kommen wird; nicht der, dessen Ankunft auch heute von der Unbefleckt Empfangenen vorbereitet wird. Luzifer weiß, dass seine Zeit zu Ende geht, darum wütet er so entsetzlich, darum auch stellt er Ihrer Ferse so fanatisch nach.

Die Zeichen für die Ankunft des Herrn werden immer deutlicher. Wer Augen hat zu sehen, der sehe, wer Ohren hat zu hören, der höre! Komm Herr Jesus, komme bald!

*

Als Abraham Fürbitte einlegte für Sodom und Gomorra, da tat er dies um der Gerechten willen, die dort leben mochten. Abraham hatte seine berechtigten Zweifel, ob es mehr als 10 Gerechte wären. - Mehrere tausend Jahre liegen zwischen Abraham und unserer Zeit. Hat sich etwas verändert? Gibt es mehr Gerechte, weniger Sünde, die zum Himmel schreit? Dazu ist eigentlich nichts zu sagen! Und doch - Einer kam vor 2000 Jahren, der lehrte, umzukehren, umzudenken, so zu leben, als lebte man nicht, die zu lieben, die einen hassen. Aus diesem Umkehrdenken heraus ist es dann möglich, seine Fürbitte nicht um der Gerechten, sondern um der Ungerechten willen an Gott zu richten. Denn um diese geht es, für diese ist Er gekommen. Auf diese Weise können auch die zahlreichen Katastrophen für die Menschen das werden, was dieses Wort bedeutet: Umwälzung, Umwandlung, Umkehr, Heimkehr!

*

Verfolgung der Kirche

Die Verfolgung der Kirche geschieht heute auf eine Art und Weise, wie sie noch nie da gewesen ist; denn nach außen hin ist sie als solche kaum wahrzunehmen, wenn man einmal von Asien und Afrika absieht. Die Zerstörung erfolgt vielmehr von innen nach außen, und das ist das Unheimliche und Neue daran. Satan hat gemerkt, dass die Kirche nach jeder Verfolgung von außen jedes Mal stärker und kräftiger geworden ist; also versucht er die Vernichtung auf dem umgekehrten Weg. Wenn man sieht, wie viele Kirchenfeinde fest in allen kirchlichen Gremien sitzen und wirken und Ansehen genießen, dann kann man sich die Zersetzung im Ganzen sehr gut ausmalen. Die Kirche, zumindest die in Europa, ist von der Sünde, der Unmoral, der Macht- und Habgier und vielen anderen Lastern so krank geworden, dass sie nicht mehr immun ist gegen die Pest Satans. Sie ist gewissermaßen „aidskrank". Menschliche Anstrengungen sind hier zu Ende. Hier kann nur einer heilen! Wir können nur bitten und flehen, dass die Kirche bereit ist, sich heilen zu lassen. – Sieh, Herr, Deine so versehrte, geliebte Braut! Herr, Du kannst alles!

*

Ein Wort des Herrn bei der Hl. Wandlung:

„Jetzt ist die Zeit, da Satan auf dem Höhepunkt seiner Macht steht. Fest hält er das Zepter in der Hand. Sein Wüten wird noch zunehmen. Aber habt keine Angst! Haltet durch und bleibt treu, wie Ich es bin! Denn schon beginnt die Morgenröte einer neuen Zeit anzubrechen. Lasst euch nicht verwirren und verführen durch das falsche Licht einer „schönen neuen Zeit". Ich allein bin das Licht der neuen Zeit, der neuen Welt. Schaut auf das Kreuz! Wo das Kreuz nicht ist, dort bin auch Ich nicht. Im Kreuz allein ist Heil und Sieg!"

Bei der Anbetung hatte ich ein inneres Bild: Ich sah große Steinbrocken aus dem Gewölbe der Kirche auf die Menschen herunterfallen, sodass nach und nach eine große Öffnung entstand, die aber noch nicht sichtbar war. Dazu meinte ich folgende Worte vom eucharistischen Herrn zu vernehmen: *"Fürchtet euch nicht, das muss so sein, damit der Hl. Geist durchdringen kann. Ihr werdet* **Märtyrer der Anbetung** *sein, Mir zur Ehre, euch zur großen Freude."*

Ja, ich glaube, der Hl. Geist muss allerhand Gestein auch aus unseren „heiligen" Mauern herausbrechen, ehe wir uns Seiner Freiheit und Seiner Fülle hingeben können.

*

So viele angebliche Botschaften in unserer Zeit künden große Zeichen und Warnungen an, die an bestimmten Tagen geschehen und „ganz sicher" eintreffen sollen. Dazu erhielt ich folgendes Wort:

„Jeden Tag werden euch Zeichen und Warnungen gegeben. Wenn ihr diese erkennt und beachtet, braucht ihr nicht ängstlich auf außergewöhnliche Zeichen und Warnungen warten. **Erkennt die Zeichen der Zeit!"**

„Komm und fürchte dich nicht!"

„Ich bin der Sieger, auch wenn Ich tief hinuntersteige in den Schmutz und das Elend der Welt. Folgt Mir auch da hinunter! Ihr seid Meine Getreuen, Ich vertraue euch! Glaubt nur und fürchtet nichts!"

*

Ein Wort des Herrn an alle, welche die Angst starr und stumm gemacht hat: Angst vor einer Operation, vor dem weiteren Verlauf einer Krankheit, Angst vor dem Leiden und Sterben-Müssen und vor dem Tod:

„Wohin immer du gehst, in die Narkose oder in den Rollstuhl, ob in die Dunkelheit des Leidens oder in den letzten Abschied, im-

mer bin Ich dir voraus und warte bereits auf dich. Ich lasse dich nicht allein! Komm und fürchte dich nicht!"

*

„Halte Mir deine Angst ebenso hin wie alles andere. **Ich war vom Beginn deiner Urangst dabei** und habe dich behutsam durch dein Leben geführt, und du weißt das auch. Die Angst, vor allem vor N.N. ist ein Stachel im Fleisch, der deiner Demut und Läuterung dient. Halte ihn aus, bis er dir genommen wird. Und wenn es ganz schlimm ist, dein Herz vor Angst flattert und du keinen vernünftigen Gedanken hervorbringst, dann halte aus im Dunkel, am Kreuz. Ich bin bei dir, Ich bin dein ganzes Glück allein, Deine ganze Glückseligkeit. Daran halte dich fest!"

*

Mein Herr und mein Gott, nimm und gib mir alles, was mir hilft, ganz mit Dir eins zu werden; denn wer Dich hat, hat alles. Aus dieser innigen Vereinigung mit Dir will ich mich senden lassen zu den Menschen. Nichts soll mich in dieser Sendung erschrecken und ängstigen, weil alles vorübergeht, Du aber der ewig Gleiche bleibst. Du allein genügst mir, meine ganze Glückseligkeit! Amen.

Sterben - Er bleibt. Er ist die Liebe

Mache dich auf, Seele, zu **jenem Endstadium der Reife**, das dich zu dem machen wird, was du bei deinem Tode sein wirst. Bist du wirklich noch so weit davon entfernt?... Sieh zu, dass du den Weg findest, an dessen Ende und Ziel Er steht, und der dich fragen wird: Wer bist du? Wehe dir, wenn Er wird sagen müssen: Ich kenne dich nicht!,... Du stehst in Angst und Beben vor Ihm oder aber in Beglückung und Erfüllung all deiner Sehnsüchte. Dann wird Er beginnen zu fragen. Er wird dich ganz gewiss nicht fragen, ob du ein schönes Leben gehabt hast, ob du auch alles an irdischen Gütern genossen hast, ob du dir Geld gesammelt und vermehrt hast, oder ob du dir ein Haus gebaut hast davon und dir das Beste und Teuerste zu dessen Ausstattung genommen hast. Nein, nicht um zu prahlen! Du wolltest dich nur an der Bewunderung deiner Neider berauschen. Ja, Er wird auch nicht fragen, ob du dir große Bildung und großes Wissen angeeignet hast, ob du Großes in Kunst und Wissenschaft geleistet hast, ob du ein strahlender Stern am Himmel der irdischen Welt warst, ob du Macht und Ruhm genossen hast.

Aber Er wird dich ansehen mit Seinen Augen und dich durch und durch erforschen, und unter der Glut Seines reinen Blickes wird alles abfallen von dir, aber auch alles, und deine Seele steht nackt und bloß vor Ihm in ihrer Erbärmlichkeit, oder auch in lauterem Glanz, auf jeden Fall ist sie dann nur noch Wahrheit. Und du weißt nun auch, was Er fragen wollte. Er tut es nicht in Seiner grenzenlosen Güte und Liebe. Aber alles liegt offen vor Ihm in deiner Seele aufgeschrieben.

Und nun musst du Antwort geben! Und je weniger du dich im Leben geschämt hast, um so mehr musst du es nun. Und alles, was du im Leben als tiefstes Geheimnis gehütet hast, jetzt wird es offenbar, das Gute wie das Böse. Wie in einem Blitz wirst du erkennen, was das Eigentliche und Wesentliche in deinem Leben hätte sein sollen. Ja, wohl bist du zur Kirche gegangen, wie sich's gehört, aber war es dir nicht wichtiger, gesehen zu werden von den Leuten, den Vorgesetzten (ob du während einer Christenverfolgung......???) Was war überhaupt der Sinn und das

Ziel in deinem Leben, oder wie oft hast du dieses Ziel aus den Augen verloren? Hatte alles seine Beziehung zu Ihm, vor dem du nun stehst? Wie oft hast du geklagt, geträumt, dir eine bessere Lebensstellung gewünscht, anstatt den Platz deines Lebens wahrhaft bis ins Letzte auszufüllen! Und deine Kinder? Sind sie, die Seinem Herzen am nächsten sind, nicht oft Spielball deiner Launen, deines Vergnügens gewesen? Hast du dich ihnen wirklich ganz geschenkt oder sie nicht eher oft als Last und Ärgernis empfunden? Und die Seele deiner Kinder? War sie dir das Kostbarste, dessen Reinheit durch nichts verletzt werden durfte? Aber wie oft hast du auf der Seele des Kindes mit deinen schweren Füßen herumgetreten! Hast du nie die qualvolle Trauer in Kinderaugen wahrgenommen? –

O wie klein wirst du vor Seinem Licht, vor Seiner strahlenden Macht, vor Seiner unendlichen Gottheit! Wie brennen dir die Pfeile Seiner Barmherzigkeit durch die Seele! All dein Ruhm, dein Ansehen, dein Erdenglück ist plötzlich nichts mehr, geschmolzen das Eis deines Hochmuts und deiner Verachtung vor der innigen Demut deines Gottes! Musst du da nicht hinfallen zu Seinen Füßen und weinen? Die ersten und einzigen Tränen deines Herzens!

Schau, Er reicht dir mit göttlicher Gebärde die Hand, die du so oft abgewiesen oder gar von dir gestoßen hast. Diese Hand, die so voll unendlicher Liebe ist. Ergreife sie, Seele, ergreife sie mit der ganzen Inbrunst und Demut eines Ertrinkenden! Reicht Er dir Seine Hand, wird Er dich auch halten! Schau nicht hinunter in den Abgrund Satans, dem du glücklich entronnen bist, sondern schließe mutig deine Augen und lass dich fallen ganz hinein in Ihn, damit Er dich hinübertrage, wohin du nicht wolltest, und wohin doch dein ganzes Wesen drängt seit Anbeginn!

*

Nimm nicht alles so wichtig, weder dich selbst noch das, was um dich herum geschieht. Wünsche den Tod nicht mehr als das Leben, Gesundheit nicht mehr als das Leiden, Ansehen nicht mehr als Missachtung. Übe dich in Gelassenheit. Alles geht vorüber. Die Welt redet von ihren Helden und Sternen eine Zeit lang, dann sind sie vergessen oder verstauben in ungeliebten Büchern. Die Kirche hat ihre Heiligen. Von denen redet man etwas länger. Was sie vor Gott sind, weiß kein Mensch. Auch von dir wird man eine Zeit lang reden: ein paar Tage, Wochen; der eine oder andere vielleicht ein paar Jahre, dann bist auch du vergessen, wie ein Windhauch vergangen. Was du getan hast, werden andere tun, besser oder schlechter, oder gar nicht. Was bedeutet das alles gegenüber dem allmächtigen, ewigen Gott!

Er bleibt, Er ist die Liebe.

*

Ein Trostwort des Herrn, besonders für jene, die sich am Ende ihrer Zeit wissen:

„Ich lasse dich nicht als Waise zurück. Ich bin immer bei dir bis ans Ende der Tage. Die Welt kann Mich nicht hören; aber du kannst Mich hören, weil Ich in dir lebe; und der Beistand, den Ich dir gegeben habe, der Geist der Wahrheit, wird dich alles lehren, was vom Vater kommt. – Ich komme wieder, um dich zu holen, damit du dort bist, wo Ich bin, wo Ich dir schon lange eine Wohnung bereitet habe. Dann wirst du den Vater erkennen, der in Mir ist und in dem Ich bin. Und Wir werden in dir sein und du in Uns! Ich komme bald!"

*

Als ich den Herrn im Gebet um alles bat, was Er mir geben möchte, sagte Er: *„Es gehört dir ja schon. Alles was Mein ist, ist auch dein. Bitte den Vater in Meinem Namen um alles,*

was dein Herz begehrt; du wirst es empfangen, damit deine Freude vollkommen ist." Ich betrachtete die Fülle des Herrn und fragte mich, was denn mein Herz jetzt noch begehren könnte. Es begehrte nichts mehr. Da wusste ich: Vollkommene Freude heißt: nichts mehr zu begehren. Oder in Umkehr des Psalmwortes: dein Herz begehre nichts mehr, dann freut es sich innig am Herrn. –
Da brauchte ich den Herrn um nichts mehr zu fragen!

*

Ein Rosenkranz für Kranke und Sterbende:

1. Jesus, **der dir die Angst nimmt;**
2. Jesus, **der mit Seinem Blut deine Schuld löscht;**
3. Jesus, **der dich mit Seinem Trost umhüllt;**
4. Jesus, **der dich auffängt im Abgrund deiner Not;**
5. Jesus, **der dich hinausführt ins Weite.**

Mahnungen zur Umkehr, zum Anderssein, zum Andersleben

„Schreib nieder, was du siehst, schreib es deutlich auf die Tafeln, damit man es mühelos lesen kann. Denn erst zu der bestimmten Zeit trifft ein, was du siehst; aber es drängt zum Ende und ist keine Täuschung; wenn es sich verzögert, so warte darauf; denn es kommt, es kommt und bleibt nicht aus." So spricht Gott zum Propheten Habakuk (2, 2-3). –

Hier muss einmal gesprochen werden von den **Bildern, welche von Zeit zu Zeit in mir aufsteigen,** teilweise mit erschreckender Lebendigkeit; Bilder von einstürzenden oder zerstörten Kirchen; Altäre, die schief stehen, Kirchen ohne Dach, Kirchen voller Wasser, winzige Menschen, die sich in riesigen Domen verlaufen, das Heilige Messopfer in Kellern gefeiert mit nur wenigen Teilnehmern; lachende Menschen in einer Kirche, die nichts ahnen von der Explosion, die sich kurz darauf ereignen wird. Dann sind da die vielen Bilder von Landschaften, die völlig unter Wasser stehen; Inseln sind verschwunden und Festland wird Inselland; die Stadt, in der ich lebe, ist verschwunden, ein tiefer, breiter See füllt das Tal. Ich sehe die Erdkugel aus großer Höhe, so schön blau ist alles, aber die amerikanischen Kontinente sind nach Norden hin verschoben, zusammengedrängt; an der Stelle Australiens klafft ein großes, schwarzes Loch; es war, als sei die Erdkugel heruntergefallen; etwa ein Drittel lag in einem großen blauen Wasser, es dürften Teile von Afrika und Asien dabei gewesen sein. Das ist nur ein kleiner Teil von vielen Bildern, zu denen auch manchmal ein inneres Wort zu hören ist. Auch sind es nicht nur ernste Bilder. So sah ich jahrelang eine goldene Hostie über der Stadt schweben. Sie verschwand, als die eucharistische Anbetung eingeführt wurde. Von den zahllosen Bildern, die mir zu einzelnen Personen gegeben wurden, kann hier nicht die Rede sein. –

Eine Deutung der Bilder steht mir nicht zu; ich meine aber, dass sehr ernste Mahnungen darin enthalten sind, die zur Umkehr auffordern, zum Anderssein, zum Andersleben. Jeder wird dies seiner eigenen Situation entsprechend verschieden erkennen.

*

„Es kommt eine dunkle, stürmische Zeit. Schaut dann nicht nach rechts oder links, auch nicht zurück. Bleibt erst recht nicht stehen. **Geht geradeaus und richtet euren Blick nach oben.** *Von dort werdet ihr Licht und Weisung erhalten."*

*

Gebet zum heiligen Erzengel Michael

Gott, unser Vater im Himmel, wir bitten Dich im Namen Deines Sohnes, unseres Herrn Jesus Christus, der gesagt hat: "Was ihr den Vater in meinem Namen bitten werdet, wird er euch geben." Daher flehen wir Dich an: Gebiete dem Satan und seinen Dämonen Einhalt in der Bedrängnis unserer Zeit!

Heiliger Erzengel Michael, du Fürst der himmlischen Heerscharen, unerschrockener Diener Gottes, treuer Diener Mariens, heiliger Engel des Glaubens, komme uns zu Hilfe! Schütze uns und stehe uns bei im Kampfe gegen die Bosheit und die Nachstellungen Satans.

Wir bitten dich im Namen Jesu und im Namen der unbefleckten Jungfrau und Gottesmutter Maria: Binde die uns mit Bosheit bedrohende Macht Satans und aller übrigen dämonischen Geister, welche in großer Zahl zum Verderben der Seelen die Welt durchziehen, damit wir vor ihren Einflüssen, Verführungen, Verletzungen und Angriffen bewahrt bleiben und an unserer unsterblichen Seele keinen Schaden erleiden. Stürze sie in der Kraft Gottes mit dem Schlachtruf "Wer ist wie Gott?!" hinab in den Abgrund. Amen.

5. Priester, Bischöfe, Kirche

„Ich habe einen Verwalter eingesetzt."

Heute bei der Hl Kommunion sah ich ein inneres Bild: **Eine große Herde von Schafen in einem Pferch, dessen Zaun an vielen Stellen zerbrochen war; dort brachen die Wölfe mit ungeheurer Wut ein und richteten ein Blutbad an.** Ich hörte dazu Seine Stimme: *„Ich bin der Herr dieser Herde. Ich habe einen Verwalter eingesetzt. Er gibt den Hirten seine Anweisungen, aber sie hören nicht auf ihn; sie handeln nach eigenem Belieben und sind beschäftigt damit, die Schafe zu zählen. Und wenn sie recht viele ihr eigen nennen können, sind sie stolz. Aber sie kümmern sich zu wenig um die Schafe. Nach außen sind die Schafe fett und haben viel Wolle, doch sehen sie nicht die Läuse und das andere Ungeziefer, das sie auffrisst, das sie von innen krank macht. Sie hören auch nicht die Mahnungen des Verwalters, den schadhaften Zaun zu flicken, zu erneuern, zu erweitern. Darum ist es soweit gekommen: jetzt brechen die hungrigen Wölfe ein und richten verheerenden Schaden an. Die Schafe drängen und stoßen in ihrer Angst den Zaun noch weiter ein. Die wenigen treuen Hirtenhunde kämpfen verbissen mit den Wölfen, aber sie werden von ihnen zerfleischt. Die Hirten selbst zählen noch immer, oder sie laufen davon; denn Entsetzen hat sie gepackt. Nur wenige sind es, die dem Strom des Grauens und des Verderbens entgegenstehen.*

Die Zeit ist gekommen, dass der Herr der Herde selbst kommt, um Ordnung zu schaffen, um Seine Herde zu reinigen und zu sichern. Nun wird Er selbst Seine Herde leiten!"

*

„Ihr, die Ich zu Hirten über Meine Schafe bestellt habe, haltet euch nicht auf mit dem Zählen der Schafe, mit dem Mehren eures Reichtums, sondern kümmert euch um die Schafe. Zieht euch nicht zurück in eure warmen Stuben, um zu warten, bis die Schafe zu euch kommen. Geht hinaus in den stürmischen Tag und **geht selbst zu den Schafen.** Sucht die verirrten und folgt den kranken in ihre schmutzigen Schlupfwinkel. Befreit, die sich in Dornen verfangen oder über Abgründen verstiegen haben. Lass keines eurer Schafe verloren gehen! Nicht eines!

*

Ihr Priester! Geht nicht vorüber, wenn ihr einen am Wege liegen seht, der unter die Räuber gefallen ist! Denkt nicht: Das ist Sache der Leviten; ich kann mich damit nicht abgeben, denn meine Zeit ist dafür zu kostbar. Wartet erst recht nicht, bis euch der Mann aus Samaria zuvorkommt! Beugt euch vielmehr hernieder und scheut euch nicht, die schrecklichen Wunden zu sehen und zu berühren. Ekelt euch nicht vor dem Schmutz und Elend, und haltet eure Ohren nicht zu, wenn ihr das Stöhnen und Jammern hört. Befreit ihn aus seinen Fesseln, reinigt seine Wunden und gießt heilendes Öl darauf. Verbindet seine Wunden sorgfältig und bringt ihn in Sicherheit. Wenn ihr das tut, werdet ihr immer den nötigen Denar in der Tasche finden. Das alles erfordert viel Mühsal und Geduld und bringt euch keine Ehre und keinen Erfolg im Sinne der Welt ein. Aber dies ist eure wahre Berufung; dies ist der Funke, der das große Feuer entfacht, von dem Ich so sehnlich wünsche, dass es schon brenne!"

*

„... Wie wollen sie den Schafen Hirten sein, wenn sie nicht mehr als solche erkennbar sind!"

*

„Auch wenn das Meer tost und das Schiff schwankt"

Ein Wort des Herrn an die Priester, aber auch an alle anderen **„Menschenfischer"**: *„Ich habe euch nicht zu Anglern berufen, die bequem am Ufer sitzen und warten, bis ein Fisch kommt und anbeißt. Ich habe euch zu Menschenfischern berufen, die hinausfahren aufs Meer und auf Mein Wort hin ihre Netze auswerfen, auch wenn das Meer tost und das Schiff schwankt. Auch wenn ihr die ganze Nacht nichts gefangen habt, folgt Meinem Wort und vertraut."*

*

Jetzt in diesem Monat sommerlicher Erholung sorgt sich der Herr mit besonderer Liebe um jene, die Ihm geweiht sind; die in Gefahr sind, mit dem Beginn ihres Urlaubs auch ihr Priestertum abzulegen; um jene, die Seine Liebe achtlos beiseite schieben, denen Er doch alles sein möchte, oft aber nur noch eine hohle Form ist. Ist jemand bereit, sich diesem Seinem Schmerz zur Verfügung zu stellen?

*

Ach HERR, könnte ich doch Deinen Priestern etwas vermitteln von dem, was Du in mich hineingelegt hast, etwas von dem Feuer, der Leuchtkraft, der Liebe, von der Heiligkeit, die von Dir ausstrahlt! Wie kraftlos, wie lahm und farblos sind oft jene, die Jesus sein sollen! Dabei brauchen wir so notwendig Priester, die den Herrn ganz in sich lebendig werden lassen, die sich radikal auf Ihn einlassen.

Herr, wenn es Dein Wille ist, lass mich Samenkorn sein, das Du in sie hineinlegst;

Funke Deiner Liebe, der das dürre Stroh entzündet.

*

Der König hat gesprochen! Voll heiliger Ungeduld ruft Er: *"Fahrt endlich aus, um die Ertrinkenden einzuholen!"*

*

Kein Mensch, der eine gefährliche Arbeit verrichtet, wehrt sich dagegen, Schutzkleidung zu tragen. Warum nur wollen so viele Priester und Ordensleute auf diesen Schutz verzichten?

*

Ein Wort des Herrn an die Menschenfischer: *"Werft das Netz nicht nur einmal aus, sondern **immer wieder**! Werft es nicht nur zu der Zeit aus, die euch günstig erscheint, sondern **jederzeit**! Richtet euch nicht nach der Ergiebigkeit der Fanggründe, sondern fischt **auch dort, wo ihr nichts** zu erwarten meint: in den verschmutzten, in den seichten Gewässern. Wie viele Fische, die sich dorthin verirrten, hätten schon gefangen werden können!"*

„Ein Angebot meiner Liebe"

Ein Wort des Herrn für einen alten, etwas verbitterten Priester: *"Diesen Meinen treuen Diener, der so sehr vom Leben enttäuscht wurde, der so klein und unbedeutend in den Augen der „Großen" ist; ihn habe Ich erwählt, an Meinem Werk, das Ich auch bei euch errichten will, mitzuwirken. Ihm habe Ich eine große Aufgabe zugedacht: **das Fundament für dieses Werk der Heilung und Befreiung zu legen: die Anbetung!** In dem Maße, wie die eucharistische Anbetung zunehmen wird, wird es Mir möglich sein, immer Größeres bei euch zu wirken. - Diese Aufgabe ist ein Angebot Meiner Liebe zu ihm, die er in zunehmenden Maße erfahren wird, entsprechend seiner Bereit-*

schaft, sich ganz Mir zur Verfügung zu stellen. Er möge sich nicht wundern; die Zeit ist gekommen, die zu berufen, die alt und schwach sind, die Kleinen und die Sünder, Mein letztes Aufgebot! Tut, was Ich euch sage, und fürchtet euch nicht! Ich bin mit euch, und niemand kann euch etwas antun!"

Ordensgemeinschaften: Sich im Heiligen Geist erneuern!

Ich will versuchen, so klar und deutlich wie möglich das nieder zu schreiben, was **Maria** mir sagt, wozu sie mich schon seit einiger Zeit drängt. *"Unsere Ordensgemeinschaften müssen sich im Hl. Geist erneuern. Sie sind vielfach lau geworden und sind nicht mehr das Salz der Erde. Ich brauche eine Schar von hochherzigen Gläubigen, die bereit ist, durch ein Leben im Gebet, Opfer und vorbildlicher Lebensführung vom himmlischen Vater diese Erneuerung zu erbitten. In erster Linie rufe Ich die Ordensleute zu dieser Vereinigung auf, aber auch Priester und Laien. Sie sollen ein Leben in Armut führen; sie sollen auf jeden Aufwand verzichten in Kleidung, Essen, Freizeit, Urlaub. Luxus sei ihnen fremd. Für ihr Geld sollen sie sich nicht irdische Schätze anhäufen. Jeder soll, seinem Stand entsprechend, in Keuschheit leben: die Ordensleute, wie es ihnen die Regel vorschreibt, die Laien, indem sie jede Gelegenheit zur Sünde meiden, keine billigen Vergnügungen mitmachen. Sie sollen in Ihrer Haltung und Kleidung Reinheit ausstrahlen, unkeusche Gedanken und Vorstellungen durch Gebet bekämpfen, an keinen Veranstaltungen zweideutiger Art teilnehmen, keine Zeitschriften und unmoralische Literatur lesen. Im Gehorsam soll jeder seinen Pflichten nachkommen, unverzüglich, ohne Murren, ohne Vorbehalte, still und treu. Der Gehorsam muss ganz erfüllt werden, er duldet keine Halbheit. Ich* *verlange Askese von euch! Wenn ihr nachts aufwacht, steht auf und betet für die Ordensgemeinschaften. Legt einen Tag in der Woche, am besten den Freitag, als Fasttag ein. Enthaltet euch von Nikotin und regelmäßigem Alkoholgenuss, schaut möglichst kein Fernsehen an und lest mehr in der Heiligen Schrift, anstatt in Zeitungen! Übt euch in der Demut und im Schweigen! Redet nicht soviel, auch nicht Kluges, sondern hört eure Mitmenschen an; hört sie mit euren Herzen, mit Meinem Herzen! Dann werdet ihr auch das Rechte tun. Ich brauche eure bedingungslose Hingabe für den Anruf Gottes, eure Verfügbarkeit für das Reich Gottes! Ihr müsst jeden Augenblick bereit sein, ganz! Am meisten aber brauche Ich euer Gebet und eure Leidensbereitschaft. Betet täglich den Rosenkranz! Durch ihn werdet ihr fähig, beständig im Gebet zu werden und zu bleiben! Bietet eure Leiden, die inneren wie die äußeren, dem Herrn als ein Sühnopfer dar für die Ordensleute, die Gemeinschaften, welche meinen, sie müssten sich der Welt anpassen, um „anzukommen". Das Gegenteil ist der Fall. Aber Ihr könnt ihnen helfen, durch euer Leben, euer Gebet und Opfer, und schließlich durch euer Leiden, zu einer heilsamen Erneuerung ihres Lebens, ihres Geistes zu finden. Habt keine Angst, Meine Forderungen zu erfüllen! Wenn ihr immer mit Mir und in Mir seid, wird es euch gelingen. Ich bin immer mit euch und werde den Herrn für euch bitten. Und Er wird euch erhören! Ihr müsst nicht viele sein, aber das, was Ich von euch verlange, müsst Ihr ganz sein!"*

Der Zölibat ist ein Charisma

Ein inneres Bild, das im Gebet gegeben wurde: **eine weitläufige, starke Festung auf einem bewaldeten Berg, mit großen, verschlossenen Toren.** Es gab aber auch kleine versteckte Nebeneingänge mit einem einfachen Schloss. Dazu kam eine Erklärung: *„Die Festung ist der Zölibat. Er ist ein sicherer Schutz des Priestertums; und erst in dieser Festung kann sich der Priester voll und in Freiheit entfalten. Aber viele Priester gelangen nicht zu dieser Freiheit, sondern starren wie gebannt (teils voll Angst, teils voll Begierlichkeit) nur auf die verschlossenen Tore und beachten die kleinen Nebentüren nicht, an denen so allerlei Volk Einlass begehrt. Auf der einen Tür steht: Friedensgruß (sprich Umarmung!); auf der anderen: brüderlich-schwesterliches Du; wieder auf einer anderen steht: 'zeitgemäße' Kleidung, Urlaub usw. - Sind diese kleinen Türen erst einmal offen, ist es für den Feind ein Leichtes, einzudringen, den Priester zu überwältigen und zu fesseln. Mühelos kann dann der Feind die großen Tore von innen öffnen für das große feindliche Heer, das dann wohl verheerenden Schaden anrichtet. Ist Maria die Herrscherin der Burg, kann der Feind Sie nicht besiegen, aber es gibt schmerzhafte Wunden und beträchtliche Zerstörungen."*

*

Der Zölibat ist ein Charisma, das der Priester (und natürlich auch die Ordensleute) **nicht leichtfertig aufs Spiel setzen und billig verschleudern darf.** Zölibat ist mehr als nur sexuelle Enthaltsamkeit! Wie viele Priester aber suchen sich vorbeizumogeln an diesem Anspruch durch allzu vertraulichen Umgang mit Frauen, alles „in Ehren", versteht sich. Man fährt zusammen auf Wallfahrt oder auch in den Urlaub, man unterhält hier eine Freundschaft und dort eine andere, man duzt sich und gesteht sich Rechte zu, die eigentlich nur Eheleuten vorbehalten sein sollten. Wenn die Sexualität in einer Ehe nicht die 1. Rolle spielt (spielen sollte!), welcher Unterschied besteht dann noch zwischen einer Ehe und einem derartigen eheähnlichen Verhalten? Vorschub zu solchem Verhalten leistet die Nivellierung und Gleichschaltung eigenständigen kulturellen Verhaltens zu einem Einheitsbrei internationaler plumper Kumpanei. Auch der übertrieben praktizierte „Friedensgruß" gewisser Kreise gehört hierher und vieles andere mehr.

In unserer hochsexualisierten Gegenwart muss in unseren Priestern wieder ein feines Gespür für das Schickliche geweckt werden und wachsen. Wer könnte da besser Vorbild sein als Maria! Unvorstellbar, dass Maria, wäre Sie heute unter uns, sich Männern gegenüber so verhielte, wie viele Priester sich Frauen gegenüber verhalten! **Unsere Priester müssen sich der Würde ihrer Berufung wieder bewusst werden. Sie sind nicht irgendein Arbeitnehmer, dessen Privatleben in keinem Zusammenhang steht zu seiner Arbeitswelt; sie sind ein „alter Christus"! Wer das fassen kann, der fasse es!**

Gott, Christus ist das Ziel

Früher hatten die Heiligen ihre Beichtväter, von denen sie geführt wurden. Heute bedürfen die Beichtväter der Führung und Begleitung durch Heilige!

*

Ein Wort **Mariens** an die Priester: *„Wenn ihr euch an diesem Seil (Rosenkranz) festklammert und euch Mir weiht, werdet ihr durch die Stürme und die Finsternis eurer Zeit gehen wie die Israeliten durch das Rote Meer. Es wird vor euch weichen, und nichts wird euch schaden…"*

*

Wenn man einen Priester als einen „Geistlichen" bezeichnet, dann verbindet sich damit die Erwartung, dass er versucht, die Menschen aus dem Bereich des Natürlichen, des Irdischen herauszuführen, hin zum Übernatürlichen, Geistigen. Wie oft jedoch bleibt das, was der Priester den Menschen zu sagen hat (sei es in der Beichte oder in der Predigt oder sonst irgendwie), dem Menschlich-Natürlichen verhaftet. Es klingt zwar sehr schön und gut, wenn er z.B. sagt, man solle doch Gott in den kleinen Dingen suchen, lieben und verkosten, z.B. im Duft einer Rose, oder im Geschmack einer reifen Frucht; aber da kann und darf doch einer nicht stehen bleiben. Nie und nimmer wird das einer Seele genügen, deren einzige brennende Sehnsucht ist, Gott ganz zu erkennen, zu Ihm zu gelangen, eins mit Ihm zu werden. Wie kann ein Mensch, der einmal einen Goldschimmer des himmlischen Jerusalem hat sehen dürfen, jemals zurückkehren zu den Herrlichkeiten dieser Erde, und seien sie noch so prachtvoll und erhaben! Wie kann ein Mensch andererseits jemals eine brennende Sehnsucht nach dem einzig Guten erlangen, wenn diese nicht angeleitet wird zum geistigen „Übernatürlichen"? **Unsere „Geistlichen" müssen wieder Geistliche werden!**

*

*„Es sind so viele Stühle, auf denen ihr meint sitzen zu müssen: Stühle in Räten und Gremien, Bürostühle und Lehrstühle; auch der Fernsehsessel ist darunter. Nur ein Stuhl bleibt häufig leer: der Beichtstuhl. Aber nur dieser **eine** Stuhl bringt euch wahre Verdienste. Geht in den Beichtstuhl! So wie das „ewige Licht" vor dem Tabernakel manchen zum Verweilen und zum Gebet einlädt, so wird mancher vom Licht am Beichtstuhl zur Buße geführt, auch wenn er das vielleicht nicht von vornherein im Sinn hatte."*

Werft das Heilige nicht den Hunden vor!

„Werft das Heilige nicht den Hunden vor!" In unserer Zeit bedeutet dieses Heilige wohl **in erster Linie das Allerheiligste**. Wie leichtfertig, ja gotteslästerlich wird mit dem kostbaren Leib des Herrn oft umgegangen! Ein Hund ist nicht böse, er ist nur unverständig. Aber wie viele Menschen gibt es, denen das Allerheiligste geradezu „nachgeworfen" wird, die trotzdem in der Sünde verharren und gar nicht daran denken, umzukehren. Ja, viele glauben sogar, ein Recht auf den Leib Christi zu haben. Heute heißt das ohnehin immer häufiger nur noch „heiliges Brot"; und sich gegen „heiliges Brot" zu versündigen, ist ja nicht so schlimm wie ein Frevel am wahren Leib des Herrn. So betrügt man sich selbst und gerät nur noch tiefer ins geistige Elend.

Schwere Verantwortung tragen dabei unsere Priester. Welcher von ihnen wagt es denn, das Heilige nicht den „Hunden" vorzuwerfen, sondern es zu ehren und zu verteidigen?

Welcher Pfarrer kennt seine Kommunionhelfer wirklich? Wie leichtfertig wird ihnen der Zugang zum Tabernakel gewährt. Es dürfte heutzutage Satanisten oder Freimaurern nicht schwer fallen, an konsekrierte Hostien zu kommen, um diese für ihre okkulten Riten zu missbrauchen. Kreuzigung Christi, auch noch nach 2000 Jahren!

*

Priestertränen sind Christustränen, sind eine Kostbarkeit!

*

Es hatte schon seinen tiefen Sinn, wenn früher der Priester die Heilige Messe am Hochaltar feierte, mit dem

Rücken zum Volk. **Gott, Christus ist das Ziel,** auf das der Priester schaut, auf das er zugeht, auf das hin er das Volk nachzieht. Der Hirte, der seinen Schafen vorangeht, wendet sich diesen nur zu, wenn er sie ruft (Verkündigung!). Wollte er seiner Herde rückwärts vorangehen, würde er mitsamt der Herde in den Abgrund stürzen.

*

Viele Predigten gehen an den Menschen vorbei, weil diese sich nicht persönlich angesprochen und betroffen fühlen (können). Da ist zum Beispiel eine Predigt vom Unkraut, das der Feind in den Weizen sät. Der böse Feind, das ist immer der andere, das betrifft nicht mich, höchstens meinen Weizen, der mir dadurch verdorben wird. Von einem anderen natürlich. Entrüstet darf ich mit den Jüngern fordern, der Herr möge das Unkraut herausreißen lassen.

Welcher Prediger aber wagt es zu fragen: „Bist nicht auch du selbst manchmal oder sogar oft ein böser Feind, der Unkraut in den Weizen seines Nächsten sät, der Zwietracht sät durch Klatsch und Miesmacherei, der den „Weizen" seines Bruders geringschätzig heruntermacht oder gar zerstört mit dem Gift seines Neides? Sehr schnell würde sich die Entrüstung über das Unkraut in unserem Weizen legen; und vielleicht können wir sogar ahnen, warum der Herr in Seiner Weisheit und Langmut nicht will, dass das Unkraut vorzeitig herausgerissen wird.

Bischöfe: Werdet wieder Hirten und Seelsorger

Wie viel wird in diesen Tagen kritisiert und geurteilt von Menschen, die weder die Freiheit noch die Reife und wahre Mündigkeit eines Christen besitzen! Vielleicht mag die

Entscheidung des Papstes bei der Besetzung einiger Bischofsstühle ungünstig gewesen sein (Schweiz!). Ist es nicht voreilig, jetzt schon lauthals zu protestieren? Wenn es wahr ist, dass Gott die Sünder und die Schwachen beruft, warum sollte das nicht auch für die Ernennung eines Bischofs gelten! Wir haben zu wenig Glauben und Vertrauen in die Macht und Kraft Christi, der auch in einem „schwachen" Bischof wirkt.

Aber auch die Gläubigen müssen ihre Chance wahrnehmen. Sie müssen ihren Bischof stärken und ermutigen, statt ihn durch zynische und abweisende Haltung zu demoralisieren. Welche Macht hätten die Gläubigen, durch ihr Mitsorgen, Mitbeten, Mitleiden usw. ihren Bischof „aufzubauen", das kleine Senfkorn in die Erde zu legen, es zu behüten und zu pflegen, bis ein stattlicher Baum daraus geworden ist. Was wissen wir von den Plänen Gottes! Wir brauchen es gar nicht zu wissen, wir sollten nur bereit sein, wach sein und der Führung des Hl. GEISTES folgen. Wir sitzen alle in einem Boot und können es uns nicht leisten, den Steuermann in das aufgewühlte Meer zu werfen und das Schiff den willkürlichen Steuerkünsten einzelner Dilettanten zu überlassen.

*

Ihr Bischöfe, Ihr Ordensoberen, ihr Führer des Volkes Gottes! Ihr lasst das Volk beten um guten Priester- und Ordensnachwuchs und **treibt gleichzeitig die Berufenen aus Eurer Mitte hinaus.** Seht ihr nicht, dass es oft die Besten sind, die ihr an den Rand drängt? Was werdet ihr sagen, wenn der Herr der Herde kommt und von euch Rechenschaft verlangt über die Berufungen, die ihr verhindert habt; wenn Er von euch Rechenschaft verlangt über die bequemen Mietlinge, die ihr statt dessen eingesetzt habt, weil sie euch nach dem Munde reden! Das Volk Gottes braucht aufrechte, wahrhaftige und fromme Männer, keine Diplomaten und Haarspalter. Werdet wieder Hirten und Seelsorger! Seid heilige Priester und Ordensleute!

*

Ein immer wiederkehrendes inneres Bild:
Eine Anzahl von Bischöfen steht im Kreis eng beieinander. Sie stecken die Köpfe zusammen und blicken halb nach unten. Da sie sich selbst zugewandt sind, können sie nicht sehen, dass niemand mehr hinter ihnen steht. Die Herde hat sich in alle möglichen Richtungen zerstreut. Eine Deutung: Die Bischöfe merken in ihrem krampfhaften Festhalten an der eigenen Einheit nicht, dass niemand mehr da ist, dem sie diese Einheit vermitteln könnten. Die Hirten weiden sich selbst, während die Schafe irgendwo in der Wildnis herumirren und an Hunger oder an giftigen Pflanzen zugrunde gehen, oder aber vom Wolf gerissen werden.

*

Ein Wort für die Bischöfe und Priester: *„Gern und oft seid ihr mit Mir beim 'Einzug in Jerusalem'. Ihr lasst euch feiern und von der Menge zujubeln.* ***Aber wo seid ihr, wenn es darum geht, ein wenig Verachtung und Beschimpfung zu ertragen; wenn euch die Massen verspotten und verurteilen; wenn ihr den schweren Weg nach Golgotha gehen sollt?*** *Dabei wird doch meistens nur die Bereitschaft von euch zu all dem verlangt. Sieht so eure Nachfolge aus? Wo ist eure erste Liebe geblieben?"*

*

Wer sich auf das Glatteis der Theologie begibt, wird nur dann nicht ausrutschen, wenn er auf die Knie geht!

*

Als ich in der Hl. Messe um gute Priester betete, hörte ich in meinem Inneren Folgendes: *„Nicht die Anzahl der Priester bewirkt die Umkehr Meines Volkes, sondern deren Heiligkeit. Die Bischöfe sollen darauf achten, dass den Priesterseminaren heiligmäßige Regenten vorstehen, welche die jungen Männer in erster Linie auf ein Leben in Heiligkeit hinformen sollen. Meine Priester sollen heilig sein wie Ich es bin; dann werden sich eure Kirchen wieder füllen, ganz wie von selbst."*

„Viele suchen das Ewige Licht, wo es erloschen ist."

Ein inneres Wort zum Evangelium von der Tempelreinigung: *„**Macht das Haus Meines Vaters nicht** zu einem Museum! Auch nicht zu einer Konzerthalle! Macht das Mysterium im Haus Meines Vaters nicht zu einem Bühnenstück, in dem ihr die Akteure seid! Ihr seid selbst Tempel, Tempel des Heiligen GEISTES. Der GEIST bewegt euch, nicht ihr bewegt den Geist. Werft alles hinaus, was diesen Tempel des Hl. GEISTES zu einer „Markthalle", zu einem „Museum" oder wozu immer macht!"*

*

Sie tagen und tagen und merken gar nicht, dass es längst Nacht geworden ist!

*

„... Empört euch nicht über die Händler und Wechsler, die zu jener Zeit das Haus Meines Vaters zu einer Markthalle machten! Ihr seid nicht besser, ihr macht den Tempel des lebendigen Gottes zu einem Museum, in dem Kunst und Historie feil geboten werden. Das Herz des Tempels, eure eigent-

liche Mitte, habt ihr entleert; das Allerheiligste verbannt ihr an den Rand. Viele suchen das „ewige Licht" dort, wo es erloschen ist. In ihrer Schwachheit glauben sie dann, im Haus des Vaters keine Ehrfurcht zeigen zu müssen. An Mir in Meinem Winkel gehen viele achtlos vorüber. Das Herz schlägt in der Mitte des Leibes! Es möchte euch in Liebe entgegenschlagen, entgegenbrennen!"

„Die Priester müssen wieder Priester werden."

Im Gebet wurde mir ein Wort für einen Priester geschenkt. Mögen sich alle davon treffen lassen, die es lesen bzw. hören:

„*So spricht der Herr, dein Erlöser: Ich bin der Herr, dein Gott, keiner sonst!* Ich lehre dich, was Nutzen und Heil bringt! Ich führe dich auf den Weg, den du gehen sollst, den mühsamen Pfad des guten Hirten. Behalte nichts für dich! Für deine Schafe gib dein Leben, das heißt deine Zeit, Ehre und Ansehen, Einfluss und Macht, die ganze Kraft deines Seins. Setze alle Gaben ein, die Ich in dir angelegt habe. Entdecke diese Gaben, und lösch den Geist auch in dir selbst nicht aus!"

*

Gott erwählt das Schwache, Niedrige, das was nichts ist, als Werkzeug zum Aufbau Seines Reiches. Nicht der scharfsinnige Gelehrte, sondern der stille, betende Mönch; nicht der gewaltige Prediger, sondern der schlichte Pfarrer, der unermüdlich seinen Schafen nachgeht und nicht sich selbst weidet; nicht der hochbezahlte Psychotherapeut, sondern der unzulängliche Priester, der demütig im

Beichtstuhl bereit sitzt und sagt: Ich spreche dich los von deinen Sünden; nicht die Frau, die sich selbst verwirklichen will, indem sie sich aus allen Gegebenheiten ihres Frauseins löst, sondern die Frau, die Gott in ihre Mitte einlässt, damit Er Sich in ihr verwirkliche, ganz gleich, an welchem Platz sie steht; alle diese Letztgenannten, sie sind es, die Gott für den Aufbau Seines Reiches, das ja schon mitten unter uns ist, braucht und einsetzt und damit bereits zu Erben gemacht hat.

*

Nach der Hl. Kommunion kam mir folgendes Wort: *„Die Priester haben kraft ihres Amtes eine hohe Würde erhalten. Viele setzen diese Würde aufs Spiel durch eine **falsch verstandene** 'Verbrüderung, Verschwisterung', und werden zu einem netten oder auch prima Kumpel ihrer „Brüder und Schwestern". Damit entledigen sie sich zugleich ihrer Verantwortung, die eine hohe Würde nun einmal mit sich bringt. – Wie kann man sie noch ernst nehmen, wenn sie keine Verantwortung mehr tragen wollen. Die Ursache für dieses Verhalten ist nicht geschwisterliche Demut, sondern falsche Demut, deren Quelle allemal aus Stolz und Hochmut entspringt.* **Die Priester müssen wieder Priester werden!"**

Wort an die Priester und Bischöfe

„Ihr Priester, ihr Bischöfe, denen Ich Meine Herde anvertraut habe, was werdet ihr antworten, **wenn Ich euch im Gericht fragen werde?!** *Meint ihr, Ich werde euch nach Rang und Titel fragen? Oder nach euren diplomatischen Bemühungen? Oder nach euren Schreibtischleistungen? Nach den Denkmälern, die ihr euch selbst gesetzt habt? Ich frage nicht*

nach euren Aktivitäten und Geschäftigkeiten, nicht nach hochgeschraubten theologischen Abhandlungen und schöngeistigen Predigten. Ich frage euch nur nach dem, was Ich euch aufgetragen habe: Habt ihr das Wort der Wahrheit verkündet? Habt ihr Meine Gebote gehalten und zu halten gelehrt? Habt ihr Kranke geheilt, Tote auferweckt, Dämonen ausgetrieben? Habt ihr die euch anvertraute Herde bewahrt? In Meinem Namen? Seid ihr den verirrten Schafen nachgegangen? Oder seid auch ihr an den unter die Räuber Gefallenen vorübergegangen? Viele werden dann an euch vorüberziehen, Namenlose, die ihr nicht kennt. Sie aber kennen euch und werden euch anklagen, und euer Erschrecken wird groß sein."

Befreiung: „Wovor haben sie Angst?"

„Wenn nur einmal ein Priester den Exorzismus über uns beten würde!" Das ist der **Aufschrei einer Ordensfrau,** die unter schweren dämonischen Angriffen zu leiden hatte und immer wieder in psychiatrischen Anstalten verwahrt wurde. Niemand hat sie befreit, und so ist sie gestorben! -

Warum ist die Kirche so voller Angst?! So viele müssten und könnten befreit werden! Dabei hat es der Herr doch deutlich und oft genug gesagt: Heilt die Kranken, treibt die Dämonen aus! Freilich, wenn man Satan und seine Helfershelfer wegdiskutiert, wegrationalisiert, bleibt nichts mehr auszutreiben und seine Macht breitet sich immer weiter aus. Welche furchtbare Verantwortung für unsere Bischöfe und Priester!

*

„Warum tut ihr nicht, was Ich euch aufgetragen habe?
Bleibt in Meinem Wort und handelt danach! Fürchtet euch nicht vor denen, die euch zu zerreißen versuchen, die Medien, sondern tut Meine Wahrheit: Heilt Kranke, treibt Dämonen aus, weckt Tote auf! Rechtfertigt euch nicht vor der Welt, sondern allein vor Mir! Was werdet ihr sagen, wenn Ich euch frage beim Gericht: Hast du getan, was Ich dir aufgetragen habe? Wo sind die Kranken, die du geheilt hast; wo sind die, die du von Dämonen befreit hast? Hast du alle, die Ich dir in Meinem Namen gab, bewahrt? Hast du mit ihnen gebetet? warst du Hirt und Menschenfischer, oder warst du nur Funktionär? - Seht zu, dass ihr bei all eurem Tun nicht am Ende als unnützer Knecht verworfen werdet!"

*

Eine der ureigensten Aufgaben eines Bischofs und Apostels Jesu heißt: Treibt die Dämonen aus! Welche Bischöfe bzw. beauftragte Priester tun das? Wovor haben sie Angst? Vor den Dämonen? Ausgestattet mit der Vollmacht Jesu!! Oder vor den Menschen? Das wäre noch erbärmlicher. Wenn Fehler gemacht wurden in der Vergangenheit (bezüglich Exorzismus), ist das noch lange kein Grund, den Auftrag Christi zu vernachlässigen oder zu leugnen. Immer gibt es die Chance, es besser zu machen. Wären die Bischöfe untereinander eins wie Jesus mit dem Vater, bräuchten sie weder den Teufel, noch die Hölle, noch die Welt zu fürchten.

*

Wenn ein Priester von seinem Bischof den Auftrag zur Befreiung erhalten und angenommen hat, dann muss er, vor allem wenn es sich um einen schweren Fall handelt, mit vollem Einsatz bei der Sache bleiben. Er muss all die vielen anderen wichtigen oder unwichtigen Dinge vorerst beiseite legen und sich ganz auf den konkreten Fall konzentrieren. Auf keinen Fall darf er seine „Funktion" bekannt machen oder gar damit prahlen, wie das leider doch geschieht. Sein Wirken wäre bald zum Scheitern verurteilt. Ein so schwerer Auftrag erfordert nicht 1/10 oder noch weniger, er erfordert **den ganzen Priester!**

Die Gnade der Lossprechung

Wenn ein Priester die Beichte hört, sollte er den Fluss des Bekenntnisses nicht unterbrechen; er sollte gut zuhören und um Verständnis bemüht sein. Auf keinen Fall soll er den Beichtenden anpredigen oder an seiner Not vorbeipredigen. Gar nichts zu sagen ist manchmal heilsamer als viele schöne Worte ohne Verständnis. Freilich soll auch der Beichtende nicht darauf fixiert sein, verstanden zu werden. Die Gnade der Lossprechung genügt. Ein fester Beichtvater ist in jedem Fall das beste, sowohl für den Beichtenden selbst als auch für den Beichtvater.

*

Immer wieder kommt es vor, dass ganz alte Leute von ihren Seelsorgern nicht ernst genommen werden. Sie möchten beichten und bekommen zur Antwort: „Ach, Sie haben doch gar keine Sünden mehr!" Oberflächlich gesehen stimmt es vielleicht(!). In längeren vertraulichen Gesprächen kann man dann erfahren: es geht wirklich nicht um die Verfehlungen dieser letzten Zeit, sondern um das, was aus der Vergangenheit hochkommt, manchmal direkt herausbricht; um das, was nicht bewältigt wurde, was schmerzt, was verbittert, verunsichert, kurz: was noch unheil ist. Ähnlich mag es sich mit überängstlichen alten

Menschen verhalten. Das was sie immer wieder beichten wollen, was gar nicht der Rede wert zu sein scheint, das ist vielleicht nur der hilflose Versuch, das Eigentliche und Wesentliche ihrer Verfehlungen in der Vergangenheit auszudrücken. Wenn sie dann vom Beichtvater zu hören bekommen, dass sie skrupelhaft sind und nicht mehr beichten sollen, fühlen sie sich unglücklich und unverstanden und werden es bei einem anderen versuchen, ebenso erfolglos. Ich glaube, man macht es sich zu leicht, in solchen Fällen gleich nach dem Psychiater zu rufen. Freilich kostet es etwas Zeit und Mühe, die tieferen Ursachen und Zusammenhänge in solchem Verhalten zu erkennen. Aber tragen unsere Priester und Beichtväter nicht Verantwortung auch für die ärmste und geringste Seele?

Wort an einen gefährdeten Priester

„Du bist Priester, und dir ist die Verwaltung der Gnadenschätze Jesu Christi aufgetragen. Du hast Verantwortung übernommen für die Schafe Seiner Herde und sollst sie weiden. Wo sind sie, und wo bist du? Wie willst du vor Ihm bestehen, wenn Er sie von dir zurückfordert? Was hast du mit deinen Talenten gemacht, die Er dir so reichlich verliehen hat? Du sollst sie nicht vergraben, sondern mit ihnen wuchern und Frucht bringen. Wer Christus nachfolgen will, der muss wie Er sein Leben hingeben für die anderen. Was ist das Leben? Dein Leben ist nicht nur das bisschen Fleisch, es ist vielmehr deine Kraft, deine Mühe und Sorge um die dir anvertraute Herde; es ist deine Ohnmacht und Schwachheit, in der Christus mächtig ist; es ist deine Liebes- und Leidenskraft; es sind deine Gaben, die offenen und die, die noch in dir schlummern; es ist auch die Zeit, die Gott dir nicht gibt, um dich in deinem Herzensstübchen einzuschließen.

"Sie werden euch verachten und beschimpfen."

Komm heraus aus deiner Grabeshöhle *und lass dich von deinen Binden befreien. Leben sollst du und Zeugnis geben von der Auferstehung, auch von deiner eigenen! Fahr hinaus du Menschenfischer, und hole das Netz ein, bevor es zerreißt und die Fische sich zerstreuen und den Raubfischen zum Opfer fallen. – Es sind schon zu viele, die der Herde den Rücken gekehrt haben. Willst auch du gehen?! Der Herr hat dich Freund genannt und dir vertraut. Lass Ihn nicht im Stich!*
    Und habe den Mut zum aktiven Leiden an Seiner Kirche!"

„Sie werden euch verachten und beschimpfen."

Eine ernste Mahnung des Herrn zur Umkehr: *„Kehrt um, bevor das Unheil über euch hereinbricht!* **Erneuerung ist nur möglich durch Umkehr!** *Vor allem die Bischöfe und die Priester müssen umkehren. Sie dürfen nicht länger Sozialarbeiter eines gottfernen Staates sein; sie müssen ihrer eigentlichen Berufung nachkommen und diese leben und erleiden."*

*

Gedanken zu Markus 11,27-33, bezogen auf unsere heutige Zeit: Die Theologen und Hirten (Schriftgelehrte und Älteste) wagen es nicht zu verkünden: ‚Ja, das Evangelium Jesu Christi ist göttlicher Natur, mit allen Konsequenzen, die sich daraus ergeben'; denn dann müssten sie ja umkehren und ganz nach diesem Evangelium leben. Sie wagen aber auch nicht zu sagen: ‚Das Evangelium stammt nur von einem Menschen', weil sie die Volksfrömmigkeit fürchten. Also sagen sie: ‚Das kann man so oder so sehen; dies stimmt und jenes auch; Genaues kann man wegen der

Schwierigkeit nicht sagen; wir wollen uns nicht festlegen; wir leben in einer pluralen Gesellschaft, da hat alles seinen Platz' usw. Weil das so ist, **wird Jesus ihnen auch keine Antwort geben.** Er wird ihnen Seine Vollmacht nicht offenbaren; und sie werden nichts in Seiner Vollmacht tun (können), was Er ihnen aufgetragen hat. Er wird ihnen von Seinem eigentlichen Wesen her verborgen bleiben.

*

„Wovor habt ihr Angst? Vor den Menschen? Was können sie euch antun? Wohl werden sie euch verachten (sie verachten euch ohnedies, nur zeigen sie es nicht, solange ihr euch still verhaltet); sie werden euch beschimpfen und verleumden (der gute Hirt gibt sein Leben für die Rettung der Schafe; könnt ihr diesen Preis bezahlen?); sie werden euch verlachen (das Lachen wird ihnen vergehen, wenn sie sehen, was ihr in Meinem Namen tut!). Ich bin doch bei euch!"

Schauen wir doch auf Maria!

Was soll das viele Gerede **über Frauenordination?** Schauen wir doch auf Maria! Sie, die ganz einmalige, makellose Schöpfung des Allmächtigen war nicht berufen, Priester zu sein, sondern Ihr war bestimmt, obwohl Mutter des Gottessohnes, ganz kleine, niedrige Magd zu sein, ohne Bedeutung in Ihrem irdischen Dasein.

Wollen wir uns anmaßen, über Sie gestellt zu werden? Sollten wir nicht eher Ihr verborgenes Priestertum nachleben? Wenn wir nicht bergen, schützen, wachsen und reifen lassen, und dies in einem ganz großherzigen Sinn, wird es keine Priester geben, weder männliche noch weibliche.

*

„Warum sollen nicht auch Frauen Priesterinnen werden können? Diese Frage beschäftigt heute sehr viele Frauen, nicht nur aus emanzipatorischen Gründen. Betrachten wir einmal den natürlichen Bereich von Mann und Frau: Gott hat den Mann geschaffen, neues Leben zu zeugen, und die Frau, Leben zu empfangen, zu gebären, zu bewahren. Übertragen wir nun diese Bestimmung von Mann und Frau auf das übernatürliche Leben im mystischen Leib Christi. Wenn der Priester in der Hl. Messe die Wandlungsworte spricht, nimmt er teil am gewaltigen Zeugungsakt Gottes, der das Wort Fleisch, Leben werden lässt. Und die Frau? Nicht von ungefähr nennt man die Kirche die „heilige Mutter Kirche". Diese Mutter soll die Frau insbesondere verkörpern! Man kann auch sagen: Maria. Das kommt auf das Gleiche hinaus. Den in dieser „Mutter" Kirche ständig neu gezeugten lebendigen Christus empfangen, wachsen lassen, ans Licht der Welt bringen, Ihn bezeugen, Ihn auf den Leuchter des je eigenen Lebens stecken, Ihn verkörpern, wie Maria Ihn verkörpert hat: Gibt es eine schönere, reichere Bestimmung? Priester sein heißt berufen sein, nicht aus dem Wollen des Fleisches, sondern aus Gnade.

*

Dass Frauen, die meinen, zum priesterlichen Amt berufen zu sein, im gleichen Zuge den Zölibat, die persönliche Beichte und sonst noch so allerhand abschaffen wollen, zeigt, dass sie eigentlich nichts vom Mysterium Christi begriffen haben, zeigt ihre innere Weglosigkeit und Zerrissenheit, ihr Ausgeliefertsein an Männlichkeitsidole. Sklavinnen des 20. Jahrhunderts, auch im religiösen Bereich!

6. Maria

Maria, die Ursehnsucht nach Reinheit und Vollkommenheit

Maria **schützt** alle, die sich in ihren Anfechtungen und Bedrängnissen zu Ihr flüchten: *„Wenn du immer in Meinem Unbefleckten Herzen bleibst, werde Ich dich vor allen Irrtümern, Drohungen und Verlockungen Meines Widersachers schützen, und dir kann nichts geschehen."*

*

Wäre Jesus auf irdische Weise empfangen und geboren worden, wäre Er wohl in allem uns gleich gewesen. Wie aber hätte Er dann ohne Sünde sein können? Hätte Gott diesen natürlichen, irdischen Weg zur Rettung der Menschheit wählen wollen, hätte Er Jesus nicht außerhalb, sondern innerhalb der Ehe mit Josef gezeugt.

Die Macht der Frau ist die Macht Mariens

Die vielfältige Gnade Gottes, ausgeprägt in der **Gabe der Mutterschaft!** Wenn die Mutterschaft im natürlichen Bereich beendet ist, darf und muss sie sich im geistigen Bereich entfalten und im Dienst am Reich Gottes bewähren. Das gilt auch, ja in besonderer Weise für die zölibatär lebende Frau. Alle Möglichkeiten und Fähigkeiten von Mutterschaft können aus dem natürlichen Bereich übernommen werden, erhalten jedoch im geistigen Bereich eine ganz andere Dimension. So kann zum Beispiel eine Frau, die viele Jahre lang, oft mühsam und scheinbar erfolglos, Kinder erzogen und geführt hat, im geistigen Bereich sehr einflussreich werden, aufgrund ihrer Erfahrungen im natürlichen Bereich; sofern sie nicht die ständige Verbindung mit Gott aufgibt. Wer aus dieser ständigen Verbindung mit Gott lebt, denkt, redet, handelt, wird auch von der „Kirche" gehört und ernst genommen. Wenn jedoch Frauen ihre Mütterlichkeit verleugnen und beginnen, Macht und Männlichkeit einzufordern, untergraben sie nicht nur das Gesetz der Natur, sie bringen auch das Haus Gottes, die Kirche, zum Wanken; denn das mütterliche Element ist ein statisches, und ohne Statik, nur mit Dynamik, kann kein Bau bestehen. **Die mütterliche Frau fordert nicht, sie ist da, Herz der Familie ebenso wie Herz der Kirche.** Ohne die feste Stabilität der mütterlichen Frau im Herzen der Kirche gerät auch der Mann, der Priester, der Bischof, in schwankende Unsicherheit, in Angst und Verlorenheit. Den Kampf um die Macht wird die Frau immer verlieren, weil sie sich selbst dabei verliert. Die Macht der Frau ist die Macht Mariens, das heißt die Macht der Demut, der Güte und Liebe und aller Eigenschaften Mariens. Dieser Macht hat sich die Kirche noch immer gebeugt. Ave Maria!

*

Alle Marienminne und alle Mariensentimentalität verstummen vor der Größe, dem Ernst und dem Schmerz des wahren Marien-Antlitzes, aber auch vor seiner unbeschreiblichen Hoheit und Würde.

*

„Marianisch sein heißt nicht, von einem Wallfahrtsort zum anderen zu eilen, überall dabei zu sein, oder endlose Ge-

betsübungen abzuleisten. Ein echter Marienverehrer bittet Maria um Ihre Tugenden wie: Beharrlichkeit, Bescheidenheit, Demut, Güte, Verständnis, Verschwiegenheit unter anderem; dann erfüllt er in aller Treue die ihm von Gott gestellten Aufgaben. Echte Marienverehrung führt unmittelbar auf den Weg der echten Nachfolge Jesu. Echte Marienverehrung bewirkt ein geordnetes, maßvolles Gebetsleben, das in die Tiefe geht und fruchtbar wird."

7. Betrachtungen

„Der Mann aus Samaria"

Wie oft habe ich jene in den Arm genommen, die unter die Räuber gefallen waren, und ihre Wunden verbunden und sie getröstet! Nun bin ich selbst unter die Räuber gefallen! Ausgeplündert, zusammengeschlagen und aus vielen Wunden blutend liege ich neben der Straße. Da kommt ein Priester. Er geht nicht vorüber, sondern bleibt stehen. Wie es mir geht, fragt er. Aber hinter seiner Frage höre ich die Abwehr: „Sag mir bloß nicht, wie schlecht es dir geht. Ich habe selbst meine Sorgen und Probleme, außerdem absolut keine Zeit. Ich muss zu meinem Dienst! Also bleibe ich stumm. Erleichtert eilt er weiter. Ich bin froh, dass er meine Wunden nicht bemerkt hat. - Ein Levit kommt. Auch er bleibt stehen; er hört mein Stöhnen und Jammern. Sachverständig legt er seine Finger in meine Wunden, um sie zu reinigen. Ich schreie auf vor Schmerz und wehre mich. Da zuckt er hilflos mit den Schultern und sagt freundlich zu mir: „Ich werde für dich beten." Wie gut von ihm! Er eilt davon. - So kommen und gehen viele Priester und Leviten. Ich bin ganz stumm geworden und habe meine Augen geschlossen. Jetzt warte ich nur noch auf den Einen, den Mann aus Samaria. Er kommt, sieht mich und erkennt sofort alles. Er kniet sich nieder in den Schmutz und nimmt mich in den Arm. Er achtet nicht auf seine Kleidung und auf seinen Rang. Er legt auch seinen Finger nicht auf meine Wunden; er holt Balsam aus seiner Tasche und gießt diesen auf meine Wunden. Das tut gut, so gut! Mit seiner Hand streicht er mir sachte das nasse, wirre Haar aus dem Gesicht. Dann schaut er mich an, voll Erbarmen und Verstehen. Nun weiß ich: Ich bin gerettet, geborgen bei Ihm, bei dem Mann aus Samaria.

„Mir geschehe nach Seinem Wort"

Wie kann ich aus dem Wort Gottes leben? Da ist zum Beispiel ein Wort aus einem Psalm, das mich in einer besonderen Situation anspricht, das ich dann gleichsam wiederkäuend immer wieder durchbete, das dann hell aufstrahlt, wenn die Bestätigung von oben kommt.

Ein anderes Beispiel: Ich höre häufig einen Hahn in der Nachbarschaft krähen und freue mich daran in ganz natürlicher Weise. Gleichzeitig höre ich aber in diesem Hahnenschrei die mahnende Bitte Jesu: „Verrate Mich nicht!"

Habe ich eine Arbeit, bei der ich in die Knie gehen muss, denke ich: ‚Jedes Knie muss sich vor Dir beugen', oder ich erwecke einen Akt der Anbetung. Habe ich etwas Unangenehmes oder Schwieriges vor mir, breite ich die Hände aus und sage mit Maria: ‚Mir geschehe nach Seinem Wort.'

Verwandtschaft ist zu Besuch. Die Gespräche drehen sich um Geld, Essen, Trinken, Auto usw. Erst denke ich etwas bitter: ‚Das Reich Gottes ist nicht Essen und Trinken.' Dann fällt mir das Wort von Paulus ein: ‚Allen bin ich alles geworden, um nur einige zu retten.' Also nehme ich freundlich Anteil an den Gesprächen, soweit mein Gewissen das zulässt, und hoffe dem Herrn dadurch zu dienen. Vielleicht bewirkt mein Gutsein zu ihnen („Eure Güte werde allen Menschen bekannt!") irgendwann einmal einen Funken, der ihnen zur Umkehr leuchtet.

So könnte ich für jeden Tag viele Beispiele nennen. Das meiste geschieht unbewusst. Ein Zeichen, dass das Wort Gottes mir schon in Fleisch und Blut übergegangen ist?

Vater unser

VATER UNSER IM HIMMEL!

Der Höchste, der Unaussprechliche, Ewige, Allmächtige, absoluter Herr und Schöpfer des Kosmos und aller Lebewesen und Geister, Er lässt sich anreden als Vater; Er ist unser Vater! Er ist bei uns und doch zugleich im Himmel, den wir uns in unserer Endlichkeit nur sehr unvollkommen und begrenzt vorstellen können. Welch ein unbegreiflicher Gott und Vater!

GEHEILIGT WERDE DEIN NAME!

Seinen Namen ehren und heiligen, das ist das erste vor allem anderen! Kein Name ist uns gegeben außer dem Seinen. Kein anderer Gott besteht außer Ihm. Er ist ein eifersüchtiger Gott und duldet keine fremden, falschen Götter neben Sich; nicht Seinetwegen, denn Er ist hoch erhaben über allem, sondern unseretwegen. Er liebt uns und weiß, dass alle falschen Götter, denen wir dienen, uns zum großen Schaden gereichen; dass sie immer eines Tages zu Dämonen werden. Seinen Namen heiligen, macht frei!

DEIN REICH KOMME!

Was ist das Reich Gottes? Es ist nicht Essen und Trinken, sondern Gerechtigkeit, Friede und Freude im Heiligen Geist. Gerechtigkeit ist, wenn einer das Rechte tut, das was von Gott kommt, in Gott ist und auf Ihn hin gerichtet ist. Friede ist, wenn Versöhnung geschehen ist, Umkehr, Andersleben. Freude im Heiligen Geist brennt in der Tiefe; sie vergeht nie, auch nicht in den dunkelsten Stunden; sie ruht auf dem Grund der Seele, auch wenn die Oberfläche schäumt und brodelt. – Das Reich Gottes ist Heilung und Befreiung; es ist mitten unter uns, wenn wir tun, was Jesus uns aufgetragen hat. Das Reich Gottes ist ausgeformt im Leib Christi, der Kirche, und wir sind die Zellen dieses lebendigen Leibes.

DEIN WILLE GESCHEHE, WIE IM HIMMEL, SO AUF DER ERDE!

Wie viele Menschen beten diesen Satz so, als ob sie sich einem Feind ergeben müssten, voll Furchtsamkeit, Misstrauen, Unbehagen und falscher Ergebenheit! Was ist denn der Wille Gottes anderes, als dass wir heilig werden wie Er! Heil und heilig in unserer Ganzheit, als Sein wahres Ebenbild! Das setzt Umdenken voraus, Umkehr. Es setzt zuerst das Geschehenlassen voraus. Gott sagt nicht: Tut Meinen Willen, sondern: Mein Wille geschehe! Zu diesem Geschehenlassen, das einem göttlichen Gnadenakt entspringt, ist absolut Glaube und Vertrauen notwendig, Hingabe und Demut. Als Folge dieser passiven „Ergebung" kann dann höchste Aktivität gefordert sein. Dann tritt ein, was Jesus denen verheißt, die glauben: Sie werden die Werke tun, die Er getan hat und sogar noch größere. Dann werden sie die Engel vom Himmel auf und niedersteigen sehen und erkennen, dass der Wille Gottes wie im Himmel nun auch auf Erden geschehen ist.

GIB UNS HEUTE DAS BROT, DAS WIR BRAUCHEN!

Der Vater weiß, was wir brauchen, noch bevor wir Ihn darum bitten. Wissen wir es? Wir glauben so vieles brauchen zu müssen und bitten den Vater darum. Dann sind wir enttäuscht, wenn Er es uns nicht gibt. Bitten wir den Heiligen Geist, Er wird uns eingeben, worum wir in rechter Weise bitten sollen; und sei es mit Seufzen, das wir nicht in Worte fassen können. Er wird uns nach und nach lehren, um das zu bitten, was uns heute zum Leben nötig ist; nicht nur um das Brot und die Kleidung für den Leib, auch um das Wort, das unsere Seele nährt und stärkt, und nicht zuletzt um das wahre Brot des Lebens, welches ewiges Leben wirkt. Wer dieses Brot genießt, dem wird es keine Sorge bereiten, was er wohl morgen oder übermorgen brauchen wird. Er lebt im Heute und damit in der Fülle"

UND ERLASS UNS UNSERE SCHULDEN, WIE AUCH WIR SIE UNSEREN SCHULDNERN ERLASSEN HABEN!

Sicher ist bei dieser Bitte in erster Linie an unsere Verfehlungen und Sünden zu denken. Aber könnte mit diesem Schuldenerlass nicht auch die Dankesschuld gemeint sein? Wir stehen ja vom Beginn unseres Daseins an in einer unendlich großen Schuld vor Gott, dem wir doch alles verdanken. „Für das Leben ist jeder Kaufpreis zu hoch", sagt der Psalmist. All unser Bemühen, unsere Dankesschuld abzutragen, wird immer unvollendet bleiben. Daher die Bitte um den Erlass dieser Schuld, damit wir nicht mutlos und traurig durchs Leben gehen müssen. Dass Er diese Bitte erfüllt, ist schon bei Jesaja verheißen: „Kommt alle zum Wasser, ihr Durstigen, kommt, auch wenn ihr kein Geld habt, kauft Getreide und esst, auch ohne Bezahlung!" Voraussetzung ist allerdings, dass wir zuvor unseren Schuldnern alles erlassen haben, was sie uns schulden. Wie kann ich vor Gott treten und Ihn bitten, mir 10.000 Talente zu erlassen, wenn ich von meinem Nächsten 100 Denare einfordere!

UND FÜHRE UNS NICHT IN VERSUCHUNG!

Wie kann Gott einen Menschen in Versuchung führen? Vielleicht sollte man sagen: Führe uns so, dass wir nicht in Versuchung geraten. Wenn wir so bitten, übergeben wir Gott unseren freien Willen. Er lässt uns die Freiheit, auch den Weg der Versuchung und der Sünde zu gehen. Da Er aber keine knechtische Unterwerfung will, möchte Er, dass wir um Seine Führung bitten, welche immer ins Licht führt, wenn wir uns Ihm überlassen. In dieser Bitte leuchtet die zarte, fürsorgende, bangende Liebe Gottes in unnachahmlicher Weise auf.

SONDERN RETTE UNS VOR DEM BÖSEN!

Das ist der Hilferuf, den der Herr uns lehrt, wenn wir dem Bösen erlegen sind. Er weiß ja, dass die Versuchung immer wieder über uns mächtig wird und bietet uns deshalb diese Bitte an, gleichsam als Rettungsanker in den Strudeln und Verirrungen unseres Lebens. Diese Bitte dient aber auch dem Schutz in allen satanischen Anfechtungen. Nicht nur das Böse ist gemeint, in das wir hineingerutscht sind, sondern auch der Böse, der uns manchmal gewaltig bedroht, aus dessen Schlingen und Fallen wir uns nicht von selbst herauswinden können. Aber er muss schweigen und den Rückzug antreten, wenn der Herr ihm mit Macht gebietet.

Diese Bitte ist in ganz besonderer Weise bedeutend für unsere letzte Stunde, in welcher der Teufel alles versuchen wird, uns den Händen Christi zu entreißen. Es wird ihm nicht gelingen, denn nichts und niemand kann uns scheiden von der Liebe Christi. Wir gehören Ihm, und wir gehören Ihm doppelt, wenn wir Maria gehören.

AMEN, JA AMEN!

8. Der Auftrag

*„... Geh und stärke deine
Brüder und Schwestern!
... Geh zu Meinen Brüdern und sage ihnen,
dass du Mich gesehen und erfahren hast.
Sag ihnen alles, was Ich dir auftrage!
... Befolge Meinen Auftrag
und geh zu Meinen Brüdern
und Schwestern und verkünde,
was Ich dir gesagt habe.
Sag ihnen, dass du Mich gesehen hast!"*

Diesen Auftrag habe ich jetzt[1] zu Ende gebracht. Ob das Lied, das ich gesungen habe, gefällt, weiß ich nicht. Vielleicht geht es mir wie den Frauen, die am Ostermorgen zu den Aposteln eilten und ihre Begegnung mit dem auferstandenen Herrn verkündeten. Die Apostel gerieten in Aufregung, aber sie glaubten ihnen nicht und hielten alles für Geschwätz. Da es in diesem Buch um die treue Erfüllung eines Auftrages Gottes geht, ist es allerdings ohne Bedeutung, was Menschen dazu denken oder sagen.

Wenn die Zeit reif ist, wird Er Mittel und Wege finden, um die Herzen brennen und glühen zu machen, damit auch andere beginnen, auf die Stimme des Herrn zu hören, ihr Loblied zu singen und ihr Zeugnis abzulegen...

*ZUR EHRE DES DREIFALTIGEN GOTTES.
AMEN.
N.N.*

---

[1] 1 9. Mai 2000

Teil II

Univ.-Prof. Dr. Reinhold Ortner

Dämonische Belastung ist Realität:

Das entsiegelte Buch

Vorwort des Herausgebers (für Teil II)

„*Unser Klerus und der Episkopat glauben nicht mehr an die Existenz des Teufels, an die Exorzismen, an die unglaublichen Leiden, die Satan auslösen kann, und auch nicht an die Kraft, die Jesus für das Austreiben der Dämonen gewährt hat.*" (Don Gabriele Amorth, Exorzist von Rom)[1]

Zahlreiche Menschen leiden an quälenden psychisch-geistigen Bedrängungen und Erkrankungen. Die Symptomatik ist breit gefächert: Unruhe, Schlaflosigkeit, depressive Tiefs bis hin zu Selbstmordgedanken, Zwänge der verschiedensten Art, lähmende Ängste, undefinierbare Schmerzen, Panikattacken, Suchterkrankungen und vieles mehr. Weil sehr viele Leidtragende darüber schweigen, lässt sich keine genaue Zahl tatsächlich Betroffener angeben. Man muss davon ausgehen, dass die Dunkelziffer hoch ist. Als „Einfallstor des Bösen" stellt sich oft ein religiös verflachtes oder fehlendes Glaubensleben heraus, heute nicht selten mit okkulten Verstrickungen. Für den Arzt und den Psychotherapeuten erweist sich die eigentliche, die zentrale Ursachenforschung als äußerst schwierig. Auf anstehende entscheidende Fragen lassen sich oft nur unbefriedigende Antworten finden: „Stehen echte physiologisch, also körperlich bedingte (z.B. hormonelle bzw. stoffwechselbedingte) Dysfunktionen und Erkrankungen dahinter? Sind schwer wiegende aktuelle psychosoziale Probleme in Beruf oder in der häuslichen Atmosphäre schuld? Schädigen Umweltbelastungen im Nahrungs- oder Strahlenbereich die emotionale Ausgeglichenheit und psycho-pyhsische Gesundheit?

---

[1] Amorth, G.: Exorzisten und Psychiater. Christiana Verlag Stein am Rhein. 2002, S. 244

Manchmal helfen Psychopharmaka die Leidenssituation zeitweise zu erleichtern, Betroffene zu beruhigen. Doch bisweilen sind selbst Fachkliniken in bestimmten Fällen mit ihrer ärztlichen Kunst am Ende. Zwar gibt es vorübergehende Teilerfolge, nicht selten aber versagen die Hilfen einschließlich der verabreichten Medikamente. Es kann Jahre und zuweilen Jahrzehnte dauern, dass Leidende in für sie unerklärlichen Krankheitszuständen verharren. Nirgends finden sie durchgreifende und erlösende Befreiung. Ihre seelischen Qualen gipfeln in purer Verzweiflung. Durch den Kopf schießen immer wieder dieselben Fragen: „Was ist mit mir los? Bin ich krank? Ich kenne mich selbst nicht mehr! Werde ich verrückt? Oder bin ich es schon? Kann mir denn niemand helfen?"

Die Autorin[2] dieser Schrift berichtet von Erfahrungen und Beobachtungen aus ihren Begegnungen mit Menschen, denen jene erlösende Befreiung aus ihrer Not fehlte, die Christus seinen Jüngern aufgetragen hat: „Heilt Kranke, weckt Tote auf, macht Aussätzige rein, treibt Dämonen aus!" (Mt 10,8) Unbeteiligte reagieren auf Menschen mit Krankheitszuständen im psycho-vegetativen Bereich erfahrungsgemäß meist mit Unverständnis und daher häufig lieblos und völlig unpassend.

---

[2] Als Herausgeber verbürge ich mich für die tief gläubige katholische Lebenshaltung, selbstkritische Seriosität und praktische Lebensnähe der Autorin. Die in diesem Buch geschilderten Begegnungen und Hilfen stammen überwiegend aus dem Erfahrungskreis der Autorin, aber auch aus dem des Herausgebers. Immer soll dabei die christliche Nächstenliebe für die Schwachen und Hilflosen im Mittelpunkt stehen.

Während körperliche Leiden und Behinderungen im Lebensalltag einen gewohnten Bekanntheitsgrad haben und Mitleid erregen, wird andererseits die Not psychisch-geistig Erkrankter als Labilität im Sinne von „Sich-gehen-Lassen", „Einbildung" und „Übertreibung" abgetan oder gar als „verrückt" eingestuft. Diese überheblichen, ungerechten und verhängnisvollen Fehleinschätzungen haben für Betroffene oft dramatische Folgen. Statt sich ernst genommen zu fühlen und in einem intakten sozialen Umfeld Stabilität und Annahme zu erfahren, bekommt der Leidende seine Ausgrenzung als „nicht normal" zu spüren: Mit „so Jemandem" will man lieber nichts zu tun haben...

Angesichts überfüllter psychiatrischer Praxen sind für betroffene Patienten dringend notwendige individuelle therapeutische Gespräche nur mehr in geringem Umfang möglich. Krankenkassen gewähren selten mehr als eine Kurztherapie. Oder es werden Anträge auf Therapiesitzungen abgelehnt und die Kranken nur medikamentös behandelt. Sucht sich aber der Erkrankte in seiner Not privat fachliche Gesprächstherapie, so kostet es ihn persönlich eine Menge. Schnell ergeben sich damit aus einer solchen Erkrankung weitere Verschärfungen der Lebenssituation und soziale Not. Es kommt hinzu, dass es eine Reihe von vorwiegend schwereren und hartnäckigen Fällen mit einer Krankheitsdynamik gibt, deren Ursache(n) sich mit rein medizinischen Ansätzen nicht beheben lassen. Psychologie und Psychiatrie, die konzeptionell auf materialistisch-evolutionistischer Anthropologie basieren, schließen außerdem die Möglichkeit eines Hintergrundes aus, der verflochten (Mischkausalität) bis dominierend auf dämonische Einflüsse zurückzuführen ist.

Diese Schrift gibt Zeugnis von Erfahrungen aus dem Alltag mit psychisch-geistig belasteten Menschen, die in ihrer Not geistliche Hilfe aus dem Glauben gebraucht hätten und je nach Fall sogar längerfristige Hilfe exorzistisch berufener Priester, um im Leben wieder Fuß fassen und existenziell gesunden zu können. Die hier aufgezeigten Beispiele können nur punktuell beleuchten, in welcher Vielfalt, Breite und Hilflosigkeit Menschen von heute mit seelischen Nöten belastet sind. Ich kann aus beruflichen wie auch privaten Erfahrungen heraus bestätigen, wie sehr, ja wie notwendig viele leidende Menschen gerade heute geistlicher Hilfe bedürfen, aber wie aussichtslos es gleichzeitig ist, bei dazu Berufenen Gehör und Verständnis zu erhalten und innerhalb unserer Diözesen gläubige, praktizierende Exorzisten zu finden. Es ist, als stoße man weitgehend auf taube Ohren.

Hinzu kommt, dass das soziologisch-religiös fragwürdige Lebensumfeld unserer Tage geradezu einen idealen Nährboden bietet für das Anwachsen psychisch-geistiger (Zer-)Störungen. Gravierende negative Auswirkungen auf die körperliche, psychische und geistige Gesundheit stehen oft in Verbindung mit Glaubenslosigkeit und geistlicher Not. „Umpolung" des Bewusstseins durch die heutige Überflutung mit dem Schlamm von Sünde und Sittenlosigkeit macht das Sündigen zur kaum mehr hinterfragten Alltagspraxis. Die zur Selbstverständlichkeit gewordene Beschäftigung mit esoterischen, magischen, oft satanistischen Inhalten und die Teilnahme an solchen Kulten vernebeln die reale Gefahr der Verstrickung in den Macht- und Einflussbereich des Bösen. Diese zerstörerischen Wirkkräfte haben bereits ungezählte Menschen in krankmachende Sinnkrisen ihres Lebens gestürzt. Das Verhängnisvolle ist, dass ihnen dadurch meist keine vertrauensvolle Hinwendung an Gott mehr gelingt: Der geistige und geistliche „Schutzwall" schwächt sich ab und geht schließlich verloren. So nimmt die Infizierung durch dämonische Einflüsse stetig zu. Unerklärbare Belästigungen und Belastungen können sich einstellen. Doch was tun angesichts mangelnder Möglichkeiten zu grundlegender Befreiung aus priesterlicher Vollmacht? Wo sind die Berufenen Gottes, die eindeutig in Jesu Namen den Auftrag erhalten haben: „Treibt Dämonen aus!"?

Es ist bedauerlich, unverständlich und karitativ fahrlässig, wenn verantwortliche Stellen bzw. Personen kirchlicher Seelsorge die faktische Möglichkeit dämonischer Belastung als „überkommenen Aberglauben" abtun, ebenso wenn die hierfür notwendige Kenntnisvermittlung in der theologischen Priesterausbildung an der Universität unterlassen wird. Hinzu kommen längst entstandene Berührungsängste mit solchen Problemen der Seelsorge von Seiten der Bischöfe und Priester. Patienten berichteten mir, dass sie in ihrer Not beim Beichtvater Hilfe suchten, von diesem aber kurzerhand mit der Aufforderung unterbrochen wurden, zum Psychiater zu gehen. Dahinter steckt oft die Furcht, von so genannten „modernen" und aufgeklärten Kreisen in Kirche, Wissenschaft, Politik und öffentlichen Medien für einen ihrer Meinung nach „mittelalterlichen Teufelsglaubens" an den Pranger gestellt zu werden. Doch ist dies eine Entschuldigung für die heutigen Jünger Jesu, sich von Seinem Auftrag zu distanzieren? Zur Verantwortung der Kirche Christi gehört auch, dass sie neben allem sozialen und organisatorischen Pastoral-Management auch gerade für solche armen Menschen ihrer priesterlichen Vollmacht treu bleiben und ihnen im Auftrag der Nächstenliebe zur Befreiung aus den Fesseln des Bösen verhelfen. Deutlich wird im Markus-Evangelium[3] allen, die zum Glauben gekommen sind, die Kraft zu heilen verheißen und die Kraft, im Namen Christi Dämonen auszutreiben. Haben wir doch den Mut dazu!

Für die Menschen aller Generationen sind Exorzismen, damit zusammenhängende Gebete und die Einbindung in den Schutz der Sakramente und Sakramentalien segensreich und unverzichtbar gewesen. Ebenso bedürfen viele gequälte Menschen gerade in unserer Zeit dieser Hilfen. Wie sie aber mit ihrer (oft unerkannten) geistlich-existenziellen Not im Stich gelassen werden, davon berichten die Begebenheiten, Erfahrungen, Beispiele und Appelle zum Nach- und Umdenken[4], ergänzt durch (von der Autorin) mystisch empfangene Einsprechungen[5], welche im Folgenden aufgezeichnet sind[6]. Es handelt sich um tatsächlich erlebte, bezeugte und zugleich aufrüttelnde mosaikartige Beispiele aus dem Gesamt eines zutiefst bedrückenden Elends von Mitmenschen, die in unserer Lust- und Spaßgesellschaft übersehen, an den Rand gedrängt oder als störend ausgegrenzt werden.

Am Hochfest der Auferstehung unseres Herrn, Ostern 2004,

Reinhold Ortner

„Wenn es ein Bischof mit einer ernst zu nehmenden Bitte um Exorzismus zu tun hat und sich nicht darum kümmert [...], ist er verantwortlich für das schreckliche Leiden der jeweiligen Person. Ein Leiden, das oft Jahre oder ein ganzes Leben dauert und welches hätte vermieden werden können." (Don Gabriele Amorth) [7]

---

[3] Mk 16, 17-18
[4] Auf Grund meiner beruflichen Erfahrungen und aus langjähriger literarischer Forschung heraus kann ich die in diesem Buch deutlich angeführten Appelle zu verstärkter religiös-geistlicher Hilfe durch priesterliche Heilungs- und Befreiungsdienste mit großem Ernst unterstützen.
[5] Die von der Autorin empfangenen und aufgezeichneten Einsprechungen (innere Worte) sind im Buch *kursiv* gedruckt.
[6] Die Niederschrift wurde am Fest Mariä Namen (12. 9.) 2001 begonnen.
[7] Amorth, G.: Exorzisten und Psychiater. Christiana Verlag, Stein am Rhein. 2002, S. 245-246

Vorwort der Autorin

Dies ist nicht das Buch, welches nur das Lamm öffnen kann. Jenes wurde von Gott versiegelt und nur das Lamm war fähig, das Siegel zu lösen. Das Buch, von dem hier die Rede sein soll, wurde von Menschen versiegelt und unter Verschluss gehalten; und Menschen müssen es entsiegeln, im Auftrag Gottes. Die Zeit ist reif dafür. Die Frau aus der Wüste möge mir helfen, dieses Buch zu öffnen, von seinen Fesseln zu befreien, damit der Auftrag Jesu in seiner klaren Schönheit und Schlichtheit hervortritt, damit die Ehre des Dreifaltigen Gottes bekannt und vermehrt wird. Dieser Auftrag Jesu heißt: Heilt Kranke, treibt Dämonen aus, weckt Tote auf!

Dieser Auftrag richtet sich an Seine Jünger und an Seine Kirche in allen nachfolgenden Generationen. Und immer wenn sie wahrhaft glaubten, konnten sie diesen Auftrag erfüllen, konnten sie Wunder vollbringen. Es kam die Zeit der Aufklärung und man verfiel dem Irrtum, *alles* mit der Vernunft erklären zu müssen. Das Übernatürliche, Unerklärliche trat mehr und mehr in den Hintergrund oder wurde abgetan als Irrtum, Betrug, Unsinn. Im letzten Jahrhundert begann man dann zu entmythologisieren, massiv zu „entrümpeln" und zu psychologisieren. Das führte dazu, dass Wunder so lange „rationalisiert" und zurechtgedacht wurden, bis sie eben keine Wunder mehr waren, weil sie menschlich erklärbar wurden.

Ebenso erging es dem Teufel, dem Satan, *dem* Bösen, aus dem sehr schnell *das* Böse wurde, welches man dann schließlich mit Hilfe der Psychologie zu erklären und zu „heilen" versuchte. Der Erfolg bzw. die Folgen sprechen heute, am Beginn des dritten Jahrtausends, für sich, mit erschreckender Realität und Brutalität.

In dieser Schrift geht es jedoch nicht um irgendeine Abhandlung über Wunder oder paranormale Vorgänge. Es geht darum, allen, die sich für das Reich Gottes verantwortlich fühlen, mitzuteilen, was Gott auch heute noch dazu sagen will. Seine Worte hat Er Seiner ärmsten Dienerin in den Mund gelegt, welche jetzt Zeugnis davon ablegen will. Dies soll geschehen anhand der Erfahrungen, die ich machen durfte, und in der Treue zu den Weisungen und Mahnungen, die ich dazu erhielt.

N.N.

Die ersten Begegnungen und Erfahrungen

Nach meiner zweiten gnadenhaften Bekehrung begann ich Ernst zu machen mit einer radikalen Christusnachfolge, soweit mir dies meinem Stand entsprechend möglich war. Vieles in meinem bisherigen Leben war Vorbereitung und Hinführung auf den Ruf, der nun an mich ergehen sollte. Nach und nach schickte mir der Herr Menschen über den Weg, die mehr oder weniger heilungs- und befreiungsbedürftig waren.

„Ich rang und kämpfte um diese Frau mit Fasten und Beten..."

Zunächst lernte ich eine Frau kennen, die einen verstörten, verschlossenen Eindruck auf mich machte. Aufgrund mehrerer Selbstmordversuche hatte sie schon einige Male einen mehrwöchigen Aufenthalt in der Psychiatrie hinter sich. Eines Tages schenkte sie mir Vertrauen und erzählte von ihren Problemen, mit dem Ehemann und den Kindern, aber auch von ganz merkwürdigen inneren Zwängen, unter denen sie sich Schnitte zufügen musste, mit einem Messer oder einer Schere. Ich konnte selbst solche Schnitte sehen, die sie sich am Oberschenkel beigebracht hatte.

Sie sagte, da sei etwas Böses in ihr, das sie nicht wolle, aber sie müsse es tun. Reden könne sie mit niemandem darüber; nicht mit Priestern, denn die würden sagen, sie solle zum Psychiater gehen; aber auch nicht in der Psychiatrie, denn die würden sie nur umso länger behalten und mit Medikamenten voll stopfen.

Die ersten Begegnungen und Erfahrungen

Ich war erschüttert über so viel innere Not und Einsamkeit. Zugleich aber schrie es in mir: „Warum tun unsere Priester und Bischöfe nichts? Sie haben doch göttliche Vollmacht von Christus erhalten und haben es nicht nötig, kleinlich und pedantisch zu analysieren, was an einem „Fall" krankhaft sein könnte oder dämonische Ursachen hat." – Ist einer krank, soll er geheilt werden; ist er „gefesselt", soll er befreit werden. „Heilt Kranke, treibt Dämonen aus!" Das ist der klare Auftrag Jesu!

Es gab damals einen Priester in unserer Stadt, der Verständnis hatte für die Not dieser Frau. Er betete mit ihr und gebot den Mächten, die sie bedrängten. Er hatte allerdings noch nicht viel Erfahrung auf diesem Gebiet und wurde dann auch bald in eine entfernte Stadt versetzt. Als die Frau eines Tages klagte, sie spüre wieder diesen Zwang sich zu verletzen und sie habe Angst davor, da tat ich etwas, was ich in diesem Umfang und in dieser Form nie mehr getan habe: Ich erklärte dem Bösen den „Krieg". Ich rang und kämpfte um diese Frau mit Fasten und Beten und anderen Waffen des Geistes. Die Frau wurde frei von ihren Zwängen und Selbstmordversuchen, obgleich ihre persönlichen Probleme im Laufe der Jahre noch zunahmen. Aber sie hat es nie mehr getan, seit nunmehr 18 Jahren. Ich selbst – ungeschützt, unerfahren und waghalsig – bekam die Wucht satanischer Rache voll zu spüren.

Vom Augenblick meiner Kampfansage an wurde ich von Schmerzen gepeinigt, die vom Kopf aus gingen und von dort den ganzen Körper erfassten, zuerst nur nachts, dann Tag und Nacht mit immer größerer Intensität. An Schlaf war in den folgenden 18 Tagen nicht zu denken. Und doch war ich tagsüber hellwach und konnte all meinen üblichen Pflichten nachgehen. Mehrere Ärzte konnten mir nicht helfen. Dann war der Spuk plötzlich vorbei.

Nie sollte jemand so etwas im Alleingang tun; er sollte sich zumindest unter den Schutz eines erfahrenen Priesters begeben. Aber wo sind diese erfahrenen Priester? Ein hoher Domherr, dem ich hin und wieder einiges erzählte, gab mir zur Antwort, das sei für ihn völliges Neuland und es laufe ihm kalt den Rücken hinunter, wenn er so etwas höre. Als er nach ein paar Jahren endlich soweit war, dass er die Sache wirklich ernst nahm, verunglückte er tödlich.

„Wenn doch nur einmal ein Priester den Exorzismus über mich beten würde!"

Eine Priorin, mit der mich eine jahrzehntelange tiefe Freundschaft verband, vertraute mir das Schicksal zweier Mitschwestern an, das mich betroffen und nachdenklich machte. Ich kannte sie beide. *Die eine Ordensfrau*, schon in jungen Jahren wegen ihrer emotionalen Unberechenbarkeit gefürchtet, muss in den letzten Wochen ihres Krankenlagers Furchtbares mitgemacht haben. Sie brüllte und tobte und hatte maßlose Angst vor dem Sterben. Sie sah den Bösen und meinte, dass er sie holen komme. Unbefreite Verstrickungen familiärer Art durch mehrere Generationen und ungeheilte Verletzungen in Kindheit und Jugend hatten dem Einfluss des Bösen Tür und Tor geöffnet. Der Spiritual des Klosters war überfordert oder wollte sich nicht auf ein so heikles Problem einlassen. Die Arme starb, nicht ohne Beistand, aber ohne wirklich befreit zu sein.

Die andere Ordensfrau war eine stille, fromme Person. Sie litt sehr darunter, dass ihr Vater sich das Leben genommen hatte, und war selbst „depressiv". Deshalb war sie mehrmals in der Psychiatrie. Ihrer Oberin sagte sie, dass sie schwer unter dämonischen Angriffen zu leiden habe, gegen die keine Psychiatrie und keine Medikamente etwas Wesentliches ausrichten könnten. „Wenn doch nur einmal ein Priester den Exorzismus über mich beten würde!" Dieser Wunsch wurde nie erfüllt! Kurz vor ihrem Tod traf ich mit ihr zusammen. Beim Abschied schaute sie mich an mit einem Blick, der mir durch und durch ging und mir die Tränen hochtrieb. Es war ein Blick, der die ganze innere Not widerspiegelte und zugleich ein stummes Flehen ausdrückte, das sich in sein Schicksal ergeben hatte.

Auch von *Ordensleuten aus anderen Klöstern* ist mir bekannt, dass sie ähnliche Erfahrungen gemacht haben. Durch ihre Gelübde an eine außerordentliche Lebensführung gebunden, sind sie auch in außerordentlicher Weise angefochten und gefährdet. Die meisten Klöster haben einen Spiritual, der den Ordensleuten in ihrer Bedrängnis beistehen und geistliche Führung übernehmen soll. Aber wird das auch praktiziert? Liegt dem Spiritual ernsthaft an den Seelen der ihm Anvertrauten oder begnügt er sich damit, die Hl. Messe zu lesen und ein paar fromme Vorträge zu halten?

Flucht in esoterisch-okkulte „Selbstverwirklichung"

Roberto (37 Jahre) wird seit zwei Jahren von rätselhaften Krankheitszuständen überfallen: sehr starke körperliche Belastungen, gravierende Schlafstörungen und depressive Attacken. Sich wiederholende selbstaggressive Ausbrüche, gegen die er sich nicht wehren kann, führen zu Selbstverletzungen, Selbstmordgedanken, Wutausbrüchen. Er fühlt zum Beispiel, wie sich Messer in seinen Körper bohren und schreit vor Schmerz laut auf. Gelegentlich formt

Die ersten Begegnungen und Erfahrungen

seine Zunge zwanghaft unbekannte Silben, welche in sehr schnellem Tempo hervorsprudeln und irgendwie an „Arabisch" erinnern. Dann gibt es wieder ruhige Phasen, in denen er neue Kraft schöpfen kann.

Roberto hat eine Erziehung hinter sich, die seine persönlichen Begabungen wenig beachtete und Entfaltungsbemühungen zum Erwachsensein konsequent unterdrückte. Er wird bevormundet, verwöhnt, gegängelt und soll in ein bestimmtes Erziehungs-Klischee passen. Solches und manches andere setzt ihn während der Pubertät so unter zwanghaften Druck, dass er im Alter von 18 Jahren während seiner Studienzeit in Zürich „Freiheit" in allen möglichen Angeboten sucht: esoterische „Selbstverwirklichung", Reiki, buddhistische Praktiken, satanistische Zirkel, freizügiger Sex, Alkohol, Drogen. Bald leidet er an Schlaflosigkeit, Unruhe, Depressionen. Auf dem Höhepunkt all dieser psychischen Belastungen vollzieht Roberto eine Umkehr. Aus freien Stücken wendet er sich entschlossen und mit ehrlichem Vorsatz dem katholischen Glauben zu. Er heiratet, bekommt Kinder, geht fortan regelmäßig zu den Sakramenten, pflegt das Gebet in der Familie und hat den besten Willen, ein gutes und gänzlich neues Leben in Ausrichtung auf Gott zu beginnen.

Inzwischen ist Roberto arbeitsunfähig geworden. Ärzte, Psychologen, Psychiater, die er konsultiert, reagieren mehr ratlos und raten zu Psychopharmaka oder Klinikaufenthalt. Roberto hat diesbezüglich Negatives gehört. Er ist hochintelligent und kann den durchaus nicht positiven Einfluss, den er mit seinem Zwangsverhalten auf seine Familie ausübt, klar abschätzen. Er leidet sehr darunter, macht sich Selbstvorwürfe und bittet Priester, für ihn zu beten, auch mit Hilfe exorzistischer Gebete von der Ferne aus. Doch offensichtlich hat die Verwundung seines Vorlebens schwere dämonisierte Verletzungen hinterlassen. Das Gebet von

Priestern, Freunden und Familienangehörigen bringt zwar immer wieder nachweisbare Erleichterungen und vorübergehende Befreiung, kann aber offensichtlich bei dieser sowohl psychisch-erziehlichen wie auch okkulten Vorbelastung in diesem schwerwiegenden Fall keine grundlegende und durchgreifende Befreiung erreichen.

Es verstärkt sich der Eindruck, dass hier nur ein langfristig und ausdauernd vorgenommener Exorzismus Heilung bringen kann. Doch trotz intensiver Suche in verschiedenen Diözesen gibt es keinen Erfolg. Negative Bescheide von Ordinariaten, Angst vor Bloßstellung oder Bekanntwerden eines solchen Einsatzes, aber auch Unverständnis und schroffe Ablehnung eines „heute doch wohl rückständigen Teufelglaubens" bringen Roberto in Hoffnungslosigkeit und nahe an die Selbstaufgabe. Sein immer wiederkehrendes Flehen: „Warum will mir denn keiner helfen!" hinterlässt bis heute eine Wunde der Hilflosigkeit in meinem Herzen.

Dämonische Belastungen in Folge okkulter Verstrickungen

Es fällt auf, dass viele junge Männer während oder nach Ableistung ihres *Wehrdienstes* psychisch erkranken. Was geschieht dort? Vielleicht sind es ganz einfach Schikanen oder Mobbing, wie das auch anderswo vorkommt. Vielleicht passieren aber auch ganz andere Dinge: Homosexualität, Okkultismus, Verwünschungen oder auch kriminelle Verstrickungen.

Das Schicksal eines dieser jungen Männer konnte ich über viele Jahre hinweg verfolgen. Durch eine Indiskretion der Mutter erfuhr ich, dass Wilhelm (der Name ist wie alle folgenden geändert) über einen seiner Vorgesetzten eine Bemerkung fallen ließ, welche auf eine der oben genannten Verstrickungen zutreffen könnte. Genaueres war jedoch nie aus ihm herauszubringen. Die psychische Erkrankung begann damit, dass er plötzlich Mängel an seinem Äußeren entdeckte, die objektiv nicht existierten. Die Kontrollen und die damit verbundenen Korrekturen seines Äußeren erfolgten immer häufiger und zwanghafter. Schließlich konnte er sich nicht mehr anschauen und ertragen. Er wurde aggressiv und begann Gegenstände zu zerstören.

Dann suchte er nach „Schuldigen". Das war in erster Linie die Mutter, der er ständig in harten Worten vorwarf: „Du bist an allem schuld!" Welche Mutter hat diesen Vorwurf nicht schon zu hören bekommen und sei es auch nur in ganz abgeschwächter Form! Das ist ein ganz normaler Vorgang der Abnabelung junger Menschen vom Elternhaus, speziell von der Mutter.

Das war sicher auch im Falle Wilhelm so, aber es kam noch etwas dazu. Sowohl von Seiten der mütterlichen als auch der väterlichen Verwandtschaft bestanden okkulte Verstrickungen, wohl auch Verwünschungen, Alkohol und andere Fehltritte. Die Mutter wies die Vorwürfe des Sohnes zurück und versank in Selbstmitleid. Nun suchte der Sohn nach anderen Schuldigen. Er fand einen, bedrohte ihn, wurde eines Tages aggressiv und verursachte ihm beträchtlichen Sachschaden.

Es erfolgte die erste psychiatrische Einweisung, die er nach Wochen verließ wie alle anderen: „ruhig gestellt", vollgepumpt mit Psychopharmaka und als Raucher, der er vorher nicht war. Beruflich ging es von da an ständig bergab. Immer wieder gab es Aufenthalte in der Psychiatrie, immer wieder schlimme Exzesse. Ich traf ihn einmal auf der Straße. Er sprach mich provozierend an, zog ein Messer aus der Jacke und sagte, eines Tages werde er einen umbringen, es sei ohnehin alles sinnlos. Einmal sagte er, er habe den Drang, einer Schwangeren den Bauch aufzuschlitzen! (Es gibt die Vermutung, dass innerhalb der Großfamilie auch eine Abtreibung stattgefunden hat!)

Inzwischen war die Mutter nicht untätig geblieben. Sie hatte den Sohn zu verschiedenen Geistlichen gebracht, die mit ihm redeten und beteten, aber ihn nicht zum Wesentlichen bringen konnten: zu einer aufrichtigen Beichte. Auch waren beide nicht beständig und gerieten zusehends in den Bereich von „weißen Magiern" und anderen obskuren Scharlatanen. Bis nach Frankreich schaffte sie ihren Sohn, auch wieder zu einem sehr fragwürdigen „Heiler". Das alles kostete obendrein eine Menge Geld. Die Verstrickungen wurden immer dichter. Ich fühlte mich, als Laie und Einzelkämpfer, dem Problem nicht mehr gewachsen. Da alle guten Ratschläge und Warnungen nichts nützten, musste sich meine weitere Hilfe ausschließlich auf das Gebet für diese Familie beschränken.

Wilhelm ist heute mehr oder weniger Dauer-Patient, weiterhin ruhig gestellt, voll mit Medikamenten und „Nikotin". Die gängige Meinung nach so vielen Jahren ist: „Da ist nichts mehr zu machen!" Ich kann das nicht beurteilen, meine aber, wenn es einen Priester gäbe, der diesen Menschen und seine „Krankheit" wirklich ernst nähme, könnte auch hier noch Heilung und Befreiung geschehen, vielleicht in Zusammenarbeit mit einem gläubigen Therapeuten. Wenn natürlich ein Priester nur ein wenig herumexperimentiert und dann die Angelegenheit für erledigt hält, dann kann es sein, dass die letzten Dinge ärger als die ersten werden.

Wenn ein Priester (von seinem Bischof) den Auftrag zur Befreiung erhalten und angenommen hat, dann muss er mit vollem Einsatz bei der Sache bleiben. Viele andere „wichtige" oder unwichtige Dinge muss er vorerst hintanstellen und sich ganz auf den konkreten Fall konzentrieren. Auf keinen Fall darf er seine Funktion bekannt machen oder gar damit prahlen, wie das leider auch geschieht. Ein so schwerer Auftrag erfordert nicht nur ein Zehntel oder noch weniger, er erfordert den ganzen Priester!

Ein Wort an die Priester und Bischöfe

Hier möchte ich ein Wort an die Priester und Bischöfe richten, so wie es mir vom Herrn aufgetragen ist:

*„Ihr Priester, Ihr Bischöfe, denen Ich Meine Herde anvertraut habe, was werdet ihr antworten, wenn Ich euch im Gericht fragen werde?! Meint ihr, Ich werde euch nach Rang und Titel fragen? Oder nach euren diplomatischen Bemühungen? Oder nach euren Schreibtischleistungen? Nach den Denkmälern, die ihr euch selbst gesetzt habt? Ich frage nicht nach euren Aktivitäten und Geschäftigkeiten. Nicht nach hochgeschraubten theologischen Abhandlungen und schöngeistigen Predigten. Ich frage euch nur nach dem, was Ich euch aufgetragen habe: Habt ihr das Wort der Wahrheit verkündet? Habt ihr Meine Gebote gehalten und zu halten gelehrt? Habt ihr Kranke geheilt, Tote auferweckt, Dämonen ausgetrieben? Habt ihr die euch anvertraute Herde bewahrt? In **Meinem** Namen? Seid ihr den verirrten Schafen **nachgegangen?** Oder seid auch ihr an den unter die Räuber Gefallenen vorübergegangen? Viele werden dann an euch vorüberziehen, Namenlose, die ihr nicht kennt. Sie aber kennen euch und werden euch anklagen und euer Erschrecken wird groß sein!"*

Einfallstore für dämonische Belastungen

Es ist unbestritten, dass eine Abtreibung schwere, ja schwerste Wunden in der Seele einer Frau hinterlässt. Damit verbundene Schuldgefühle werden häufig verdrängt, manchmal jahrzehntelang. Kann eine Frau endlich ihre Not herausschreien, dann ist schon der 1. Schritt zur Heilung getan. Findet sie niemanden, dem sie sich anvertrauen kann, sind psychische Störungen und Erkrankungen vorprogrammiert. Mehr noch: Abtreibung ist Sünde, ist ein Verbrechen, das – sofern es ungesühnt bleibt – dem Bösen die Tür öffnet, damit dieser sein Zerstörungswerk in der Seele fortsetzen und vollenden kann. *Drei Beispiele hierzu:*

Den inneren Frieden immer noch nicht gefunden

Frau E. ist verheiratet und hat einen erwachsenen Sohn. Ich kannte sie schon lange, aber nur flüchtig. Eines Tages traf ich sie wieder auf der Straße. Sie verwickelte mich in ein längeres Gespräch und sagte, sie wolle mich unbedingt einmal besuchen. Bald darauf rief sie mich an und fragte, ob ich sie denn vergessen hätte. Ich merkte, dass etwas nicht in Ordnung war mit ihr, und machte einen Termin aus. Ich wusste, dass sie eine Wochenbettpsychose gehabt hatte und dass sie mehrmals in der Psychiatrie war.

Sie kam also zu mir. Schon nach kurzer Zeit begann sie mir sehr vertrauliche Dinge zu erzählen: dass sie gerne mehr Kinder gehabt hätte, aber ihr Mann wollte nicht; dass sie mir einmal etwas erzählen werde, was sie außer ihrem Arzt noch niemandem erzählt habe; dass sie kein

Kindergeschrei ertragen könne und keinen Kinderwagen sehen könne.

Hier steigerte sich ihre Erregung aufs Höchste und sie begann das Kindergeschrei nachzuahmen. So ging das lange Zeit fort. Vielleicht wäre es eine Erlösung für Frau E. gewesen, aber ich getraute mich nicht zu fragen, ob sie eine Abtreibung gemacht hätte. Ich hatte zu der Zeit noch wenig Erfahrung in diesem Bereich. Auch ich habe sie allein gelassen mit ihrer Not!

Inzwischen sind einige Jahre vergangen. Der Kreislauf Psychiatrie - zu Hause ist noch nicht durchbrochen. Es kam zu keinem weiteren Gespräch. Da auch keine religiöse Grundlage vorhanden ist, hat Frau E. wohl ihren inneren Frieden immer noch nicht gefunden.

Hassausbrüche gegen Gott und die Eltern

Sandra war in ihrer Kindheit bis zur Pubertät ein liebes und relativ zufriedenes Mädchen. Das spricht aus ihren Tagebuchaufzeichnungen, die sie mir gibt. Sie hatte Eifer für die Schule, spielte gerne Ball und erfreute sich als Einzelkind schon relativ älterer Eltern eines sorgenlosen Lebens. Was sich danach in ihrem Leben abspielte, entzieht sich meiner Kenntnis.

Sie ist 26 Jahre alt, als sich bei ihr eine radikale Veränderung in ihrem Denken, Fühlen und Verhalten einstellt. Die Eltern sind äußerst beunruhigt, erschrocken und verängstigt über das, was sie plötzlich bei ihrer Tochter erleben. Diese lässt Anschuldigungen gegen die Eltern los, vor allem gegen die Mutter. Dann folgen geradezu blasphemische verbale Hassausbrüche gegen Gott, den Glauben, gegen alles Heilige. Manches davon schreibt sie nieder. Hass gegen Gott, Christus und das Christentum steigern sich dabei in Ausdrücken der niedersten Gossensprache sexueller Schimpfwörter gegenüber Gott, der Muttergottes, gegen alles Fromme und Religiöse. Bald lassen ihre Äußerungen erkennen, dass sie sich in satanistischen Denkweisen bewegt. Sie versucht in eine innere psychisch-geistige Welt einzudringen, von der sie „Befreiung" erhofft und dann auch triumphierend feststellt, dass sie diese erhalten hat.

Sie übergibt Teile ihres Denkens und ihrer Gefühle an „Abraxas" (eine gnostische „Gottheit"). Mehrere Male nimmt sie sein Gesicht an der Wand wahr, zeichnet es auf – eine furchterregende hässliche Fratze. Sandra beginnt, die Eltern mit satanischen Ausdrücken zu verfluchen und zu verwünschen. In ihrem Denken kreist sie sich mit absurden und perversen sexuellen Phantasien ein. Damit setzt sie sich betont und radikal gegen die religiös fromme (auf dem Gebiet der Geschlechtlichkeit vielleicht allzu ängstliche, rigoros und autoritär unterdrückende) Haltung der Eltern zur Wehr. Schließlich schließt sie sich esoterisch-satanistisch ausgerichteten Zirkeln mit ständig wechselnden sexuellen Beziehungen an. Nach einiger Zeit stürzt sie in nervliche Zerrüttung. Sandra muss das Studium aufgeben und wird psychiatrisch stationär behandelt. Ein gewisser Erfolg ist vorübergehend erkennbar. Von Angst und Hass besetztes Fühlen und Denken zeichnen Spuren in ihr Gesicht. Rückfälle depressiver bis aggressiver Art werfen sie in wiederholten Abständen in Apathie und Antriebslosigkeit. Wie konnte es zu dieser psychischen und geistigen „Verwüstung" der jungen Frau kommen?

Offensichtlich hatte zunächst eine lieblose und unterdrückende falsche Erziehung im Elternhausein ein verhängnisvolles Einfallstor geöffnet. Zahlreiche psychische Verletzungen haben den Boden für ein Abgleiten in okkult-satanistische Verweigerung gegenüber Gott und Glauben aufbereitet. Gedankliche und emotionale Auslieferung an dämonische Vereinnahmung („Abraxas") versklavte das Fühlen und Denken und instrumentalisierte die junge Frau für blasphemische Hassausbrüche.

Ihr fehlte liebevolles Verständnis in therapeutischen Gesprächen bei gleichzeitig integrierter exorzistisch gestützter Befreiung und Heilung. Sandra bleibt in ihrem Gefangensein durch Angst und Hilflosigkeit. Ich verliere ihren schmerzhaften Lebensweg aus den Augen. Wie wird es ihr heute gehen? Warum konnte ich damals keine echte befreiende Hilfe für sie finden?

Ungeheuerer Leidensdruck

Ein kurzer Abriss möge die Heilsbedürftigkeit einer Frau namens Helga darstellen.

Was ich mit ihr in mehr als 15 Jahren (und noch immer!) erlebt habe, würde allein ein ganzes Buch füllen. Helga kam aus einfachsten Verhältnissen. Liebe hat sie von der Mutter nicht erfahren. Vielleicht hat diese sie sogar verwünscht („Wenn ich dich sehe, könnte ich dir ein Messer in den Bauch rennen. Die B. (die andere Tochter) hat sterben müssen, die Blöde (Helga) bleibt!"). Die Liebe, die sie im Elternhaus nicht fand, suchte sie schon bald bei Männern. Ein uneheliches Kind wurde geboren. Bald darauf war ein zweites unterwegs, von einem anderen Mann, den sie auf Drängen der Mutter auch heiratete. Es folgten zwei weitere Kinder. Aber der Mann war Alkoholiker. Die Ehe wurde geschieden, als das jüngste Kind noch klein war. Helga musste arbeiten, vernachlässigte das Kind. Es wurde ihr genommen und in ein Heim gesteckt. Von da an begann die Tragödie.

Helga litt unendlich unter dem Verlust ihres Kindes, sie wurde psychisch krank, machte Schulden und wurde immer häufiger ausfällig und aggressiv. Es erfolgte die 1. Einweisung in die psychiatrische Klinik, die sie nach 8 Wochen verließ, vollgepumpt mit „Medikamenten" und völlig apathisch. Da man mir die Betreuung übertragen hatte, besuchte ich sie nun jede Woche. Ich sprach mit ihr, betete mit ihr und zeigte ihr in jeder Form meine Zuwendung. Sie blieb apathisch. Es begann die Verwahrlosung, sie wusch ihre Haare nicht mehr und trug monatelang das gleiche Kleid, das immer schmutziger wurde. Ich umarmte sie trotzdem jedes Mal beim Abschied.

Drei Jahre dauerte dieser Zustand. Aber eines Tages ging ihr Herzenstürchen auf und sie sprach wieder, erzählte mir nach und nach sehr vieles aus ihrem kaputten Leben. Sie begann wieder ihr Äußeres zu pflegen und die Wohnung sauber zu machen. Eines Tages nahm sie eine Putzstelle an, bald darauf noch einige andere, um ihre magere Rente ein wenig aufzubessern. Mehrere Jahre ging alles recht gut, dann kam ein plötzlicher Rückfall, welcher wieder für einige Wochen in die Psychiatrie führte. Sie war noch nicht lange entlassen, da bat sie mich dringend um ein Gespräch, in welchem sie endlich deutlich aussprach, was sie früher nur angedeutet hatte: die jahrelangen Quälereien von Seiten des Teufels. So hatte sie vor dem Rückfall sämtliche religiösen Gegenstände unter Zwang weggeworfen oder zerstört. Andere Gegenstände rührte sie nicht an.

Monate später sagte sie mir, sie fühle sich besessen, der Teufel sei in ihrem Leib. Er zwickt und kratzt sie, macht Geräusche, er zwinge sie den Kopf zu schütteln und Unmengen zu essen. Sie schäme sich, weil er sie mit sexuellen

Gefühlen und Vorstellungen peinige. Manchmal verbreite er entsetzlichen Gestank. Sie spüre deutlich, wenn er aus ihr ausfahre. Ich hatte nicht den Eindruck, dass ihr jemand etwas einredete oder dass sie aus Gelesenem etwas nachphantasierte. Ich horchte allerdings auf, als sie sagte, der Teufel habe ihr verboten, mit mir über all dies zu sprechen. Dass sie es trotzdem tat, zeugt von dem ungeheuren Leidensdruck, dem sie ausgesetzt war. Ich fragte, warum sie nicht mit mir darüber sprechen dürfe. Sie antwortete, weil er mich fürchte und weil ich für ihn gefährlich sei.

Ich war verblüfft, denn in einem Traum vor längerer Zeit hatte ich eben dies hören müssen von einer Gestalt, die mich verfolgte und bekämpfte. Das war in Exerzitien. Ich kann mich nicht erinnern, Helga davon erzählt zu haben. – Nun fragte ich sie, ob sie (die Dämonen; sie sprach auch von mehreren) ihr auch verboten hätten, über andere Dinge zu sprechen. Das verneinte sie mit Bestimmtheit.

Ich verständigte nun einen Priester aus der Diözese und bat ihn, Helgas Wohnung auszuweihen und sie selbst zu segnen. Er kam auch zweimal, weihte die Wohnung und betete für Helga Befreiungsgebete. Er war vom Bischof für den Befreiungsdienst beauftragt, besaß auch viel Verständnis für die ganze Problematik; aber er hatte so viele andere Posten und Nebenbeschäftigungen, dass der Befreiungsdienst entschieden zu kurz kam. In einem so schweren Fall wie bei Helga genügt es nicht, zweimal zu beten und sich dann nie mehr blicken zu lassen. So zeigte sich auch keinerlei Wirkung. Ein paar Wochen später musste sie ins Krankenhaus, weil sie sich die Schulter gebrochen hatte. Ich besuchte sie einige Male und betete mit ihr. Sie hatte starke Schmerzen und unter diesem Druck bekannte sie plötzlich, dass sie vor Jahrzehnten abgetrieben habe und nicht damit fertig werde. Sie hatte zwar seinerzeit gebeichtet, aber die Tat verschwiegen. Sie wusste auch, dass alle folgenden Beichten ungültig und alle Kommunionen unwürdig empfangen waren. Jetzt wollte sie reinen Tisch machen. Ich vermittelte ihr ein Beichtgespräch mit einem Priester, der zwei Autostunden weit weg lebte, der aber der einzige war, zu dem sie Vertrauen hatte. Einige Monate vergingen in relativer Ruhe. Dann brach das Unheil mit aller Wucht über sie herein. Sie wurde äußerst aggressiv, bedrohte alle möglichen Leute mit bösen Worten und Blicken. Dazwischen sperrte sie sich wieder stundenlang oder tagelang ein. Eine Nachbarin erzählte, dass sie stundenlang „betete". Hier muss ich einfügen, dass sie seit geraumer Zeit von sehr seltsamen Personen besucht wurde, die sie mit Angst machenden religiösen Traktaten und sonstigen religiösen Schriften und Zetteln und Gegenständen beluden. Ein farbiger Priester kam gelegentlich mit einer jungen Frau, die später in einen seltsamen Orden eintrat. Angeblich beteten sie den Exorzismus über sie. Sie hatten jedoch keine Beauftragung vom Bischof. Später erfuhr ich, dass dieser Priester wegen Ungehorsams aus einer anderen Diözese „abgeschoben" worden war.

Aber mit Helga wurde alles nur viel schlimmer. Sie zerschlug alle religiösen Statuen und Gegenstände und zerriss alle religiösen Bücher und Schriften und warf alles zum Fenster hinaus. Außerdem hatte sie plötzlich den Zwang, ständig aufzuwischen und Wäsche zu waschen! Und irgendetwas wollte sie ständig in den Abfalleimer werfen! Eigentlich typische Symptome einer nicht bewältigten Abtreibung! Der Nervenarzt wurde geholt, und er gab ihr eine starke Spritze, die jedoch keinerlei Wirkung zeigte. Es kam wie es kommen musste: Sie wurde wieder in die psychiatrische Klinik eingeliefert. Dieses Mal war sie 13 Monate lang eingesperrt!

Wo die Psychiatrie keine Hilfe geben kann

Hier möchte ich einmal etwas sagen über die Zustände, die ich in der Psychiatrie erlebt habe. Ich habe in vielen Jahren ja nicht nur Helga, sondern auch andere Personen besucht. Was die ärztliche Versorgung betrifft, dazu kann ich nichts sagen, da ich zu wenig davon verstehe. Aber in anderen Bereichen waren durchaus Mängel erkennbar. So traf ich bei jedem Besuch das Pflegepersonal rauchend und Kaffee trinkend in ihrem Stationszimmer an. Das Rauchen ist auch den Patienten außer in den Zimmer überall gestattet. Was sollen sie in ihrer Langeweile auch anderes tun! Viele sind erst zu Rauchern geworden - wie im Falle Wilhelm beschrieben. Die Angebote zum Basteln, Malen, Turnen u.a. sollen freiwillig angenommen werden. Aber vielen ist alles gleichgültig. Therapeutische Gespräche sind knapp bemessen, das meiste muss die Chemie leisten. Also bleibt viel Zeit. Zwar gibt es in der großen Klinik, in der Helga stationiert war, mehrere Klinikseelsorger, die aber nach meinen Informationen in den psychiatrischen Abteilungen nicht so gern gesehen werden; d.h. der Besuch eines Seelsorgers soll nur auf Wunsch des Patienten oder seiner engsten Angehörigen erfolgen. *Doch wie soll jemand, dessen Seele verstummt ist, noch um Hilfe schreien können?!* Und den Angehörigen liegt in vielen Fällen nichts an einer seelsorglichen Betreuung.

„Du kommst sowieso in die Hölle!"

Harry (38 Jahre) lebt in einer kleineren Stadt. Er ist überzeugter und praktizierender Katholik, empfängt regelmäßig die heiligen Sakramente und ist aufgeschlossen für karitative Anliegen und Nöte seiner Mitmenschen. Seit einiger Zeit fühlt er sich von hartnäckig auftretenden Gedanken belästigt, die ihm unerwünscht und überfallartig durch den Kopf schießen.

„Während ich bete" berichtet er, „formuliert mein Denken das Gegenteil. Ich will zum Beispiel beten „Heilige Maria, bitte für uns!" Sofort denke ich: „Nein, ja nicht!" Solche extremen Umformulierungen betreffen auch Glaubensinhalte, die dann in glaubenswidrige Aussagen verdreht werden. Gebetstexte schlagen in blasphemische Änderungen um (zum Teil in obszöner Reimform). Meine Gedanken und meine Sammlung zur Andacht werden durcheinander gebracht."

Es gibt immer wieder Zeiten, in denen Harry geradezu zwanghaft denken muss, dass er sich im Tod für die Hölle entscheiden werde. Er ficht dann einen Kampf durch, den er so schildert: „Ich beginne zu beten: ‚Gott, ich will zu Dir kommen, bitte nimm mich an!' Sofort formulieren meine Gedanken: ‚Nein, ich will in die Hölle, weil ich nicht anders kann! Daher will ich wenigstens mein restliches Leben auskosten.' "

Gleich darauf überfällt Harry eine irrationale Angst. Die Spannung zwischen seiner tief religiösen Grundhaltung und den sich ereignenden blasphemischen Bewusstseins-Infiltrationen vermag er nur schwer auszuhalten. Oft schließt sich auch ein penetrantes Denken an, welches folgendermaßen abläuft: „Mach doch Schluss mit deinem Leben. Du kommst sowieso in die Hölle! Höre doch auf zu beten und genieße das kurze Leben! Alles Beten hat keinen Sinn, denn du bist sowieso verloren." Wiederholt kommen im Halbschlaf überdimensionale Hände auf ihn zu. „Sie würgen mir den Hals fast zu. Einmal rechnete ich schon mit meinem Tod. Dann sagte ich plötzlich: 'In euere Herzen, heiligstes Herz Jesu und unbeflecktes Herz Mariä, lege ich meine Rettung.' Mit einem Schlag war der Spuk weg. In mir war auf einmal Ruhe, Vertrauen, Geborgenheit, die mich umhüllten. Ich schlief ein und wachte am Morgen wohltuend ausgeruht auf.

Nach außen hin macht Harry den Eindruck eines humorvollen, feinfühligen, intuitiv empfindenden und hilfsbereiten Mannes. Im Innern wird sein Leben von unkontrollierbaren blasphemischen Attacken belastet. Harry beschreibt seinen Zwiespalt so: „Wenn meine Gegenüber wüssten, wie es in mir aussieht!"

Sicherlich kann man die Denk-Attacken, von denen Harry gequält wird, rein psychologisch als psychisch-geistige Zwänge mit unbewusstem Hintergrund einer womöglich frühkindlichen Belastung oder als Befreiungsversuch aus anerzogenen religiösen „Denkmustern und -barrieren" interpretieren. Doch was hier auffällig erscheint, ist die hartnäckige blasphemische Tendenz des Zwanges. Diese hat nichts mit sachlich-kontroversen Argumentationsvorgaben zu tun. Das Umdrehen von religiösen Aussagen ins Gegenteil ist geradezu typisch für ein „Diabolein" (diabolisches Durcheinanderwerfen). Die Angst erregenden Bedrohungen durch Hände mit Würgegriff im Schlaf oder Halbschlaf lassen eine (freilich erst noch durch psychiatrisch wie auch theologisch sauber zu diagnostizierende Befunde abzusichernde) dämonische Belästigung vermuten. Ein priesterliches (exorzistisch fundiertes) Befreiungsgebet würde in keiner Weise schaden und womöglich Heilung in Aussicht stellen.

Nochmals: Helga

Eine seelsorgerliche Betreuung wäre im Falle Helga so dringend notwendig gewesen. Erst nach Monaten, als sie von der geschlossenen in die offene Psychiatrie überstellt worden war, konnte sie die Hl. Messe besuchen oder einen Seelsorger aufsuchen. Ich glaube aber nicht, dass sie auch nur ein einziges Mal mit einem Geistlichen gesprochen hat. Dazu war sie von sich aus nicht fähig. Die Medikamente hatten sie „ruhig gestellt" und das trostlose Einerlei im Tagesablauf hatte sie zermürbt und apathisch gemacht.

Als sie nach mehr als einem Jahr entlassen wurde, fand sie sich zunächst nur schwer in ihrem vorherigen Dasein zurecht. Sie vermisste die Fürsorge und die Regelung all ihrer persönlichen Angelegenheiten. Eines Tages war sie verschwunden. In heller Aufregung wurde überall nach ihr gesucht. Schon sollte die Polizei eingeschaltet werden, da klärte sich der Sachverhalt auf. Sie hatte sich auf den Weg gemacht und wollte wieder zurück in die Psychiatrie. Dorthin kam sie dann auch, diesmal allerdings nur für drei Wochen. Nach ihrer Entlassung begann eine relativ stabile Phase ihrer psychischen Verfassung, aber geheilt war sie nicht. Die Seele kann nicht mit Chemie geheilt werden!

Schon früher hatte ich den Seelsorger ihrer Pfarrei gebeten – mehrmals sogar – sie doch einmal zu besuchen und seelsorglich zu betreuen. Die Versprechen wurden nie erfüllt. Nun machte ich einen neuen Anlauf. Der Pfarrer gab mir zur Antwort, sie sei ja nie in der Kirche zu sehen; sie habe auch nie den Wunsch nach einem Besuch geäußert. Ich war traurig und auch ein wenig verbittert über seine Äußerung. Darauf versuchte ich mit aller Eindringlichkeit zu erklären, dass Helga aufgrund ihrer

„Krankheit" nicht in der Lage sei, von sich aus an den Pfarrer heranzutreten. Die Medikamente hätten sie willenlos und apathisch gemacht. Andererseits hielte ich aber eine geistliche Betreuung für lebensnotwendig. Schließlich versprach er, Helga demnächst aufzusuchen. Er tat es wirklich und von da an kam er jeden Monat am Herz-Jesu-Freitag, um ihr die Hl. Kommunion zu bringen bzw. die Beichte abzunehmen.

Dazu sagte mir der Herr einmal: „Ich habe euch nicht zu Anglern berufen, die bequem am Ufer sitzen und warten, bis ein Fisch kommt und anbeißt. Ich habe euch zu Menschenfischern berufen, die hinausfahren aufs Meer und auf Mein Wort hin ihre Netze auswerfen, auch wenn das Meer tost und das Schiff schwankt. Auch wenn ihr die ganze Nacht nichts gefangen habt, folgt Meinem Wort und vertraut."

Ein geistlicher Kampf – dann ist die Befreiung da

Doris, eine tief gläubige Frau von etwa 30 Jahren, wird seit Jahren von psychisch-visuellen Belästigungen gequält. Immer wieder sieht sie vor ihrem Gesicht ein überdimensionales hässliches Gebilde, das sie zynisch bedroht. Jahrelang ereignen sich diese Belästigungen im Wach- oder Halbwachzustand, sei es am Tag oder bei nächtlichem Aufschrecken. Jedes Mal durchziehen sie Erinnerungsängste an Misshandlungserlebnisse während ihrer Kindheit. Mit der Zeit glaubt Doris, verrückt zu werden. Sie leidet an Schlaflosigkeit, Depressionen und fühlt sich körperlich „ausgelaugt". Vertrauensvolles Beten bringt vorübergehend etwas Erleichterung, doch die hartnäckige (ihr unerklärliche und Lebensfreude raubende) Belastung bleibt. Ich führe zahlreiche psychologische und religiöse Gespräche mit Doris. Der Versuch einer therapeutischen Aufarbeitung quälender Kindheitserlebnisse erbringt teilweise psychische Entlastung und Befreiung von verdrängten Ängsten und Demütigungen. Doch das obszöne „Gesicht" bleibt - eine immer wieder „angreifende" höhnische Attacke und erniedrigende Belastung.

Schließlich rate ich zu einer exorzistisch-befreienden Heilung. Wir bekommen einen Termin bei einem katholischen Bischof im Ausland. In englischer Sprache schildern wir die psychisch-geistige Belästigung der jungen Frau und äußern die Annahme, dass hierbei eine dämonische Infizierung im Spiel sein könnte. Was der Bischof nach kurzer nachdenklicher Stille auch bestätigt. Er legt Doris die Hände auf und beginnt einen Exorzismus. Ich kann aus nächster Nähe beobachten und direkt spüren, wie ein gewaltiger geistlicher Kampf stattfindet, der bei Doris auch körperlich zu bemerken ist. Schließlich wird die in der jungen Frau vorhandene Widerstand leistende Gegenkraft „hinausgedrängt". Die Befreiung ist vollzogen. Doris ist vor Anstrengung erschöpft. Die offensichtlich dämonische Belästigung, mit welcher sie lange Zeit gequält wurde, ist (seit Jahren) bis auf den heutigen Tag verschwunden.

Wovor haben die Bischöfe und Priester Angst?

Warum ist die Kirche so voller Angst?! So viele müssten und könnten geheilt und befreit werden. Hat es der Herr nicht deutlich und oft genug gesagt: „Heilt die Kranken, treibt die Dämonen aus!"? Freilich, wenn man Satan und seine Helfershelfer wegdiskutiert, wegrationalisiert, bleibt nichts mehr auszutreiben und seine Macht breitet sich immer weiter aus. Welche Verantwortung für unsere Bischöfe und Priester! Sie sprechen von kraftvoller Verkündigung der Frohen Botschaft Jesu, vergessen dabei aber, dass es nicht genügt, die **Frohe Botschaft** nur zu verkünden.

Dazu ein Wort des Herrn: *„.... Kraftvoll wird sie erst, wenn ihr sie lebt, wenn ihr tut, was ihr glaubt. Warum gebraucht ihr diese Kraft des Evangeliums nicht? Warum heilt ihr die Kranken nicht? Warum treibt ihr keine Dämonen aus? Weil ihr nicht wirklich glaubt! Wie kann Ich eure Verkündigung durch Zeichen und Wunder bekräftigen, wenn ihr nicht daran glaubt?"*

Wovor haben die Bischöfe und Priester Angst? Vor den Dämonen? Ausgestattet mit der Vollmacht Jesu?! Oder vor den Menschen? Das wäre noch erbärmlicher. Wenn Fehler gemacht wurden in der Vergangenheit (bezüglich Exorzismus), ist das noch lange kein Grund, den Auftrag Christi zu vernachlässigen oder zu leugnen. Immer gibt es die Chance, es besser zu machen. Wären die Bischöfe untereinander eins wie Jesus mit dem Vater, bräuchten sie weder den Teufel, noch die Hölle, noch die Welt zu fürchten.

Wer sich mitverantwortlich fühlt für alles, was mit Heilung und Befreiung zu tun hat, der muss allerdings einen ganz geraden Weg gehen, den Weg der Demut und des Gehorsams. Man muss sich fernhalten von allen verworrenen Vorstellungen und zwielichtigen Praktiken, die man leider immer wieder antreffen kann, auch bei gläubigen Menschen, sogar bei Priestern. Um den Auftrag Jesu zu erfüllen, braucht man kein Pendel, keine Kupferdrähte oder –Blöcke, keine Obertonmusik und keine Abwehrgeräte, keine Steine und anderes Okkultes mehr. **Man braucht nur die Liebe und Kraft Jesu, die viel mehr in einem Menschen bewirken kann, als er sich je wünschen und ausdenken kann.**

So vieles wird heute geistigen Defekten und psychischen Erkrankungen zugeschrieben, ohne dass sie die wahren Ursachen sind. Wenn ein Mann (in diesem Fall ein Akademiker) seine Familie psychisch und materiell terrorisiert und ihre völlige Vernichtung plant und sogar ankündigt, dann ist ein psychischer Defekt die Folge, aber nicht die Ursache für ein solches Verhalten. Bei näherem Nachforschen ließ sich nämlich feststellen: Dieser Mann hatte sich dem Teufel verschrieben (wie schon seine Großmutter). Trotz zahlreicher bezeugter krimineller Delikte (vor allem Lüge, Betrug, Diebstahl) war es nicht möglich, ihn dabei zu fassen und zur Verantwortung zu ziehen. Warum wohl?! - Wer „nur" psychisch krank ist, der kann geheilt werden. Wer aber dem Teufel gehört, dessen „psychische Erkrankung" muss ausgetrieben werden, mit Vollmacht! Aber wer wagt es schon, einem solchen Menschen entgegenzutreten und zu sagen: „Im Namen Jesu Christi weiche, Satan!" Wie peinlich, nicht wahr! Jedenfalls für den, der nicht an die ihm von Gott verliehene Vollmacht glaubt!

In Mk 16 verheißt Christus *allen,* die zum Glauben gekommen sind, die Kraft zu heilen und die Kraft, Dämonen auszutreiben. Dies haben sich viele charismatische und freikirchliche Gruppierungen zu Herzen gehen lassen und man kann nur staunen, was ihr bedingungsloser Glaube alles bewirkt hat. Es sind die an den Zäunen und auf den Landstraßen, die zum Hochzeitsmahl gerufen werden, nachdem die eigentlich Geladenen unter allen möglichen Einwänden abgesagt haben. Und sind es nicht auch die, über die sich die Jünger empören, weil sie in Jesu Namen Dämonen austreiben, ohne Ihm nachzufolgen? Und Jesus gibt zur Antwort: „Hindert ihn nicht! Keiner, der in Meinem Namen Wunder tut, kann so leicht schlecht von Mir reden. Denn wer nicht gegen uns ist, der ist für uns" (Mk 9,38f)

Ich habe mich oft gefragt, warum Gott mir so viele Menschen über den Weg geschickt hat, die Heilung und Befreiung brauchen. Anfänglich habe ich geglaubt, Er wolle mich in den ganz konkreten Dienst von Heilung/Befreiung berufen. Es gab ja Fälle (wie am Anfang dieser Schrift beschrieben), in denen ich aufgefordert war, diesen Dienst zu tun. Das geschieht auch heute noch hin und wieder; wahrscheinlich um das Feuer am Brennen zu halten. Es kristallisierte sich nach und nach aber als Schwerpunkt meines persönlichen Auftrages zu Heilung/Befreiung heraus, dass mein Beitrag darin bestehen sollte, die Verantwortlichen zu rufen, wachzurütteln, anzutreiben und ihnen den ursprünglichen Auftrag Jesu wieder ins Herz zu brennen:

Heilt Kranke, treibt Dämonen aus, weckt Tote auf, verkündet die Frohe Botschaft vom Heil!

Hierzu ein Wort des Herrn: *„Warum tut ihr nicht, was Ich euch aufgetragen habe? Bleibt in Meinem Wort und handelt danach! Fürchtet euch nicht vor denen, die euch zu zerreißen versuchen, die Medien, sondern tut Meine Wahrheit: Heilt Kranke, treibt Dämonen aus, weckt Tote auf! Rechtfertigt euch nicht vor der Welt, sondern allein vor Mir! Was werdet ihr sagen, wenn Ich euch frage beim Gericht: Hast du getan, was Ich dir aufgetragen habe? Wo sind die Kranken, die du geheilt hast, wo sind die, die du von Dämonen befreit hast? Hast du alle, die Ich dir in Meinem Namen gab, bewahrt? Hast du mit ihnen gebetet? Warst du Hirt und Menschenfischer oder warst du nur Funktionär? - Seht zu, dass ihr bei all eurem Tun nicht am Ende als unnützer Knecht verworfen werdet!"*

Zum Dienst der Heilung/Befreiung hat der Herr die *Jünger zu zweit* ausgesandt. Diese Tradition gilt bis heute: Heilung und Befreiung wird in einer Gruppe bzw. mit Hilfe einer Gruppe gewirkt. Propheten dagegen werden allein gesandt; wobei sie durchaus auch Heilungen gewirkt haben, man denke nur an Elia oder Elischa.

Aber ich wiederhole es und sage es immer wieder: Wie kann Heilung und Befreiung geschehen, wenn man nicht daran glaubt? Oder wenn man die Absichten des bösen Feindes nicht erkennen will und herunterspielt. So sagte mir Dr. C., mit dem ich im Übrigen tiefe geistliche Gespräche führen kann, man dürfe den Widersacher und seine Machenschaften nicht zu ernst nehmen. Das sei die sicherste Methode, ihn loszuwerden, für eine Zeit lang wenigstens. Ein solches Verhalten ist gut und richtig für den, der zur Freiheit der Kinder Gottes gefunden hat. Es ist jedoch verhängnisvoll, in der Geborgenheit dieser Freiheit die Zerstörungen, die der Feind anderswo angerichtet hat, zu verharmlosen und so die notwendige Hilfe zur Heilung und Befreiung des Nächsten zu unterlassen.

Damit die beauftragten Geistlichen ihren Dienst der Heilung/Befreiung gut ausführen können, ist eine *entsprechende Vorbereitung und Ausbildung nötig*. Früher fand so etwas in Priesterseminaren statt. Aber seit Jahrzehnten wird dieser Bereich allenfalls als Randthema erwähnt. Kein Wunder, wenn es später den Pfarrern „kalt den Rücken hinunterläuft"! Neben der theologischen Ausbildung ist vor allem eine besondere spirituelle Ausrichtung erforderlich: Pflege des inneren Gebetes, der Anbetung, des Bußsakramentes, des Fastens, des Schweigens. Aber dies und vieles mehr wissen ja Regens und Spiritual eines Priesterseminars sicher viel besser. Eine große Hilfe ist eine enge Beziehung zu Maria, der Schlangenzertreterin, wie zu allen himmlischen Mächten. Wenn der Widersacher die ganze Hölle mobilisiert, um die Menschheit zu vernichten, dann ist unser aufklärerisches Denken nicht der geeignete Schild gegen diesen Ansturm. Wenn Gott uns schon so herrliche Schutzgeister an die Seite gestellt hat, dann sollten wir ihre Hilfe und ihre Kraft auch in Anspruch nehmen.

Ähnlich wie bei Befreiungen wird bei Heilungen körperlicher Krankheiten argumentiert: Was Jesus gewirkt hat, sei notwendig für Seine unmittelbare Zeit gewesen, damit Seine Anhänger an Ihn glauben konnten; man dürfe auch nicht alles wortwörtlich nehmen; vieles sei symbolisch zu verstehen, vor allem die Totenerweckungen. (Ist

dann auch Seine eigene Auferstehung von den Toten nur „symbolisch" zu verstehen?!)
Nach dem Heimgang Jesu zum Vater setzten die Apostel und Jünger Sein Wirken fort. Sie heilten Kranke, trieben Dämonen aus und erweckten Tote zum Leben. Ihr Glaube war groß genug dazu. Den Glauben von heute muss man mit dem Mikroskop suchen!

Zeugnis von eigenen Erfahrungen mit Heilung/Befreiung

An dieser Stelle möchte ich Zeugnis ablegen von eigenen Erfahrungen mit Heilung/Befreiung. Es soll ermutigen zu neuem und noch größerem Glauben.

Kopfschmerzen und Depressionen

Ich besuchte vor vielen Jahren eine Frau im Krankenhaus, die unter starken Kopfschmerzen und Depressionen litt. Ein Arzt, mit dem ich sprach, sagte mir, sie sei eine Langzeitpatientin. Ich sprach mit der Frau, die übrigens evangelisch war, dann legte ich ihr mit ihrem Einverständnis die Hände auf und betete für sie. Als ich sie nach 1 Woche wieder besuchte, war sie schmerzfrei und wurde kurze Zeit darauf entlassen. - Man wird mitleidig lächelnd entgegnen, dass doch wohl die Ärzte und die Medikamente ihre Heilung bewirkt haben. Das sicher auch, aber nicht nur. Vor allem nicht bei einer Langzeitpatientin! -

Da weinte er und begann zu reden

Deutlicher wird die Heilung in einem anderen Fall: Ein Mann litt unter starken Kopfschmerzen, die auch mit Medikamenten nicht zu vertreiben waren. Er wirkte sehr depressiv und wollte offensichtlich in Ruhe gelassen werden. Ich wollte wieder gehen und fragte ihn, ob ich zuvor noch ein wenig für ihn beten dürfe. Er ließ es zu. Ich legte meine Hand auf seinen Kopf und betete um Heilung seiner Kopfschmerzen und seiner seelischen Probleme (welche ich erahnte!). Da weinte er und auf einmal begann er zu reden. Eine ganze Stunde lang redete er sich seinen Groll von der Seele. Verletzungen und Kränkungen, die er erlitten hatte, alles kam nun heraus. So wortkarg er zuerst war, nun konnte nichts ihn in seinem Redefluss aufhalten.

Als ich mich am Ende seiner Rede zum Gehen wandte, fragte ich ihn, ob er noch Kopfschmerzen habe. Er schaute mich verwundert an, dann verneinte er ganz verblüfft und gab zu, dass diese Aussprache ihm gut getan habe. Vielleicht wird man mir auch hier entgegnen, dass dies doch ein Psychotherapeut viel besser fertig gebracht hätte. Ganz sicher - er hätte noch viel mehr aus ihm herausgebracht und vielleicht sein ganzes Leben umgekrempelt. Aber in diesem Augenblick ging es darum, ihn von seinen Kopfschmerzen zu befreien und von dem, was er selbst preisgeben wollte. Vielleicht war mein Gebet ja auch nur der Anstoß zu einer viel tiefergreifenden Heilung, die dieser Mann anderswo gesucht und gefunden hat. Ich habe ihn seither nicht mehr getroffen.

Ein religiöses Gespräch war untersagt

Noch mysteriöser ging es bei der Heilung von K. zu. Sie war eine alte Frau von 85 Jahren. Seit geraumer Zeit siechte sie dahin; sie verlor immer mehr an Gewicht und ihre Kräfte ließen bedenklich nach. Eigentlich gab es keinen medizinischen Befund für ihren Zustand und jeder meinte, mit 85 sei sie eben am Ende ihres Lebens angelangt. Auch sie selbst meinte das. Als ich sie besuchte, saß sie in sich zusammengesunken auf einem Stuhl, nur noch Haut und Knochen, den Tod im Gesicht. Da man mir verboten hatte, ein religiöses Gespräch mit ihr zu führen, begann ich ein harmloses Gespräch mit Fragen nach ihrem Befinden und Ähnlichem. Ich legte aber meine ganze Liebe und Zuneigung in meine Worte. Da begann sie eine Art Rechenschaftsbericht über ihr Leben vor mir abzulegen. So sagte sie in etwa: „Ich bin jetzt 85 und habe lange genug gelebt. Nun bin ich am Ende. Ich habe meine Kinder großgezogen; sie sind alle ordentlich und gut versorgt. Auch über meine Enkelkinder freue ich mich. Dies und das habe ich vielleicht falsch gemacht; ich muss halt auf einen gnädigen Richter vertrauen. Ich habe viel Freudiges erlebt; aber bei der Primiz meines Enkels im nächsten Jahr werde ich nicht mehr dabei sein." Sehr vieles sagte sie mir, und gelegentlich konnte ich vorsichtig eine Besorgnis von ihr nehmen und sie beruhigen, immer auf der Hut vor den misstrauischen Ohren ihrer Angehörigen.

Und dann kam mir eine Idee, die ich sogleich umsetzte: Ich legte meinen Arm bzw. meine Hand auf die Stuhllehne, die sie mit Rücken und Schultern berührte. Dann betete ich still: „Herr, Du weißt, dass ich nicht mit ihr beten darf. Ich kann ihr die Hand nicht auflegen. Aber Deine heilende Kraft kann auch durch das Holz dieses Stuhles hindurch wirken. Ich weiß nicht, ob Du sie heilen willst, sie ist ja schon so alt. Aber ich bitte Dich für sie und empfehle sie Deiner Gnade und Güte." Von da an begann die Heilung. Es ging ihr von Tag zu Tag besser. Bei meinem 2. Besuch zwei Wochen später wiederholte ich mein Gebet und die Art der „Handauflegung". Nach vier Wochen war sie wieder gesund. Sie hatte ihr normales Gewicht wieder erreicht, ihre Kräfte waren wiedergekehrt und sie arbeitete wieder wie vorher. Sie lebte noch fünf Jahre und durfte natürlich auch die Primiz ihres Enkels mitfeiern. Bis zum letzten Tag ihres Lebens war sie auf den Beinen. Dann legte sie sich nieder und starb friedlich noch am selben Tag.

Noch viele Beispiele kleinerer und auch größerer Heilungen könnte ich anführen. Aber diese 3 beschriebenen Fälle mögen vorerst genügen, um einen Einblick zu geben in das, was geschehen könnte und müsste, wenn unser Glaube auch nur so groß wäre wie ein Senfkorn.

Nicht nur protestantische Theologen haben *Abschied vom Teufel* genommen. Wer von unseren Bischöfen, Theologen, Priestern wagt es denn noch, zu warnen vor dem Teufel, der umherschleicht wie ein brüllender Löwe, um uns zu verschlingen? Es ist so still geworden um diesen Löwen, so dass dieser gar nicht mehr zu brüllen braucht, was ihn umso gefährlicher macht, da viele seiner Opfer sein Anschleichen zu spät bemerken.

Sicher wäre es verfehlt, wie in früheren Zeiten die bloße Angst vor Teufel und Hölle zu schüren. Es genügt aber auch nicht, immer nur die unendliche Güte Gottes zu zitieren und ansonsten den Menschen rechtes, soziales Verhalten anzuempfehlen. *Es geht um das Heil der Seele, um ihre Bekehrung und Rettung für die Ewigkeit.* Da heißt es: dem Feind nüchtern ins Auge sehen, nichts beschönigen, nichts verdrängen oder zudecken, sondern mit Ernst und Verantwortungsbewusstsein zu unterweisen, zu mahnen, ja auch aufzurütteln.

Die Schar der heilungs- und befreiungsbedürftigen Menschen wird in Zukunft so groß werden, dass die Hirten eiligst Maßnahmen ergreifen sollten, diese Flut zu bewältigen und sie vor allem nicht gottlosen „Therapeuten" zu überlassen. Man denke nur an die vielen Tausende missbrauchter und geschändeter Kinder und Jugendlicher! Bei diesen wirklich teuflischen Abscheulichkeiten stockt jedem mitfühlenden Menschen das Herz! Wie viele dieser Kinder und Jugendliche werden ein Leben lang zum „Pflegefall"! Jesus hat gesagt: „Lasset die Kinder zu Mir kommen!" Die Katholische Kirche muss wieder zu diesem Jesus werden, damit das Vertrauen der Kinder wiedergewonnen wird; damit sie kommen, um sich von diesem Jesus heilen zu lassen!

Die tiefste Wunde ihres Herzens

An dieser Stelle möchte ich die tragische Geschichte von Jutta einfügen. Sie war etwa 21, als ich sie kennen lernte, und hatte meines Wissens schon einen Selbstmordversuch unternommen. Ich stand mit ihr in einer lockeren Gesprächsverbindung. Eines Tages hatte sie sich mit dem Messer am Daumenballen verletzt (ich weiß nicht, ob mit oder ohne Absicht) und sie trug einen Verband an der Hand. Aber die Wunde wollte nicht verheilen, sie begann nach Wochen zu eitern und musste aufgeschnitten werden. Sie reichte nun bis ins Handgelenk hinein. Einige Wochen schien es dann gut zu gehen, da

Zeugnis von eigenen Erfahrungen mit Heilung/Befreiung

begann sie erneut zu eitern, den halben Unterarm entlang. Jutta wurde stationär behandelt und ich besuchte sie einige Male. Solange das Gespräch an der Oberfläche blieb, schien sie aufgeschlossen; aber es war unmöglich, ihr irgendwie näher zu kommen. Ihr Verhalten wurde dann steif und ihr Blick wich aus. Er war irgendwie falsch. - Die Eiterungen gingen weiter, bis hinauf zu den Achseln. Jutta war nun häufiger im Krankenhaus als draußen. Später ging es an den Fußknöcheln los, das Bein hinauf. Mir war schon längst klar geworden, dass die Ursache dieses Leidens eine ganz andere sein musste. Auch die Ärzte sprachen von psychosomatischen Symptomen. Darauf angesprochen, wich sie wie immer aus. - Mittlerweile hatte sich ein Kapuzinerpater um sie angenommen. Er nahm die Sache sehr ernst und mit Feuereifer bemühte er sich um Juttas Heilung und Befreiung: durch Gespräche, Gebete, Segnungen, persönliches Fasten u.a. mehr. Der Eifer mochte Jutta vielleicht gefallen, aber das „Feuer" scheute sie. Es ging dem Pater nicht anders als mir: Jutta „machte zu", sobald sich jemand der tiefsten Wunde ihres Herzens näherte. Durch eine Indiskretion hatten wir nämlich den wahren Grund ihres Leidens erfahren: Jutta war im jugendlichen Alter von ca. 16 Jahren vom Freund ihres Vaters missbraucht worden. Als sie daraufhin schwanger wurde, drängten die beiden Männer das Mädchen zur Abtreibung. Vielleicht wurde ihr auch gedroht, dass sie unter keinen Umständen irgendjemand davon erzählen dürfe. Sie hat es nicht getan, aber ihr Körper musste die Not hinausschreien.

Ich begegnete ihr noch einmal an einem kalten Wintermorgen. Als ich ihr die Hand gab, zitterte sie am ganzen Körper. Schweißperlen liefen ihr den Hals hinunter. Sie war den Tränen nahe, als ich ihr sagte, dass ich jeden Tag für sie bete. Wie schon oft bot ich ihr auch dieses Mal ein

Gespräch an, wenn sie das wolle. Wie immer wich sie auch dieses Mal aus. Wir verabschiedeten uns. Einige Wochen später nahm sie sich das Leben. Die Nachricht von ihrem Tod empfand ich wie einen lauten, dringenden Appell des Herrn, keine Zeit mehr zu verlieren mit dem Beginn des Werkes der Heilung und Befreiung. Sollte Gott gerade deswegen diesen Tod zugelassen haben? Das würde allerdings bedeuten, von nun an schuldig zu werden, wenn wir weiterhin zögern und warten. Heute, nach mehr als 10 Jahren, ist es soweit, diese Schuld einzulösen und offen dazu aufzurufen, die Gefangenen zu befreien, die Kranken zu heilen, die Dämonen auszutreiben, die Toten aufzuwecken. Aber wer hört das schon?

Sprechen in einer ganz fremden Sprache

Eines Tages vertraute mir eine Frau Folgendes an: „Ich weiß nicht mehr ein noch aus. Meine Tochter Karin hat ganz seltsame Zustände. Sie lacht manchmal auf ganz abscheuliche Weise, hat dann eine ganz fremde Stimme, spricht in einer fremden Sprache (arabisch meint sie). Oft wirft es sie im Bett einen halben Meter hoch. Auch habe ich hin und wieder einen furchtbaren Gestank verspürt. Ihre 4 Kinder (Karin ist geschieden und 3 Kinder haben jeweils andere Väter) haben schreckliche Angst. Auch gekratzt und geschlagen wird Karin. Sie traut sich niemandem etwas zu sagen aus Angst, für verrückt gehalten zu werden. Da bin ich selbst zu einem Kapuziner gegangen und habe ihm alles erzählt. Aber der sagte nur, da sei er nicht zuständig. - „Bitte helfen Sie mir, ich kann ja niemandem mehr vertrauen!" Ich versprach ihr - außer dem Gebet - einmal mit dem Pfarrer zu reden. Das tat ich und

fand in ihm einen zwar völlig unerfahrenen, aber doch aufgeschlossenen Seelsorger. Er nahm das Anliegen ernst und wollte auch mit dem Bischof darüber sprechen. Zudem schlug er vor, die Frau sollte doch einmal zum Gespräch zu ihm kommen. -
 Geschehen ist gar nichts! Die Frau ist auch nicht zum Pfarrer gegangen. Hätte nicht der Hirte dem in die Irre gegangenen, verletzten Schaf nachgehen müssen?! [1]

In der Sicht eines Pfarrers ist es ja verständlich, wenn er sich nicht in ein so heikles Thema vertiefen und einarbeiten will. Zu voll ist sein Terminkalender, zu viel Zeit rauben die vielen bürokratischen Zwänge, zu viele pfarrliche Aktionen wie Bildungsveranstaltungen, Feste, Sitzungen und nochmal Feste müssen geplant, organisiert und realisiert werden. Bei den Bischöfen sieht es nicht viel anders aus. Haben die Geweihten vergessen, dass sie nicht kirchliche Funktionäre, sondern in erster Linie Priester und Seelsorger sind? Wenn sie den Auftrag zu heilen und zu befreien vernachlässigen, ist es nicht verwunderlich, wenn „Laien" aus einem tiefen Gefühl von Verantwortung und Barmherzigkeit heraus diesen Auftrag zu erfüllen suchen, gleichsam einen Notdienst einrichten.

In der Psychiatrie gelandet

Barbara war offensichtlich stark umsessen und war – wie sollte es auch anders sein – in der Psychiatrie gelandet. Ein Gebetskreis begann eine Novene für sie zu beten. Ich selbst ließ mir von einem Domherren die Erlaubnis geben,

---
[1] vgl. Seite 33: Angler - Fischer

den (kleinen) Exorzismus als Novene für sie zu beten, zusammen mit einem befreundeten Theologiestudenten, der ebenfalls sehr offen für Heilung/Befreiung war. Wäre es nicht die vordringliche Aufgabe jenes Domherrn gewesen, selbst den Exorzismus in Vollmacht zu beten, anstatt dies Laien zu überlassen? Besagter Domherr hörte mir zwar immer aufmerksam zu, wenn ich ihm von solchen Fällen erzählte, aber wie schon früher erwähnt, meinte er, er habe keinen Bezug zu diesem Thema; es laufe ihm nur kalt den Rücken hinunter. Erst kurz vor seinem Tod begriff er endlich – aufgrund eigener Erfahrung mit einem solchen Fall – dass es dringend notwendig sei, in diesem Bereich etwas zu unternehmen. Aber er kam nicht mehr dazu.

Belastet durch ein trauriges und zerstörtes Leben

Es war vor ein paar Jahrzehnten. Eine Studentin spricht mich an und fragt, ob sie einen Rat von mir bekommen könne. Es folgen längere Gespräche, in denen Susanne die tiefen Nöte ihres Lebens beschreibt. „Ich bin jetzt an einem Punkt angekommen, an dem ich in schwarze Hoffnungslosigkeit versinke", sagt sie. Ihre Situation: Susanne ist bei einer sehr strengen Mutter aufgewachsen, von der sie kaum warmherzige Liebe und Zuwendung erfahren durfte. Sie musste lange Jahre teilweise hasserfüllte Ablehnung, aggressive Schelte und verbale Verfluchungen hinnehmen.

Nach Beginn eines Studiums stellen sich schwerste Depressionen ein, massive Versuchungen zur Selbsttötung,

Schlaflosigkeit, Ausbrüche tiefer Verzweiflung. In ihrer Not nimmt sie Angebote von obskuren „Geistheilern" in Anspruch. Doch da gibt es kaum Hilfen. In diesem Zustand wird sie das Studium kaum schaffen können. Ich rate ihr dringend, sofort einen psychiatrischen Facharzt aufzusuchen. Dort erhält sie Psychopharmaka verschrieben, was sich unter anderem so auswirkt, dass sie bei ihren weiteren Besuchen in meinem Arbeitszimmer einen gedämpften und ruhig gestellten Eindruck macht. Ihre Augen sind nicht mehr lebhaft und haben einen stumpfen Ausdruck. „Meine inneren Probleme sind zwar nicht behoben", sagt sie, „aber ich kann damit leben."

Für ganz dringende Notfälle gebe ich ihr meine private Telefonnummer. Eines Nachts läutet das Telefon. Es ist Susanne. „Ich habe unheimliche Angst", schreit sie auf. Ich habe das Gefühl, von etwas Fürchterlichem, Teuflischem bedroht zu werden. Ich will beten, aber es gelingt mir nicht. Ich lehne mich und meinen Körper ab. Jetzt habe ich mir Schnitte in den Arm gemacht. Es blutet. Bitte sprechen Sie mit mir, damit ich aus meiner Angst heraus komme!" Nach längerem beruhigenden Zureden löst sich die Angst. Die Schnitte stellen sich zum Glück als nicht schwerwiegende Verletzungen heraus.

Einige Zeit höre ich nichts mehr von Susanne. Gelegentlich schreibt sie mir einen Brief. In einem davon beklagt sie sich, dass sie an ihrer Arbeitsstelle von ihrem Chef belästigt wird. Sie kommt in stationäre Behandlung. Doch auch nach Monaten hat sich am Kern ihres Leidens nicht viel geändert. Damals fehlte mir noch das notwendige Wissen. Heute ist mir klar, dass sie dringend priesterlich gestützte Hilfe benötigt hätte. Vor allem ernst gemeinte Verfluchungen durch die eigene Mutter ziehen sehr oft bösartige Dämonisierungen und rein medizinisch nicht heilbare Krankheitsbelastungen nach sich.

Ich verliere Susanne zwei Jahrzehnte lang aus den Augen. Vor einiger Zeit begegne ich in einer Stadt auf der Straße einer Frau, die mir durch ihr stark zerfurchtes Gesicht, ihren stumpf-depressiven Blick und eine Haltung auffällt, die eine Mischung aus Angst und Aggressivität bestimmt. Blitzartig erkenne ich sie: Susanne. Ich will sie ansprechen, doch sie scheint mich nicht wahrzunehmen oder will keinen Kontakt. Der belastende Eindruck, dass Susanne ein armes, trauriges und zerstörtes Leben mit sich umherschleppt, lässt mich bis heute nicht mehr los. Wo hätte es eine Anlaufstelle für religiöse Hilfe gegeben, wo einen Priester, der im Vertrauen auf die Vollmacht und den Auftrag Christi jene Chance der Heilung geschenkt hätte, die in einem solchen Fall unabdingbar ist?

Er war sehr fromm und wollte Priester werden

Am Schluss meiner Zeugnisse möchte ich noch ein Beispiel anführen, das in ganz besonderer Weise die Not und die Dringlichkeit des Komplexes der Heilung/Befreiung aufzeigt:

Seit einiger Zeit war mir in der Hl. Messe ein junger Mann aufgefallen, der einen sehr frommen, doch zeitweilig verstörten Eindruck machte. Ein starker innerer Impuls gebot mir eines Tages nach der Hl. Messe ihn anzusprechen. „Sie brauchen Hilfe!" sagte ich zu ihm. Er schaute mich betroffen an, dann brach es heraus aus ihm. Noch in der Kirche, die mittlerweile leer war, vertraute er mir sein Elend an, seine Ängste und Skrupel, vor allem die dämonischen Belästigungen und seine Verzweiflung darüber. Er wollte Priester werden, aber dieses Ziel schien ihm durch seinen seelischen Zustand in immer weitere Fernen zu rücken, was seine Trostlosigkeit noch vermehrte. „Wenn Sie jetzt nicht gekommen wären, hätte ich mir das Leben genommen!" - Ich war erschüttert.

In der folgenden Zeit gab es viele Gespräche mit Siegfried, die seinen Zustand noch mehr erhellten, aber auch einen Blick freigaben in eine so tiefe und echte Spiritualität, wie ich sie noch selten bei einem Menschen erlebt habe. Ich spürte immer mehr: Dieser Mann *ist* berufen! Aber daneben gab es diese merkwürdigen Ausfälle. Mittlerweile beteten wir zusammen, teils allein, teils mit einem Priester, der in das Geschehen eingeweiht war. Es konnte vorkommen, dass Siegfried mitten im Gebet plötzlich ordinär wurde und den Herrn anschrie. Ein andermal packte er meine Hand und forderte fast drohend: „Heilen Sie mich! Ich weiß, Sie können mich heilen!" Ich merkte sehr genau, dass nicht er selbst sprach. Ganz ruhig sagte ich, dass nur Jesus ihn heilen könne und dass ich um seine Heilung und Befreiung beten wolle. Er ließ mein Gebet zu und begann mittendrin heftig zu weinen und zu schluchzen. Es war zum Erbarmen. Auch nach den Heilungs- und Befreiungsgebeten des genannten Priesters wurde es nicht besser.

Wir baten den Bischof um eine Audienz und trugen ihm diese Angelegenheit vor. Er schickte Siegfried und mich zu einem Ordenspriester, der sein Vertrauen genoss, um die Vorkommnisse und wohl auch unsere Person prüfen zu lassen. Also fuhren wir zu dem uns benannten Kloster. Mir war ein wenig bange davor, mit einem völlig fremden Priester so schwerwiegende Dinge zu besprechen, doch P. Fridolin erwies sich als ein sehr verständnisvoller, gütiger, aber auch sehr nüchterner Mensch. Den ganzen Tag über fanden abwechselnd Gespräche mit mir oder mit Siegfried statt, dann auch wieder gemeinsam. In der Mittagspause machte ich mit Siegfried einen kleinen Spaziergang. Es ging ihm nicht besonders gut. Unser Weg führte an einem großen Wegkreuz vorbei. Da begann Siegfried plötzlich ganz wild zu lästern und zu beleidigen. Seine Augen funkelten böse, und er stieß die geballten Fäuste dem Herrn am Kreuz entgegen. Dann begann er abwechselnd die Gottesmutter und mich mit den übelsten Ausdrücken zu beschimpfen. Auf dem Höhepunkt der Lästerung schrie er: „Ich bin der Höchste, ich bin Gott!" Das war nicht mehr Siegfried, das war der Andere.

Aber auch ich war nun nicht mehr ich. Ich fühlte etwas wie eine weite, gläserne, jedoch unzerbrechliche Glocke um mich herum. Ich war völlig ruhig (obwohl S. mir gedroht hatte, mich umzubringen) und sagte zu ihm bzw. zu dem, der aus ihm sprach: „Ich weiß, wer du bist. Gib dich offen zu erkennen!" Darauf er: „Ich bin der Teufel, ich bin Gott!" Ich befahl: „Ich gebiete dir im Namen Jesu Christi und anstelle des Beichtvaters von Siegfried, von diesem abzulassen. Er gehört Christus. Du hast keinen Anteil an ihm. - Wer ist der Sieger, du oder Er?" Dabei zeigte ich auf das Kreuz. In diesem Augenblick sank Siegfried in sich zusammen und (ganz klein und wieder er selbst) sagte er: „Er!" und schaute betroffen zum Kreuz. Nun wurde ihm offensichtlich bewusst, was er getan hatte, und Hoffnungslosigkeit und Beschämung überwältigten ihn. Er wollte nicht mehr zum Gespräch mit P. Fridolin gehen, sondern fortlaufen. Da befahl ich ihm, abermals anstelle seines Beichtvaters, zu gehorchen und das Gespräch fortzusetzen. Da ging er mit.

Im Einzelgespräch erzählte ich P. Fridolin von dem Vorgefallenen. Er war darüber nicht verwundert, sondern sagte lächelnd: „Ich weiß!" Er erklärte mir daraufhin, dass Siegfried stark umsessen sei und Exorzismus brauche, etwa ein halbes Jahr lang. Zum Abschied gab er mir einen Brief für den Bischof mit, in welchem er diesen aufforderte, die entsprechenden Maßnahmen zu veranlassen.

Auf der Rückfahrt war Siegfried total erschöpft, er schlief fast die ganze Zeit im Auto. Später bekannte er mir, er hätte mich wirklich umbringen wollen, aber er hätte so etwas wie eine Glocke (!) oder einen Mantel um mich gespürt; er hätte gewusst, das sei die Muttergottes gewesen, so dass er mir nichts hätte antun können.

Die Maßnahmen, die P. Fridolin dem Bischof so dringend anempfahl, sind leider nie ergriffen worden. Der „Skandal" von Klingenberg und die Medien bzw. die Angst vor ihnen, das waren die Mauern, die der Bischof nicht überspringen konnte. – Solche Mauern kann man auch nur mit Gott überspringen. -

Siegfried litt weiter. Er schloss sein Studium ab, ergriff dann aber einen ganz anderen Beruf, den er mehr als 10 Jahre ausübte. Ich hatte auch keinen weiteren Kontakt mehr zu ihm. Nur einmal, das war einige Jahre später, kam es zu einem Telefongespräch, bei dem ich ihm sagte, ich sei immer noch davon überzeugt, dass er zum Priester berufen sei. Da weinte er und sagte: „Ja, aber ich kann nicht!"

15 Jahre nach den geschilderten Ereignissen wurde er dennoch zum Priester geweiht, in einem anderen Land, von einem Bischof, der sich wohl sehr um ihn angenommen hat und auch seine Qualitäten zu schätzen wusste. Als ich von der bevorstehenden Priesterweihe erfuhr, rief ich voll Freude P. Fridolin an, der zeitweise immer noch in Verbindung mit Siegfried stand. Seine Antwort war ernüchternd: „Solange Siegfried nicht frei ist, kann eine Priesterweihe nicht gutgeheißen werden. Es ist möglich, dass sein Zustand dadurch eher schlechter wird." Leider hatte der Pater recht. Nach einigen Wochen großen Glücks stellten sich bald wieder die alten Bedrängnisse ein. So ist

es bis zum gegenwärtigen Zeitpunkt. Vorläufig bleibt nur die Hoffnung, dass Gebet und Opfer ihm helfen, sein Leiden zu ertragen und durchzuhalten, bis endlich ein Bischof oder Priester seine Vollmacht gebraucht und ihn von seinen Fesseln befreit.

Fragen an die Bischöfe und Priester

Und nun meine Frage an die Bischöfe und Priester: Was hätten sie getan, wenn sie das erlebt hätten, was ich mit Siegfried und all den anderen erlebt habe?! Ich bin nur eine unbedeutende Person und konnte dennoch so viele Erfahrungen sammeln zu Heilung und Befreiung. Ich kann mir nicht vorstellen, dass Bischöfe und Priester, die doch weitaus mehr Menschen kennen lernen, nicht mit derartigen Erfahrungen konfrontiert werden. Und nochmals meine Frage, nun ganz direkt: „Was tun Sie?!"

Ich selbst hatte nie Angst bei meinen Erfahrungen zu Heilung/Befreiung, wenngleich sie durchaus Leiden auch für mich persönlich verursachten: Unverständnis und Beschimpfung, wenn ich, besonders am Anfang, hin und wieder Menschen etwas anvertraute, bei denen ich eigentlich Verständnis erhofft hatte. Zwangsläufig verschloss ich mich. Es blieben nur wenige Menschen, mit denen ich offen über die ganze Problematik sprechen konnte. Ich litt darunter, dass ich die geistige Not und das Elend so vieler Gefangener sehen und hören musste, ja dass es mich ständig umgab, während die anderen offenbar nichts sahen und nichts hörten und deshalb auch nicht erkennen und verstehen konnten. So wie jener Ordenspriester, der einmal zu mir sagte: „Ich bin froh, dass ich die Petra los bin, dass ich nichts mehr mit ihr zu tun habe!" Ich erschrak und fühlte in diesem Augenblick die Last, die er eine Zeit lang mit mir geteilt hatte, schwer auf mich allein herabsinken. Petra ist ein schwerer Fall. Es wurden mehrmals Befreiungsgebete gebetet, aber sie ist bis heute nicht frei. Zwei Priester hatten sich ihrer angenommen, aber irgendwann hatten sie keine Zeit oder keine Lust mehr. Der Ordenspriester mag sein hohes Alter geltend gemacht haben. Der andere ist unbeständig und hat dauernd andere „Verpflichtungen", auf die er sich berufen kann...

Ein Wort zum „Post-Abortion-Syndrom"

Wenn allein in Deutschland *jährlich 100 000 Frauen ein Kind abtreiben lassen* (diese Zahl ist sehr niedrig gegriffen), dann sind das in 10 Jahren schon 1 Million. Wenn die Statistik stimmt, leiden 80 % aller Frauen, die abgetrieben haben, irgendwann am sog. Post-Abortion-Syndrom, das wären in 10 Jahren ca. 800 000 Frauen. Der „Abtreibungsboom" besteht aber schon wesentlich länger als 10 Jahre und hat seinen Gipfel sicher noch nicht erreicht. Was passiert dann mit diesen Millionen Frauen, wenn das PAS-Syndrom sie eingeholt hat? Sie gehen zum Psychiater, der ihnen die Schuldgefühle auszureden versucht, oder im günstigsten Falle die Schuld mit ihnen „aufarbeitet". Nie aber wird er sagen können: „Deine Schuld ist dir vergeben!" Wie es Frauen erge-

big! Glaubt doch an die Verheißungen, die Ich euch gegeben habe: Die Werke, die Mich der VATER gelehrt hat, werdet auch ihr tun! Warum nehmt ihr das Erbe nicht an? Ich möchte euch so gerne beschenken, überschütten mit allen Gaben, die Ich vom VATER habe. Ihr aber zögert und überlegt. Steht auf, es ist höchste Zeit! Blickt euch doch um und seht sie, die euch anschauen mit ihren traurigen Augen ohne Hoffnung, mit ihren stummen Lippen, die Satan verschlossen hat, mit ihren Gesten der Verzweiflung. Öffnet ihnen die Lippen, indem ihr ihnen Meine Liebe schenkt! Verkündet ihnen die Freiheit und die Vergebung! Befreit sie aus ihrem Gefängnis, indem ihr die Vollmacht ausübt, die Ich euch gegeben habe. Ich habe sie euch nicht gegeben, damit ihr darüber diskutiert, sondern damit ihr sie tut, in Meinem Namen! Redet die Wahrheit nicht unter den Tisch, sondern **nennt den Feind furchtlos beim Namen!**

Wenn ihr die Kranken versteckt, können ihre Krankheiten nicht geheilt und die Dämonen nicht ausgetrieben werden. Lasst euch diesen Auftrag nicht zur furchtbaren Verantwortung werden! Wovor habt ihr Angst? Vor den Menschen? Was können sie euch antun? Wohl werden sie euch verachten (sie verachten euch ohnedies, nur zeigen sie es nicht, solange ihr euch still verhaltet); sie werden euch beschimpfen und verleumden (der gute Hirt gibt sein **Leben für die Rettung der Schafe;** könnt ihr diesen Preis bezahlen?); sie werden euch verlachen (das Lachen wird ihnen vergehen, wenn sie sehen, was ihr in Meinem Namen tut!). **Ich bin doch bei euch!** Ich bin der Sieger, auch wenn Ich tief hintersteige in den Schmutz und das Elend der Welt. Folgt Mir auch da hinunter! Ihr seid Meine Getreuen, Ich vertraue euch! Glaubt nur und fürchtet nichts!"

„Ihr Priester, geht nicht vorüber!"

„Ihr, die Ich zu Hirten über Meine Schafe bestellt habe, haltet euch nicht auf mit dem Zählen der Schafe, mit dem Mehren eures Reichtums, sondern kümmert euch um die Schafe. Zieht euch nicht zurück in eure warmen Stuben, um zu warten, bis die Schafe zu euch kommen. Geht hinaus in den stürmischen Tag und geht selbst zu den Schafen. Sucht die Verirrten und folgt den Kranken in ihre schmutzigen Schlupfwinkel. Befreit, die sich in Dornen verfangen oder über Abgründen verstiegen haben. Lasst keines eurer Schafe verloren gehen! Nicht eines!

Ihr Priester, geht nicht vorüber, wenn ihr einen am Weg liegen seht, der unter die Räuber gefallen ist! Denkt nicht: Das ist Sache der Leviten, ich kann mich nicht damit abgeben, denn meine Zeit ist dafür zu kostbar. Wartet erst recht nicht, bis euch der Mann aus Samaria zuvorkommt! Beugt euch vielmehr hernieder und scheut euch nicht, die schrecklichen Wunden zu sehen und zu berühren. Ekelt euch nicht vor dem Schmutz und Elend, und haltet eure Ohren nicht zu, wenn ihr das Stöhnen und Jammern hört. Befreit ihn aus seinen Fesseln, reinigt seine Wunden und gießt heilendes Öl darauf. Verbindet seine Wunden sorgfältig und bringt ihn in Sicherheit. Wenn ihr das tut, werdet ihr immer den nötigen Denar in der Tasche finden. - Das alles erfordert viel Mühsal und Geduld und bringt euch keine Ehre und keinen Erfolg im Sinne der Welt ein. Aber dies ist eure wahre Berufung; dies ist der Funke, der das große Feuer entfacht, von dem Ich so sehnlich wünsche, dass es schon brenne!"

Die Zeit ist da, das Treiben des Feindes zu erkennen!

„*Der Auftrag, den Ich Meinen Jüngern gegeben habe, ist klar und deutlich: Verkündet das Evangelium, heilt Kranke, treibt Dämonen aus, weckt Tote auf! Nicht den Schriftgelehrten und Pharisäern habe Ich diesen Auftrag anvertraut, sondern Fischern, Zöllnern, Sündern. Die von ihnen Mein Wort annahmen wie ein Kind und daran glaubten, konnten **alles** tun, was Ich ihnen sagte. Das ist heute nicht anders. Wenn ihr es nicht tun könnt, liegt es an eurem Unglauben. Ihr könnt die Werke, die Ich euch aufgetragen habe, nur tun, wenn ihr in Meinem Wort bleibt, wenn ihr Mein Wort nicht „umdeutet", verändert, entstellt. - Es ist notwendig, Vollmacht zu erteilen, die Dämonen auszutreiben. Die Zeit ist da! Wer mit Meinen Augen sieht und mit Meinen Ohren hört, wird das Treiben des Feindes erkennen können. Wer in Meinem Wort bleibt, wird die Wahrheit erkennen und durch diese Wahrheit befreit werden und andere befreien können."*

„Vergrabt nicht euere Talente!"

„*..... So wie Ich euch sende, ohne Vorratstasche, ohne jede menschliche Absicherungen, so geht, heilt und befreit Gefangene dort, wo ihr sie antrefft. Zu diesem Dienst sind keine menschlichen Institutionen nötig, nur der unbedingte Glaube an die Kraft Meines Wortes. Wenn ihr sie befreit habt, lasst sie nicht allein. Lasst sie an eurer Liebe genesen und aufblühen! Seid selbst der Ort der Heilung, Brot für die Armen und Verhungernden, Antwort auf die Frage nach der Liebe Gottes.*

Ihr schreibt und lest zahllose Bücher über Heilung und Befreiung. Was aber tut ihr? Vergrabt nicht die Talente, die euch gegeben sind, sondern wuchert mit ihnen! Sonst könnte es sein, dass sie euch genommen werden und denen dazugegeben, die Meinem Wort glauben und sich nicht fürchten vor der Welt."

Heilung und Befreiung: So kann der Weg aussehen

Heilung und Befreiung! Wie kann so etwas geschehen?

Man könnte sich Folgendes vorstellen: ein kleines Team, bestehend aus einem Priester, der seine Vollmacht ausübt, und mehreren Laien für den Gesprächs- und Gebetsdienst. Es wäre gut, wenn ein gläubiger Therapeut, evtl. auch ein Arzt dabei wäre. Ein diskreter Raum ist nötig, möglichst in der Nähe des eucharistischen Herrn.

Zunächst führen Laien die ersten Gespräche mit den Betroffenen und beten, wenn möglich, mit ihnen; bzw. eine Gebetsgruppe betet intensiv in einem anderen Raum oder vor dem Tabernakel, während das Gespräch stattfindet. Vieles kann auf diese Weise schon bereinigt und geheilt werden. Zu schwereren Fällen wird der Psychologe/Therapeut hinzugezogen, der wiederum von der Gebetsgruppe durch intensives Gebet unterstützt wird. In vertrauensvoller Zusammenarbeit mit dem Priester wird sich klären, ob ein Krankheitsfall vorliegt oder ob der Betroffene der Vollmacht des Priesters unterstellt werden muss. Das kleine Team sollte absolut verlässlich sein. Kein Konkurrenz- oder Kompetenzdenken! Alles in der Haltung der Demut vor Gott! Absolute Schweigepflicht gegenüber Außenstehenden! Sollte es im Fall schwerer Umsessenheit oder gar Besessenheit zum Exorzismus kommen, müssen alle zusammenstehen und durch Gebet, Fasten, eucharistische Anbetung Unterstützung leisten, eventuell den Bischof einschalten.

Beim Gebet um Heilung/Befreiung sollten folgende Punkte besonders beachtet werden:

1. Nicht allgemein um Heilung beten, nicht kunterbunt durcheinander, wie es gerade „kommt".

2. Zuerst die Frage: *Willst* du geheilt/befreit werden oder ist das nur ein unverbindlicher Wunsch? Bist du bereit, auch selbst an deiner Heilung/Befreiung mitzuarbeiten? (Gegebenenfalls Gebet um Heilung des Willens!)

3. „Was willst du, dass ich dir tue?" Wovon willst du frei werden? Was muss geheilt werden?

4. Welche Hindernisse bestehen? Erst die Steine wegräumen! Falls nicht bekannt, möge der Herr im Gebet zeigen, welche Steine wegzuräumen sind.

5. In einfachen Fällen mag es vorkommen, dass man gleich auf Anhieb um die *ganze* Heilung beten kann.

Meist wird man aber mehrere oder viele Schritte machen müssen. Beim Gebet um die *ganze* Heilung könnte jemand, der mehrere Schritte braucht, sehr enttäuscht und entmutigt sein, wenn die gewünschte Heilung sich nicht einstellt, wie das bei Heilungs-/Befreiungsdiensten leider immer wieder geschieht.

6. Gebet um Heilung/Befreiung ist keine Spielerei. Man muss bereit sein, unter Umständen für lange Zeit einen Menschen zu begleiten. Er darf nicht allein gelassen werden, sondern soll an unserer Liebe genesen und aufblühen.

7. Der Glaube an die Kraft des Wortes Jesu und die Demut Mariens sind Grundvoraussetzungen für diesen Dienst.

Schluss

Ich komme nun zum Schluss meines Berichtes. Das Buch ist entsiegelt, sein Inhalt ist offen und jedem zugänglich. Noch vieles gäbe es zu sagen, aber die Zeit drängt.[1]

So will ich noch einmal rufen, ja laut schreien, stellvertretend für die vielen, die keine Stimme (mehr) haben. Ich bin einer der Hirtenhunde, die bellend von einem Ende der Herde zur anderen hetzen, um die verschreckten Schafe zurückzutreiben oder den Wölfen abzujagen.

Ich rufe die Hirten. Wo sind sie? Hinter verhockten Schreibtischen? Auf Tagungen? Bei Jubiläen und Feierlichkeiten? Auf Reisen? Oder haben sie sich in den Dunst ihrer Höhlen verkrochen und ziehen die Decke über die Ohren?

---

[1] Das Kursiv-Gedruckte des Schlussteils ist von der Verfasserin geschrieben.

Schluss

Wo seid ihr, ihr Bischöfe, ihr Priester?! Ihr habt von Christus den Auftrag erhalten, die Frohbotschaft in aller Welt zu verkünden und zu erfüllen. Ihr habt den Auftrag erhalten, Kranke zu heilen, Dämonen auszutreiben, Gefangene zu befreien, Tote aufzuwecken. Ihr seid von Gott Berufene, geweihte Priester, nicht Funktionäre und Beamte mit einem gesicherten Gehalt. Ohne Geldbeutel und Vorratstasche, ohne ein zweites Hemd, nur mit Sandalen an den Füßen, so seid ihr ausgesandt. Das Erbe, an dem ihr durch Christus teilhabt, ist nicht Luxus und Überfluss; es ist die Fülle des Reiches Gottes, die ihr mit vollen Händen ausschöpfen und austeilen sollt.

Wenn ihr gute Hirten der Herde Gottes sein wollt, dürft ihr euch nicht damit begnügen, diese nur zu verwalten. Führt sie auf gute Weide und gebietet kraft eurer Vollmacht allen Feinden, die Herde in Frieden zu lassen und zu weichen. Viele treue Hirtenhunde stehen euch zur Seite. Ärgert euch nicht über ihr „Gebell", sondern erkennt darin die Bereitschaft, es den Hirten gleichzutun und ihr Leben für die Schafe zu geben.

**Habt Mut und verlasst
den trügerischen Weg der Welt!**

**Folgt Dem nach, der allein Weg,
Wahrheit und Leben ist!**

**Fürchtet euch nicht,
denn Er ist allezeit mit euch!**

Teil III

Univ.-Prof. Dr. Reinhold Ortner

1.
Führe Mein Volk aus der brennenden Stadt

2.
Führe mein Volk in das brennende Herz Gottes

Vorwort des Herausgebers (für Teil III)

Der dritte Teil der in diesem Buch zusammengefassten Trilogie stellt eine geradezu dramatische Steigerung der in den ersten beiden Teilen beschriebenen Verstrickungen ungezählter Menschen in Gottlosigkeit, liberal-egozentrische Sündhaftigkeit, religiöse Gleichgültigkeit und Verächtlichmachung des Glaubens dar. Im ersten größeren Abschnitt dieses dritten Teiles werden wir – gewissermaßen eine letzte dringende Warnung – visionär und mit bildhaften Gleichnissen in eine "brennende Stadt" geführt, in der es bei den Menschen "um Leben und Tod" geht.

"Was habt ihr getan?", so beginnt es mit der schmerzerfüllten Anklage Christi. "Ihr habt den Weg, die Wahrheit und das Leben verlassen!" In den brennenden Häusern dieser symbolischen Stadt finden sich Menschen, die sich dem atheistischen Sog freier Selbstbestimmung in einem sündhaften Leben überlassen und hingeben. Da gibt es ein Haus "des Götzen 'Ich'" und ein "Haus der Abtreibung und Kindestötung". Es finden sich beispielsweise Menschen mit "Fernseh-Süchtigkeit", "ungezügelten Begierden", "Scham zerstörender Kleidung", "Unmoral" und "Blasphemie". Die Kathedrale der Stadt (die Katholische Kirche versinnbildlichend) steht kurz vor einem Feuersturm. Da gibt es leere Beichtstühle und einen "zähen, trüben Brei von Gleichgültigkeit, Trägheit und Schmutz". Die Menschen der brennenden Stadt verharren in ihrer Lethargie sündhafter Gewohnheit und leben in Unkenntnis oder Gleichgültigkeit dem tödlichen Feuersturm gegenüber, der im Begriff ist, die gesamte Stadt zu erfassen.

Der Seherin werden sowohl Bitten, Bedingungen und Möglichkeiten eines "Ausbrechens" aus dem existenziell tödlichen und abgestumpften Dahinleben mitgeteilt wie auch der von der Barmherzigkeit, Liebe und Gerechtigkeit Gottes getragene Rettungsauftrag: **"Führe Mein Volk aus der brennenden Stadt"** und **"Führe Mein Volk in das brennende Herz Gottes!"** – ein Angebot, das jetzt alle Menschen guten Willens wahrnehmen sollen. Die Seherin – stellvertretend und beispielhaft für uns – nimmt diesen Auftrag an und schildert wiederum in anschaulich dramatischen Szenen ihren Versuch, die Menschen der brennenden Stadt dem Herzen Gottes zuzuführen, indem sie "Lichter und Wegweiser an den Weg stellt". Daraufhin gibt Gott liebende Tröstung: **"Glaube nur und vertraue! Der Auftrag ist Weg, nicht Ziel; er findet erst in der Ewigkeit seine Vollendung... Unversehens werdet ihr am Ziel angelangt sein und euere Freude wird groß sein!"**

Die Zeit drängt. Daher müssen wir unserem Bewusstsein, Denken und Fühlen die todernste Mahnung einprägen: **Wir stehen schon inmitten des "Frontalangriffs aus der Hölle".** Jetzt heißt es "stark und mutig sein, treu und standhaft bleiben".

Reinhold Ortner

Alles zur größeren Ehre der Heiligsten Dreifaltigkeit!

1.

Führe Mein Volk aus der brennenden Stadt!

Der Herr führte mich an einen einsamen Ort. Dort zeigte Er mir die brennende Stadt. Alles war voll Ruß und Rauch, überall brannte es. Geschrei war zu hören und Lärm von zusammenstürzenden Gebäuden. Ich fand kaum Luft zum Atmen und große Finsternis herrschte. Da sprach der Herr zu mir: „Siehe die brennende Stadt! Wehe den Brandstiftern, wenn sie sich vor Gericht verantworten müssen! Die Stadt wurde ihnen anvertraut, sie zu hüten und zu bewahren; sie aber haben sich verführen lassen von den Verlockungen Meines Widersachers. Stolz und Hochmut kamen über sie und verdunkelten das Licht der Erkenntnis. Mit ihrer eigenen kleinen Funzel wollten sie die Stadt beleuchten und merkten nicht, dass sie diese dabei in Brand steckten."

Was habt ihr getan?

Was habt ihr getan? Ihr habt den Weg, die Wahrheit und das Leben verlassen! Ich bin der Weg, die Wahrheit und das Leben! Den Weg habt ihr umgeleitet, sodass er in die Irre führt, ihr habt ihn zugepflastert mit euren Lügen, so dass die Wahrheit nicht mehr zu erkennen war. Ihr versucht das Leben, den Lebendigen, herunterzuziehen in eure kleine

Armseligkeit und Ihn nach eurem Bilde neu zu schaffen. Ihr verkündet den Menschen das Heil überall, nur nicht dort, wo es zu finden ist: im Kreuz. Ihr leugnet das Kreuz und glaubt nicht an die Auferstehung. Das Heiligste, das euch gegeben ist, aus dem Innersten Meines Herzens, lasst ihr verkommen zu einem manchmal geradezu gotteslästerlichen Kult, mit dem ihr die Massen anlockt, um damit eure innere Verwesung zu übertünchen. Ich bin das Wort, das im Anfang war. Dieses Wort habt ihr ersetzt durch eine Flut von Wörtern, die eurer inneren Hohlheit und Aufgeblasenheit entspringen. Ihr habt zur Wissenschaft gemacht was allein im Glauben zu erkennen ist. Ihr seid keine Hirten, nicht einmal Mietlinge. Wie Wölfe seid ihr in Meine Herde eingedrungen und habt diese auseinander getrieben und versprengt. Ich werde kommen und Mich selbst um Meine Herde kümmern. –

Die Stadt auf dem Berge, Meine Gründung, Mein Reich, ihr habt es in Brand gesteckt und prahlt auch noch damit, weil ihr die Flammen für das Licht eurer „Neuen Zeit" haltet und ausgebt. - Jetzt werde Ich Boten aussenden, Mein Volk zu retten."

Er wandte Sich mir zu und sagte: „Führe Mein Volk aus der brennenden Stadt!" Darauf gab Er mir einen Engel zur Seite; der nahm mich bei der Hand und begann, mich durch die brennende Stadt zu führen.

Das Haus des Götzen "Ich"

Gleich am Eingang der Stadt kamen wir zu einem großen, schönen Haus. Es schien noch unversehrt. Es war hell erleuchtet und fromme Gesänge und Gebete erklangen aus seinem Inneren. Aber niemand kam aus dem Haus heraus. Es war fest verschlossen. Der Engel sagte:

„Das sind die, die nicht von der Welt sind, aber auch nicht in ihr leben wollen. Sie sind enttäuscht von der Welt und schaffen sich eine heile Welt in ihrer eigenen Frömmigkeit. Ihre Lampen brennen nur so lange, bis der Sauerstoff verbraucht ist. Wenn sie dann nicht die Fenster öffnen und herauskommen, werden auch sie ersticken."
Darauf durfte ich einen Blick in das Innere des Hauses tun. Ich sah einen jungen Mann in der Kirche knien, die Hände zum Gebet erhoben, das Gesicht ernst und starr zum Altar gerichtet. Er wirkte sehr diszipliniert, kein Makel war an seiner Körperhaltung zu entdecken. Neben ihm kniete sein kleiner Sohn, der etwa 11 Jahre alt war. Nach einiger Zeit wurde dieser unruhig und wollte die Gebetszeit beenden. Der Vater reagierte mit keiner Miene oder Geste auf die schüchternen Bitten seines Sohnes, welcher es nicht mehr wagte, seinen Vater beim Gebet zu stören und verzweifelt weiter kniete. Dann sah ich den Sohn 17- oder 18-jährig, wie er sich voller Abscheu und Widerwillen von allem Religiösen und Kirchlichen abwandte.

*

Ich sah viele Frauen, jüngere und ältere, deren Lebenstraum sich nicht erfüllt hatte, die enttäuscht waren vom Leben, vom Ehemann, von den Menschen insgesamt. Sie wollten nicht mehr kämpfen und hatten sich in dieses Haus mit den dicken Mauern zurückgezogen. Hier hatten sie ihre Ruhe, hier waren sie allein mit ihrem Heiland, den sie als Ersatz für die entgangenen Freuden des Lebens gefunden hatten. Dieser „Heiland" ließ ja auch alles mit sich machen. Er hatte offensichtlich großes Gefallen an ihren unentwegten Gebeten und Bezeugungen ihrer Unterwürfigkeit und Demut. Manche ihrer äußerlichen Gebets- und Hingabeformen erregten geradezu Abscheu und grenzten an Exhibitionismus. Aber ihr „Heiland" erwartete das von ihnen. Es lag ihm ferne, sie zu beunruhigen mit der Mahnung, dass es auch eine Keuschheit des Gebetes gebe! Er sagte ihnen Gott sei Dank auch nicht, wie viel Not und Elend es auf den Straßen da draußen gebe. Vor allem war er darauf bedacht, dass ja kein Fenster geöffnet wurde und niemand in die böse Welt zurückkehre. –

So sind all die Menschen in diesem Haus zufrieden und verzehren die Talente, die ihnen gegeben sind, genüsslich selbst auf. Und der Mief wird immer dicker und die Lampen brennen immer kleiner. Werden sie rechtzeitig aufwachen und die Fenster aufreißen, um die frische Luft des Hl. Geistes herein zu lassen? Werden sie noch rechtzeitig das Wort hören, das der Herr an sie richtet? „Ich teile Mein Erbe nicht mit Sklaven. Ihr seid frei, befreit durch das Blut, das Ich für euch vergossen habe. Und doch ist euer Verhalten oft das Verhalten von Sklaven. Ihr denkt wie Sklaven, ihr redet wie Sklaven und ihr handelt wie Sklaven. Deshalb könnt ihr auch das Erbe nicht annehmen; denn ihr seid voller knechtischer Unterwerfung und nennt das Ehrfurcht. Ihr unterzieht euch einer Menge von Gebetsübungen und meint, Mich damit zufriedenzustellen. Ihr stellt euch nur selbst zufrieden und begreift nicht, dass ein einziges Wort der Liebe genügt, um in eine echte Haltung des Gebetes zu gelangen. Ihr tut eine Menge „guter Werke", aber ihr tut nicht, was Ich euch aufgetragen habe. Für all eure Leistung erwartet ihr den Lohn, den Knechte und Sklaven erhalten. Wahrlich, ihr habt ihn bereits!"

Gerne hätte ich noch mehr in diesem seltsamen Haus gesehen, aber der Engel mahnte zum Weitergehen und sagte: „Diese hier kannst du nicht retten. Sie haben sich an sich selbst verloren. Es sind die, zu denen der Herr sagen wird: Ich kenne euch nicht. Sie werden Ihm ihre Gebete vorrechnen und Ihm sagen, dass sie doch mit Ihm an Seinem Tisch gegessen haben. Er aber wird noch einmal sagen: Ich kenne euch nicht." Ich erschrak sehr und fragte den Engel: „Gibt es denn gar keine Rettung für sie?" Er antwortete: „Bei Gott ist möglich, was nach menschlichem Ermessen unmöglich scheint. Sie brauchen viel Gebet. Vielleicht werden ihnen dann die Augen geöffnet, sodass sie den falschen Ich-Götzen erkennen können und sich dem wahren, lebendigen Gott zuwenden."

Die Straße der Menschenwürde

Der Engel führte mich weiter. Wir kamen in eine Straße, die den Namen „Menschenwürde" trug. Es muss einmal eine schöne Straße gewesen sein, breit, gerade und lang. Aber nun war sie übersät mit knöcheltiefem Unrat. Und in diesem Unrat lagen – Menschen, alle mit zertretenem Antlitz. Sie waren wie tot, aber sie waren nicht tot. Fragend schaute ich zum Engel auf. Der deutete auf ein Haus zur Linken. Darauf stand mit großen Buchstaben geschrieben: Abtreibung / Kindestötung.

Haus der Abtreibung und Kindestötung

Es war ein riesiges Haus, mit mehreren Stockwerken und vielen kleinen Fenstern. Unzählige Kindergesichtchen drängten sich an den Fenstern, um einen Blick auf das gegenüberliegende Haus zu richten. Dort sind ihre Mütter, nach denen sie rufen und weinen und die sie nicht kennen.

Ein herzzerreißendes Weinen war das, fast nicht zu ertragen! Das Haus brennt, aber es verbrennt nicht. Eine Stimme spricht: „Die Kinder sind gerettet, aber noch nicht erlöst."

Das Haus gegenüber sieht auf den ersten Blick intakt aus. Aber ganz im Inneren wütet eine verheerende Feuersbrunst. Sämtliche Gänge und Treppen sind voll Rauch und Feuer, teilweise schon zusammengestürzt. Die Fenster sind vergittert. Die Mütter und Väter sind in den Zimmern eingeschlossen. Doch sie scheinen die Gefahr gar nicht wahrzunehmen. Wie ihre Kinder, welche sie abgetrieben oder misshandelt, missbraucht und dann getötet haben, drängen auch sie an die Fenster, um drüben vielleicht ihr Kind zu entdecken. Ihre Sehnsucht und ihr Schmerz sind groß, ebenso aber auch ihre Angst, ihrem Kind in die Augen blicken zu müssen. Tiefe Verzweiflung erfasst sie, aus der sie niemand befreien kann; denn wie die Fenster vergittert sind, so ist auch ihr Herz vergittert, damit die Schuld und die damit verbundene Qual nicht offenbar wird. –

Schon viele haben versucht, diese Gitter aufzubrechen, um die Mütter und die Väter zu befreien: Ärzte, Psychologen, auch andere wohlmeinende Menschen, auch Scharlatane; es ist ihnen nicht gelungen. Nur mit Schneidbrennern der Liebe und des Erbarmens sind die Gitter zu öffnen. Die Entscheidung für den Schritt bzw. den Sprung in die Freiheit muss allerdings von jedem einzelnen selbst getroffen werden.

Menschen mit "weißer Weste"

Wir gehen weiter auf der Straße mit den vielen schönen Häusern, in welchen einst jene lebten, die jetzt mit zertretenen Gesichtern auf der Straße liegen: Kranke, Behinderte, Alte, Verarmte, Obdachlose und viele andere. Ihre Häuser haben jene in Besitz genommen, welche die Menschenwürde wie eine unbequeme Last abschüttelten. „Wer sind diese?", fragte ich meinen Begleiter. „Das sind die, welche die Gesetze machen, um Menschen zu töten: ungewollte Kinder, vor allem behinderte, die nur eine Last sind; alte, kranke Menschen, die schon zu lange gelebt haben und der Gesellschaft und dem Staat zu hohe Kosten verursachen. Da sie keinen Nutzen mehr erbringen, will man sie in einen 'schönen Tod' schicken. In diesen Häusern sitzen aber auch alle, die mithelfen, diese Gesetze zu vollstrecken, sei es mit Worten oder mit Taten. Wer einer Frau zuredet, ihr Kind abtreiben zu lassen, ist genauso schuldig wie der bestimmende Gesetzgeber oder der ausführende Arzt. - Auch siehst du viele Menschen mit weißer Weste in diesen Häusern. Sie kennen nur das Wort 'Recht und Gesetz', nicht aber das Wort Barmherzigkeit, das vielen Verarmten und Obdachlosen ihr menschenunwürdiges Schicksal erspart hätte. Das Gericht wird erbarmungslos sein gegen diese, die kein Erbarmen gezeigt haben!" -

Ratlos schaue ich auf den Engel, da ich nicht weiß, wie man diese Menschen vor dem Feuer des Gerichtes bewahren kann. „Sie müssen hindurch!" höre ich; und weiter: „Deine Aufgabe ist es, sie zu rufen, wachzurütteln, zu warnen und ihnen die Augen und Ohren zu öffnen. Schreibe die 10 Gebote Gottes auf ihre weißen Westen und an die Wände ihrer geraubten Häuser als ein Menetekel, das sie zur Besinnung bringt. Sie werden in ihren Häusern verbrennen, wenn sie nicht herauskommen auf die Straße zu den zertretenen Gesichtern, um ihnen ihre Würde zurückzugeben."

Traurige Kinderaugen

Wir gehen weiter und kommen an einen großen Platz. Rings um den Platz stehen viele Häuser, alle in hellen Flammen. Einige Namen sind durch den Rauch zu erkennen: Familie, Moral, Vergnügen und Freizeit, Wohlstand, Arbeitswelt. Vielleicht lassen sich beim Näherkommen noch andere erkennen. Die Häuser stehen in Beziehung zueinander; deshalb sind sie eng aneinander gebaut.

Ich verspüre großen Widerwillen, näher an diesen Platz heranzutreten. Vielleicht weil ich weiß, was mich erwartet? Sehr lange hielt ich meine Augen geschlossen. Bin ich nun stark genug zu sehen und zu hören? Hineinzuspringen in dieses Chaos? Der Engel merkt mein Zögern und schiebt mich freundlich an. Nun schaue ich hin auf die unzähligen Familien, die keine Familien mehr sind. Alle Wohnungen sind offen, es ist ein ständiges Kommen und Gehen. Männer und Frauen wechseln die Beziehungen wie ein Hemd. In diesen Wohnungen ist nirgends ein Raum der Geborgenheit, der Ruhe. Jeder und jede ist beschäftigt und rennt herum. Alles ist wichtig und eilig. Man könnte meinen, die Menschen liefen vor etwas davon. Vor sich selbst? Auch wenn sie ihre Wohnungen verlassen, um zu arbeiten, sind sie nicht bei sich selbst. Ihre Gedanken kreisen um das Geld, das nie ausreicht, um alle ihre Bedürfnisse und Ansprüche zu befriedigen. Die Häuser, die sie sich bauen, werden immer größer und die darin wohnen immer weniger. Ein Kind, höchstens zwei, für mehr reicht das Einkommen nicht und nicht die Zeit. Und oft auch die Liebe nicht! Traurige Kinderaugen starren auf einen Berg Spielsachen. Wo sind Eltern, wo Geschwister, die mit ihnen spielen, mit ihnen fröhlich sind und ihnen Zärtlichkeit und Geborgenheit schenken? Mann und Frau leben in einer

Zeit kalter Gleichberechtigung, in der man sich selbst verwirklichen muss. Ist ein Kind nicht gleichberechtigt? Darf es seine Kindheit nicht verwirklichen? Muss es vorzeitig zum Mini-Erwachsenen gezüchtet werden?

Eines dieser Kinder kann ich näher betrachten. Es ist 6 oder 7 Jahre alt, schüchtern, still und brav. Vater und Mutter arbeiten, das Kind geht schon zur Schule. Wenn es heimkommt, steht Essen zum Aufwärmen auf dem Herd. Das Kind ist gut dressiert auf alle Erfordernisse des Alltags. Es wird dafür gelobt und gilt als „klug". Am Abend sind die Eltern bei Freunden eingeladen. Das Kind bleibt allein (da es ja schon so „vernünftig" ist). Am Wochenende wird ausgiebig „gefeiert", da wird das Kind bei den Großeltern oder bei anderen Bekannten deponiert. Einmal läuft es mitten in der Nacht in seiner Angst und Einsamkeit aus dem großen, düsteren Haus davon. Einen Augenblick besinnen sich die Eltern; aber dann läuft alles wieder wie vorher. Natürlich wird das Kind auch „frei" erzogen; d. h. es wird frühestmöglich „aufgeklärt" und selbstverständlich mit der brutalen Nacktheit von Vater und Mutter konfrontiert. Einmal ist das Kind bei Verwandten zu Besuch, für ein paar Tage. Es darf bei den gleichaltrigen Cousinen übernachten. Als es sich zum Schlafengehen ausziehen soll, kriecht es unter die Bettdecke dazu. Die „freie" Erziehung vergewaltigt das natürliche Schamgefühl eines Kindes. Als Frucht entwickelt sich entweder Prüderie oder Hemmungslosigkeit.

Süchtig nach Schmutz und Unrat im Fernsehen

Meine Augen und meine Ohren sind nun auf ein Haus gerichtet, auf dem geschrieben steht: Freizeit, Vergnügen,

Urlaub. Es ist ein sehr großes und sehr lautes Haus mit unzähligen Räumen. Einer der größten Räume ist der Raum des Fernsehens. Eine unzählbare Menge sitzt darin und saugt viele Stunden am Tag die Bilder und Worte ein, die das Fernsehgerät ausspuckt. Die Menschen sind so gebannt, dass sie nicht merken, dass sie nur leeres Stroh in sich hineinfressen, welches sie nicht ernährt, sondern ihren Geschmack und ihren Magen verdirbt. Am Ende sind sie so süchtig geworden nach dem Teufelsgebräu, dass sie jeden Schmutz und Unrat aufnehmen. Wenn Geist und Seele dann verdorben und vergiftet sind, hat der Allverderber leichtes Spiel, sie auch in die anderen Räume dieses Hauses zu führen.

Ungezügelte Begierden

Grauenhafter Lärm peinigt meine Ohren, als wir uns dem nächsten Raum nähern. Hier werden die „Feste" gefeiert, die dem Herrn ein Gräuel sind. Ich sehe die stampfenden, zuckenden Leiber zu grellfarbenen Lichtern „tanzen". Sie sind vollgepumpt mit Alkohol und Drogen, ihre Stimmen sind hart und schrill. Sie kreischen und peitschen gegenseitig ihre ungezügelten Begierden hoch. Irgendwann verschwinden sie dann mit irgendjemand in irgendeiner Absteige, um den Höhepunkt ihres „Vergnügens" zu genießen. Danach wird weitergemacht - bis zum Umfallen. Das Elend am nächsten Tag hält sie nicht davon ab, es am nächsten Wochenende wieder zu tun. Lauter unsterbliche Seelen! Ich sehe Tränen in den Augen meines Engels! Aber wir müssen noch tiefer hinunter in die Hölle des „Vergnügens". Da unten im Keller, das sind die, die in ihrer Gier ganz unersättlich geworden sind, die die Natur in die Widernatur verkehrt haben und sich sogar an Tieren vergreifen, die die eigenen Kinder schänden und missbrauchen und auch noch andere an ihren Scheußlichkeiten teilhaben lassen. Wer kann den Anblick dieser Kinder ertragen!

Scham zerstörende Kleidung

Im nächsten Raum ist ein Gewimmel wie von Tausenden von Ameisen. Hier wird Urlaub gemacht. „Ist denn das etwas Unrechtes?", frage ich meinen Engel. „Das nicht", sagt er, „wenn der Mensch wirklich Erholung sucht von den Mühen und Plagen seines Alltags. Aber sieh einmal näher hin! Kannst du das Erholung nennen, wenn sie Tausende von Kilometern mit ihren Autos durch die Länder brausen, hier ein Stück Kultur mitnehmen und dort ein Stück Historie, hundert Kilometer weiter ein grandioses Naturereignis vernaschen und nebenbei jede Möglichkeit materiellen Konsums wahrnehmen. Wieder zu Hause, können sie dann alles Erworbene wie eine Trophäe zum Fenster hinaushängen. In Wirklichkeit ist alles nur eine andere Form von Habgier. Überdies tragen sie dazu bei, dass die Welt noch schmutziger wird; nicht nur durch ihre Fahrzeuge und ihren Abfall, auch durch Scham zerstörende Kleidung und unsittliches Verhalten. Ganze Länder und Völker wurden so schon verdorben.

Das Haus der Kunst

Ich stehe jetzt vor dem Haus der Kunst. Eigentlich ist es ein Palast, aus warm-rosa schimmerndem Marmor erbaut. Eine breite Treppe führt hinauf zu einer prachtvollen Säulenreihe, die rings um den Palast führt. Wer diese Treppe hinaufsteigt, verlässt die Enge und Banalität des Alltags und betritt eine andere Welt, die Welt der Kunst. Immer wieder schenkt Gott einzelnen Menschen die Gnade, einen Blick in das verloren gegangene Paradies zu werfen und darzustellen, was sie gehört, gesehen, gefühlt haben; freilich bruchstückhaft, denn der Mensch ist ein gebrochenes Wesen, seit die Erbschuld ihn verdorben hat. Und doch ist das, was der Mensch mit trüben Augen, stammelnder Sprache, tauben Ohren und verkrüppelten Händen geschaffen hat, so wunderbar, so erhaben, dass einen wahrhaftig eine Ahnung erfasst von der wirklichen Herrlichkeit des verlorenen Paradieses; vor allem aber eine unaussprechliche Sehnsucht.

Unmoral, Blasphemie, Unglaube als "Kunst"

So war es viele Jahrhunderte lang. Doch dann kam eine andere Zeit. Der Mensch löste sich aus der Bindung an das Göttliche, an Gott; er verlor seine Demut und setzte sich selbst an die Stelle dessen, dem er alles verdankte. Er wollte selbst schaffen. Und was er zustande brachte, war dann auch rein Menschliches: eintönige Striche und Farbkleckse, unförmige, unkenntliche Plastiken, kakophonisches Gedröhn, verworrene Sprachfetzen, vieles davon mit Unrat und Unmoral angefüllt. Aber auch die Kunst, die sich als ernst zu nehmend bezeichnet, bleibt beim rein Menschlichen stehen. Sie erweckt keine Sehnsucht!

Unter solchen Umständen ist es kein Wunder, dass der prachtvolle Palast der Kunst dem verheerenden Feuer nicht standhalten kann. Lichterloh schlagen jetzt die Flammen aus allen Türen und Fenstern. Aber das steinerne Gerippe des Palastes steht noch, schwarz von Ruß und Rauch. Und die Menschen, die noch drinnen sind! Eher würden sie sich dem Feuertod überlassen als zuzugeben, dass sie einer Täuschung zum Opfer gefallen sind. Immer haben sie, was andere ihnen als Kunst vorgegaukelt haben, mit klugem Sachverstand begutachtet und bewundert. Es ist wie bei dem Märchen von des Kaisers neuen Kleidern. Alle loben und bewundern die prunkvollen Kleider des Kaisers; nur das kleine Kind wagt auszusprechen, was alle wissen und nicht zugeben, weil sie sonst in Ungnade zu fallen fürchten. „Der Kaiser hat ja gar keine Kleider an, er ist nackt!", ruft das Kind und alle schämen sich ihrer Feigheit. - Aber es geht hier nicht um ein Märchen, nicht einmal um die Kunst an sich; es geht um die Verführung durch das, was sich als Kunst ausgibt, es geht vor allem um die Verführer, welche „Kunst" im weitesten Sinn als Medium benutzen, um Unmoral, Blasphemie, Unglaube, Unfriede, letztlich die Zerstörung sämtlicher Werte unter den Menschen zu verbreiten. Ein genialer Schachzug des Teufels! Wer will schon zu denen gehören, die nichts von Kunst verstehen! - Hier heißt es, die Augen richtig aufzumachen und mit den Ohren richtig zu hören, damit man das Gute vom Bösen und das Echte vom Falschen unterscheiden kann.

Eine Kathedrale kurz vor einem Feuersturm

Noch viele Häuser sehe ich rings um den Platz. Straßen führen von diesem Platz sternförmig aus der Stadt heraus, kleine Straßen und breite, prachtvolle, aber auch verwinkelte Gassen. Ich würde gerne noch mehr von all dem sehen und erkunden. Aber mein Engel warnt mich vor bloßer Neugierde und sagt, dass wir im Laufe des

Geschehens ohnehin noch mit vielem in Berührung kommen würden. Er drängt jetzt mit eiligem Schritt zur Mitte des Platzes, wo eine mächtige Kathedrale steht. Sein Blick ist voll brennender Sorge und Tränen stehen in seinen Augen. Er breitet voller Angst seine Arme aus, als wollte er das riesige Bauwerk umfangen und schützen vor dem drohenden Feuersturm, zu dem all die kleinen und großen Brandherde im Inneren anwachsen.

Ich befinde mich jetzt am Hauptportal der Kathedrale, das weit geöffnet ist. Die Ausmaße im Inneren sind so gewaltig, dass man es kaum beschreiben kann. Nach menschlich berechneter Statik könnte ein solches Gebäude überhaupt nicht bestehen, es müsste zusammenbrechen. Tatsächlich sind viele Teile eingestürzt. Der Engel kommt meiner Frage zuvor: „Man war nicht mehr zufrieden mit dem schlichten organisch gewachsenen Leib, man wollte ihn „verbessern", verändern und ersetzte tragende Elemente des Baues durch starre, eigenwillige Konstruktionen des menschlichen Geistes. Der Mensch hat so viel zerstört!" Auf einem der Trümmerhaufen sitzt ein Bischof, verschmutzt, verstört, hilflos und ohnmächtig. Niemand ist bei ihm. Der Engel fordert mich auf, dem Bischof ein Becken mit Wasser zu reichen, dazu ein Tuch und einen Kamm. „Du wirst später verstehen, weshalb du das tun sollst."

Als Nächstes sehe ich etwas Seltsames: eine Rolle, die sich sehr schnell dreht. An dieser Rolle turnen rot gekleidete Männer herum. Sie haben rote Kopfbedeckungen und erinnern an Kasperlfiguren oder Hampelmänner, wenn sie an der Rolle herumturnen. Ich halte dieses Bild für Unfug und schiebe es beiseite. Von da an sehe ich gar nichts mehr. Auch mein Engel bleibt stehen und verstummt. Ratlos und traurig warte ich auf ein Wort, auf eine Weisung. Nichts! Nach langen Tagen der Dunkelheit erhört der Herr mein Gebet. Jetzt begreife ich: Ich muss in aller Demut alles annehmen, auch wenn es mir zunächst unsinnig erscheint. Mein kleiner Verstand blockiert die Deutung von Bildern und Symbolen, die sich erst der demütigen, gläubigen Seele erschließen.

Sie haben sich selbst zur Mitte gemacht

Als ich das erkannt hatte, begann der Engel zu sprechen: „Sie nennen sich Würdenträger und wissen doch nicht, was Würde ist. Sie halten sich fest an der Welt, die dem Abgrund zurollt, und machen dabei die absonderlichsten Verrenkungen. Wer kann sie noch ernst nehmen? Christus hat Seine Würde auch am Kreuz und in Seinem Todesschrei noch bewahrt; Er hat keine Kompromisse mit der Welt gemacht. Diese aber nehmen anderen, die nicht den Tanz der Welt mittanzen, ihre Würde und treten sie in den Staub."
Ich nähere mich dem Altar, an dessen Stelle Christus steht, überlebensgroß, mit blutdurchtränktem Gewand. Auch Sein Gesicht ist vom Blut gerötet, von Trauer überschattet. Er breitet Seine Arme aus und Seine Stimme ist sehr ernst: „Mein Volk, was habe Ich dir getan?" Aber das Volk sieht Ihn nicht und hört Ihn nicht. Es tanzt im Narrengewand um den Altar herum, es klatscht in die Hände und singt flotte Lieder, laut und viel. Sie lachen und umarmen sich, und wenn sie draußen sind, beschimpfen und bekämpfen sie sich. Sie haben den Altar in die Mitte gestellt und haben doch ihre Mitte verloren. Sie haben sich selbst zur Mitte gemacht und merken nicht, dass sie immer weniger den lebendigen Dreifaltigen Gott anbeten, sondern immer mehr sich selbst. Alle essen vom „heiligen Brot", aber nur weni-

ge sind sich bewusst, dass sie wahrhaft eins geworden sind mit Christus. Glauben sie überhaupt noch daran? Wieder spricht der Herr: „Ihr seid dabei, das zentrale Geheimnis des Glaubens zu verschleudern und zu verraten, um eines Friedens willen, der nicht von Mir kommt. Wisst ihr nicht, dass dies das Haus ist, in dem der Dreifaltige Gott angebetet werden will? Ihr habt daraus eine Räuberhöhle gemacht, eine Konzerthalle, ein Museum und eine Bühne, auf der ihr euch selbst darstellt und Beifall erwartet. Ihr wendet Mir den Rücken zu, nicht das Gesicht. Könnt ihr Meinen Blick nicht ertragen? Ich kenne euch durch und durch und weiß, was in euch ist."

Die Menschen hören diese Worte, erkennen aber nur die Stimme des Werkzeugs. Sie wenden sich mitleidig oder verächtlich lächelnd ab und sagen: „Ja, wenn Christus zu uns sprechen würde ... !" Er spricht! Aber sie hören Ihn so oder so nicht. Hören sollen sie und doch nicht verstehen! –

Im schwarzen Gewand der Sünder

Ich sehe eine große Zahl ganz in Schwarz eingehüllter Figuren. Sie sehen alle gleich aus, laufen nach unten hin spitz zu, etwa wie Spindeln, und haben maskenhaft erstarrte Puppengesichter. In einer langen Schlange gehen sie zur Hl. Kommunion. Eine Stimme sagt: „Sie leben und sind doch tot. Ihr Gewand ist nicht weißgewaschen im Blut des Lammes. Es ist das schwarze Gewand der Sünde, mit dem sie am Hochzeitsmahl teilnehmen. Sie tun das, weil alle es tun; so essen und trinken sie sich das Gericht. Aber schon sind sie gebunden, um ins nie erlöschende Feuer geworfen zu werden." - „Gibt es keine Rettung für sie?", frage ich voll Schrecken. „Für viele wird es keine Rettung geben. Aber alle erhalten so viel Gnade, um umkehren zu können; allen hält Gott Seine Hand hin, wenn sie sie nur ergreifen wollen." Nun spricht der Herr: „Dies ist keine Drohung, wie so viele meinen. Es ist vielmehr eine frohe Botschaft. Die unvorstellbare Liebe des Dreifaltigen Gottes ist es, die euch retten und an Sich ziehen will. Also muss sie euch doch warnen und kann die oft auch harte Wahrheit nicht verschleiern."

Ich gehe ein Stück weiter. Alles ist jetzt schwarz von Qualm und Rauch. Es ist der Rauch Satans, der kein Licht in diese Finsternis durchdringen lässt. Die Menschen irren umher und finden keinen Weg aus der Nacht. Die Luft ist zum Ersticken. Viele liegen schon am Boden, betäubt oder bewusstlos von dem Gift, das in ihre Lungen eingedrungen ist. Bei vielen wirkt dieses Gift wie eine Droge, die ihnen Glück und Freiheit vorgaukelt und doch in der sicheren Tod führt.

Ein Licht kann dieser Rauch Satans allerdings nicht auslöschen: das „ewige" Licht, das vor dem Allerheiligsten brennt. Auf dieses Licht, das ich endlich gefunden habe, steuere ich zu. So klein die Nische ist, in die man den eucharistischen Herrn verbannt hat, hier ist kein Rauch, hier ist es warm und hell. Hier ist Luft zum Atmen, hier ist Leben, Anbetung, Atmen in Gott, Umwandlung, Teilhabe an Geist und Wahrheit. Nur wenige haben sich in diese Nische retten können. Sie werden das Inferno überleben, gestärkt und geläutert daraus hervorgehen und eine echte „Neue Zeit" herbeiführen. Aber noch müssen sie ausharren und durchhalten. Sie müssen rufen, warnen, ja schreien, damit sie gehört werden von denen, die in Finsternis, Qualm und Feuer umherirren.

Die Stürme hatten leichtes Spiel

Das Kirchendach kommt herunter. Mit lautem Krachen stürzt das Gebälk in sich zusammen und begräbt viele unter sich. Nun sieht man durch das offene Dach den Kirchturm. Er ist aus massivem Felsgestein erbaut. Das Feuer kann ihm wenig anhaben, aber die Stürme? Sie werden immer heftiger und rütteln an seiner Spitze. Wird er wanken? Wird er am Ende stürzen? - „Simon, Ich habe für dich gebetet, dass dein Glaube nicht wanke!" Das genügt! - Aber das Kirchendach? Ein Dach ist dazu da, ein Gebäude zu schützen vor allen Unbilden, die es von außen bedrängen: vor Regen und Schnee, vor Hitze und Kälte, vor Sturm und Schmutz.

Dieses Dach wurde schon seit längerer Zeit vernachlässigt. Immer wieder fiel ein Ziegel aus seiner fest gefügten Ordnung; Moos begann sich anzusiedeln und das Dach nach und nach zu zerfressen. Dann kamen die Stürme und hatten leichtes Spiel. Und viele kamen um, die sich unter diesem Dach so sicher gefühlt hatten. Viele sind verletzt und drängen aus der Kirche heraus. Sie suchen Heilung ihrer Wunden, die es außerhalb nicht gibt. Viele falsche Ärzte und Heiler sind auf einmal da. Ihnen liegt nichts an der Heilung der Verwundeten, nur an der eigenen Macht. Auch wenn es wüst aussieht in dieser einst so herrlichen Kathedrale: Heil und Heilung ist nur hier zu finden. Wird meine schwache Stimme ausreichen, die Menschen zurückzurufen? Wird sie nicht verhallen inmitten des Lärms und des Chaos?

Da hörte ich die Stimme des Engels: „Deine eigene Stimme vermag das nicht. Aber mit der Stimme des Herrn genügt ein leises Flüstern, um selbst Stein und Fels zu durchdringen." Danach versiegelte er meine Lippen mit einem Stück glühender Kohle, sodass ich fortan nicht mehr in meinem eigenen Namen reden konnte, sondern nur noch, wenn der Herr es wollte.

„Herr, Du hast mich gerufen, Dein Volk aus der brennenden Stadt zu führen. Doch nun gibst Du mir zu verstehen, dass Heil und Heilung nur hier in dieser verwüsteten Kirche zu finden ist. Wie soll ich das verstehen?" - „Das ist im Augenblick für dich so wenig zu verstehen wie die Gewissheit, dass aus der Vernichtung am Kreuz der Sieg erwächst. - Fragen führen zum Zweifel. Im Gehorsam leuchtet die Antwort auf wie ein helles Licht!"

Leere Beichtstühle

Wieder habe ich ein Licht in der Ferne entdeckt, ein kleines rotes Lämpchen. Tatsächlich - es ist ein Beichtstuhl, in welchem ein Priester wartet und betet. Viele Beichtstühle sehe ich jetzt nebeneinander. Aber alle sind leer, bis auf den einen, auf den das freundliche rote Lämpchen hinweist. Freilich ist dieser Beichtstuhl ein altmodischer Kasten aus früheren Jahrhunderten. Die anderen sind alle neu, bequem mit Sitzen ausgestattet. Per Knopfdruck ertönt irgendwo ein Signal, das den Priester herbeirufen soll. Aber niemand drückt auf einen Knopf. „Nutzlos" im Beichtstuhl zu sitzen und zu warten – wer will das von einem Priester verlangen?! Nur in den alten Kasten gehen ein paar alte Leute, junge kaum. Aber niemand belehrt sie noch, was es mit diesem Kasten auf sich hat, welch ein herrliches Wunder sich darin vollzieht.

So viele Menschen unterziehen sich einer Verjüngungskur, um wieder schön und fit zu sein oder wenigstens so auszusehen. Wie viel Mühe und Zeit wenden sie dafür auf – und wie viel Geld! - In kurzer Zeit und ganz umsonst erhalten sie ungleich mehr – im Beichtstuhl! Eben sehe ich einen Mann aus dem Beichtstuhl heraustreten: Seine Gestalt ist gestrafft und aufgerichtet, sein Schritt ist fest und entschlossen. Und sein Gesicht? Es strahlt nicht im Sinne eines weltlichen Vergnügens; aber es leuchtet von innen heraus, wie ein Licht mit Tiefenwirkung. Er hat soeben seine Verjüngungskur gemacht, dank eines guten Priesters, der ihm dabei geholfen hat. Er wird den Weg aus der brennenden Stadt alleine finden!

Viele von ihnen voller Stolz und Hochmut

Der Engel des Herrn führte mich wieder hinaus ins Freie. Sein Ziel war ein hohes Haus neben der Kathedrale, mit vielen Stockwerken. Aus den unteren Stockwerken schlugen die Flammen. Ich sah aber niemand mehr darin. Aber weiter oben sah ich Gesichter hinter den verschlossenen Fenstern. Der Engel lehnte eine lange Leiter an das Haus und sagte zu mir: „Steige hinauf, ermutige sie, die Fenster zu öffnen und herunterzusteigen. Schau nicht nach unten, hab keine Angst, ich bin immer bei dir; und Legionen von Engeln stehen bereit, auch die „hohen Herren" aus der Feuersbrunst zu retten." – Da sagte ich zum Engel: „Verzeih mir, wenn ich etwas einwende. Warum schickst du mich zu ihnen? Sie sollen sich selbst retten. Es gibt so viele Menschen, zu denen keiner von ihnen kommt: die alte verbitterte Frau etwa mit ihrem verkorksten Leben; oder der Mann, der in seiner Glaubensnot niemanden fand, der ihm zuhörte und mit ihm ging. Aber wenn einer von ihnen selbst krank ist oder im Sterben liegt, dann ist das Krankenzimmer voller Priester und Ordensleute, welche ihn trösten, mit ihm beten und bei ihm bleiben bis zum letzten Atemzug. Dann wundern sie sich, wie hart und erbarmungslos das Sterben bei den „Geringen" sein kann. - Glaubst du, dass sie ausgerechnet auf mich hören?" – Der Engel lächelte fein, mit einem Hauch von Trauer. Er antwortete: „Du weißt, dass nicht alle so sind! – Ja, viele von ihnen weiden sich selbst. Aber gerade deswegen stehen sie in so großer Verantwortung und müssen gerettet werden. Gerade um sie hat der Herr blutigen Angstschweiß vergossen. Da viele von ihnen voller Stolz und Hochmut sind, ist ihre Rettung nur möglich, wenn jemand zu ihnen geht, der so klein sein kann wie ein Kind. – Bist du bereit – Blutstropfen Christi?" - Was konnte ich anderes tun als Ihm gehorchen! Ihm, den meine Seele liebt!

Ein zäher, trüber Brei von Gleichgültigkeit, Trägheit und Schmutz

So stieg ich denn hinauf bis zur obersten Sprosse. Alle Fenster waren geschlossen. Aber ich konnte die Menschen dahinter sehen: viele Ordensleute, hohe und niedrige Würdenträger, von denen viele ihre Würde nicht als Bürde, sondern zur Schau trugen. Sie waren in eifrige Gespräche und Diskussionen vertieft und hörten nicht auf mein Klopfen am Fenster. Ein älterer Geistlicher stand abseits von den anderen. Er schwieg nachdenklich und nahm schließlich das konstante Klopfen am Fenster wahr. Er öffnete das Fenster und half mir beim Hereinsteigen. Ich zeigte ihm den halb zerstörten Dom, die brennende Stadt und deutete auf die Flammen, die aus den unteren Stockwerken schlugen. Dann begann ich zu reden, nein nicht ich, mein Engel sprach in mir:

„Ihr müsst alle das Haus verlassen, in das ihr euch wie in eine feste Burg verschanzt habt! Ihr müsst dort hingehen, wo die euch anvertrauten Menschen sind: in die brennenden Häuser, auf die raucherfüllten Straßen, in die zusammenstürzenden Trümmer der Kirche. Seht ihr nicht die Hilfe suchenden Blicke verzweifelter Eltern, die ihre Kinder verloren haben an eine Welt voller Sucht und Rausch? Hört ihr nicht das Wimmern gequälter und misshandelter Kinder? Spürt ihr nicht den Todeshauch eiskalter Habgier und Machtausübung? Und da hinten: Was einst als ein lebendiger, frischer Strom die Stadt durchfloss, ist nun ein zäher, trüber Brei von Gleichgültigkeit, Trägheit und Schmutz. Schmutz, der auch von euch hineingeworfen wurde!"

Den Auftrag nicht erfüllt

Und weiter sprach der Engel in mir: "Ihr habt einen Auftrag erhalten, den habt ihr nicht erfüllt! Wer von euch hat denn Kranke geheilt, wer hat die Besessenen von Dämonen befreit? - Nur wenige Heilige haben Tote auferweckt. Aber der Auftrag gilt doch euch allen! Ihr redet euch heraus, das sei alles symbolisch zu verstehen und auf unsere Zeit zu übertragen. In Wirklichkeit jedoch habt ihr keinen Glauben. Wenn ihr wirklich Glauben hättet, könntet ihr alles tun, was Christus getan hat, ja noch Größeres, wie Er selbst verkündet hat.

Noch habt ihr eine Chance, euch selbst und die euch anvertraute Herde zu retten. Aber ihr müsst herauskommen, herunterkommen von dem hohen Ort, an den ihr euch verstiegen habt. Der normale Weg ist euch durch die Flammen versperrt. Graut euch vor der Tiefe, in die ihr springen müsst? Das Sprungtuch der erbarmenden Liebe Gottes fängt euch auf! Habt ihr Angst, die Leiter hinunterzusteigen? Jeder Tritt führt in die Tiefe der Erkenntnis der Wahrheit. Die Wahrheit aber macht frei."

Mittlerweile sind viele aufmerksam geworden auf die Stimme, die aus mir sprach. Manche winken gleich mit der Hand ab und wenden sich ihren wichtigen Verpflichtungen zu. Einer sagt: „Gott bewahre uns vor diesen frommen Weltverbesserern, die keine Ahnung haben davon, wie schwierig es in unserer Zeit ist, die Kirche zu leiten und zusammenzuhalten." - „Kirche zu leben wäre weitaus einfacher und unkomplizierter", entfuhr es mir.

*

Eine lange Zeit ist vergangen, seit ich das letzte Mal etwas aufschreiben konnte. Ich war schon manchmal recht verzweifelt, weil ich so gar nichts mehr vom Himmel gezeigt und gesagt bekam. Hin und wieder meinte ich, ganz tief in meinem Inneren etwas zu vernehmen. Nahm ich dann das Buch zur Hand, war ich blockiert; alles war zu. Mit der Zeit wehrte ich mich sogar gegen den Auftrag, an den ich fast nicht mehr glauben konnte. Trotzdem gab ich nicht auf; ich betete weiter und legte alles in die Hand Gottes. Dass ich heute die Stimme des Himmels wieder hören durfte, liegt wohl daran, dass heute Aschermittwoch ist; und was diese Stimme den Würdenträgern zurief, ist wahrhaftig ein flammender Mahnruf zur Buße, zur Umkehr. Ich erschrak, als ich die gewaltige Stimme vernahm, und nur im Gehorsam vermag ich niederzuschreiben was ich hörte:

Die Sünde beim Namen nennen

„Ihr Heuchler! Ihr schreibt den Gläubigen Fasten und Verzicht vor; selbst aber schlemmt ihr in teuren Häusern edelste Speisen. Es ist ja Fisch, sagt ihr! – Ihr werft den Hunden das Heilige vor, die Kinder aber macht ihr nicht satt! Gebt ihnen das reine, unverfälschte Brot des Wortes und nicht Naschwerk, das den Geschmack und die Gesundheit verdirbt. Ich habe zu euch gesagt, dass ihr einen Berg von seiner Stelle rücken könnt, wenn ihr Glauben habt. Baut euren Papierberg ab! Ihr könnt es! Der Leib Christi ist nicht ein starr verwaltetes System, Er ist lebendig! Ein lebendiger Leib trägt die rechte Ordnung in sich selbst und braucht kein Papier. Der Götze Papier hat heute auch in der Kirche seinen Altar, auf dem er angebetet wird.

Nennt die Sünde beim Namen! Redet nicht herum von „anderen Lebenskonzepten" oder „krankem Verhalten", wenn zwei in widernatürlicher Weise miteinander verkehren. Damit gleicht ihr euch der Sprache und dem Geist der Welt an. Wenn ihr nicht klar und deutlich sagt, dass das Sünde ist, macht ihr euch mitschuldig, wenn sie am Qualm ihrer Sünde ersticken. Wenn ihr die Sünde verharmlost, entschuldigt, erklärt, dann ist sie schließlich keine Sünde mehr – scheinbar - und kann somit auch nicht vergeben werden!"

Geschwüre, die wie Feuer brannten

Ich sehe plötzlich eine alte Frau an der Schwelle des Todes. Sie leidet sehr unter einer Abtreibung, die sie in jungen Jahren hat vornehmen lassen. Die zunehmende Altersverwirrung löst ihre Zunge und macht offenbar, was sie im Besitz ihrer vollen geistigen Kräfte nie zugegeben hätte. Aber welcher Priester ist fähig, diese Not erst einmal wahrzunehmen. Viele entledigen sich der Verantwortung, indem sie sagen: "Wer dement ist, kann nicht sündigen; dessen Aussagen sind ohnehin nicht überprüfbar." Ein Priester ging hin zu dieser Frau, nachdem man ihm ins Gewissen geredet hatte; aber er brachte es nicht fertig, sie zu befreien. Es blieb bei belanglosen netten Worten und zum Schluss dem Segen. Nun muss sie also warten, gleichsam wie in einem brennenden Haus, bis die Flammen sie erfassen und grausam verbrennen. Wer kann dabei zusehen?!

Ich sehe einen Priester vorübergehen, über und über voller Blut. Es ist das Blut des Lammes, mit dem er sich befleckt hat. Es hat ihn jedoch nicht reingewaschen. Dieser Priester ist ein Mann der Wissenschaft, mit reichen Geistesgaben ausgestattet. Er ist aber auch Seelsorger in einer Pfarrei, in welcher er sehr verehrt und geliebt wird. Er ist ein Menschenfreund, hört sich die Nöte der Menschen an und versteht sie. So sehr, dass er ganz in diesem „Verstehen" aufgeht, bis die Gottesliebe und die aus ihr geborenen Gebote immer weiter in die Ferne rücken, um der reinen Menschenliebe den ersten Platz einzuräumen. So war die Frau, die eine Missgeburt in ihrem Leib trug, sehr erleichtert - zunächst, als dieser Priester erklärte, es sei keine Sünde, ein solches Wesen abzutreiben, da es kein richtiger Mensch sei. Eine andere Frau, die geschieden war und einen anderen Mann geheiratet hatte, also im Ehebruch lebte, hatte große Sehnsucht, die Hl. Kommunion zu empfangen. In ihrer eigenen Pfarrei wagte sie es nicht. Da sagte der Priester zu ihr, sie solle ruhig zu ihm kommen, er würde ihr die Hl. Kommunion reichen. Das sprach sich herum und bald waren es ein halbes Dutzend Leute. Auch seine Sexualpastoral handhabte er sehr großzügig bis freizügig. Ja, er war sehr beliebt und seine Kirche blieb nicht leer. Nur einige wenige – eine kleine Herde – schlossen sich anderen Pfarreien an. - Plötzlich sah ich, wie das Blut, das den Priester bedeckte, zu brennen anfing. Bald brannte er lichterloh; aber niemand bemerkte etwas. Alle, die ihm nahe kamen, fingen ebenfalls Feuer. Aber er rief ihnen nicht zu: „Weg von mir, sonst verbrennt auch ihr!" und so kam es, dass er alle in Brand steckte, die um ihn herum waren. Nun brannte auch das Kind, das die Frau nicht hatte haben wollen, wie Feuer in ihrem Leib und sie schrie laut nach ihrem Kind. Und alle, die den Hl. Leib Christi in schwerer Sünde empfangen hatten, wollten sich die Zunge herausreißen, die nun qualvoll zu brennen begann. Und alle, die gegen die Keuschheit gesündigt hatten, wurden mit Geschwüren geschlagen, welche brannten – wie Feuer.

2.
"Führe Mein Volk hinein in das brennende Herz Gottes!"

Der Engel machte eine Pause, so dass ich all das Geschaute und Gehörte überdenken konnte. Als meine Seele ruhig und still geworden war, hob mich der Engel empor und zeigte mir das himmlische Jerusalem. Es war eine Stadt, auf einem Berg erbaut, gekrönt von einer gewaltigen Kuppel. Die Stadt war noch weit entfernt, aber ich erahnte ihren Schimmer und ihre Herrlichkeit an dem hellen Licht, das sie umstrahlte. Der Engel wies auf die Stadt und sagte: "Dorthin sollst du sie führen, dort schlägt seit Ewigkeit das in Liebe brennende Herz Gottes. Ich habe dir das Elend und den Schrecken der brennenden Stadt gezeigt. Nun führe das Volk hinaus. Hülle es ein in die erbarmende Liebe Gottes. Sie ist der Mantel, der es schützt auf seinem Weg durch Feuer und Rauch. Fürchte dich nicht, ich bin immer bei dir!"

Ich fragte: "Herr, kannst du mich nicht etwas näher an das himmlische Jerusalem heranbringen? Um die Menschen dorthin zu führen, muss ich doch wissen, wie es dort ist. Ich muss doch ihre Sehnsucht wecken und ihren Willen festigen. Der Engel lächelte mich an: "Hast du es vergessen? Du warst doch schon dort, damals, als der Herr dich rief und an sein Herz zog!" In freudigem Schreck erinnerte ich mich: Natürlich, das war bei meiner Bekehrung, bei meiner Neuerschaffung, als ich den Herren bat, er möge die Seligkeit beenden, da ich das als irdischer Mensch nicht aushalten könne und sonst sterben müsse.

Der Engel sprach weiter: "Es ist nicht notwendig, dass du die Menschen belehrst und ihnen von der Herrlichkeit des himmlischen Jerusalem erzählst. Sie würden es so wenig verstehen, wie du es verstanden hättest vor deiner Bekehrung. Aber es ist wichtig, dass du mit ihnen den Weg dorthin gehst, immer vor Augen, was du geschaut hast, und immer bereit, Zeugnis zu geben von deinem Leben mit Christus."

"Hier bin ich – ich bin bereit!"

Ich schaute mich um und sah in unzählige Gesichter einer großen Menschenmenge: traurige, verzweifelte, verbitterte, fragende, ratlose, erschöpfte Gesichter; aber auch gleichgültige, spöttische, zornige und böse Gesichter und noch viele andere. Ich kniete mich nieder und inmitten der Trümmerwüste der Kathedrale begann ich zu beten:

"Herr, Du allmächtiger Gott, sieh hier Dein Volk, das im Finstern lebt und den Weg ins Vaterhaus nicht mehr findet. Es hat sich versündigt und das Erbe verschleudert, das Du ihm anvertraut hast. Es hungert und dürstet, aber nach Vergänglichem. Sie kennen Dich nicht, Vater. Sie irren durch graue, verödete Gassen und verstecken sich, weil sie sich fürchten, vor ihrem Gewissen, vor ihrer Schuld. Sie laufen vor Dir davon. Du aber eilst ihnen nach mit offenen Armen. Du sendest Deine Engel, um sie heimzuholen; aber sie erkennen in ihnen nur feindliche Wesen, welche sie verfolgen und in die Enge treiben. Auch wenn Du sie schon in Deinen Armen aufgefangen hast, erkennen sie Dich immer noch nicht und meinen, in der Falle zu sitzen. Vater, erbarme Dich Deiner Kinder und öffne ihnen Augen und Ohren, dass sie erkennen und verstehen; öffne ihr Herz, damit sie sich in Deinem Herzen bergen und Deine Liebe verkosten können. -

Herr, Du hast mich gerufen, sie in Deine brennende Herzmitte zu führen. Hier bin ich, ich bin bereit!

"Wer führt, muss das Ziel vor Augen haben."

Ich erhob mich und begann zu gehen, immer den Blick auf das himmlische Jerusalem gerichtet, auf die Herzmitte Gottes. Der Engel gebot mir, mich nicht mehr nach dem Volk umzusehen, denn: "Wer führt, muss das Ziel vor Augen haben. Wer sich ständig umschaut, lässt sich leicht ablenken und verfehlt schließlich den Weg. Auch lenkt er das Volk ab, das am Ende nur noch auf ihn sieht, in dem es das Ziel jedoch nicht mehr erkennen kann." - Ich denke an die Feier der Heiligen Messe, in der die Priester dem Volk zugewandt sind![1]

Nun sehe ich die goldene Hostie vor mir, groß und strahlend. So oft schon hat sie mir den Weg gewiesen, jetzt wird sie mit mir gehen, damit ich das Volk nicht in die Irre führe. In der Nacht leuchtet sie im Glanz einer prachtvollen Monstranz, am Tag in reinem Gold der schlichten Brotgestalt. Eine tiefe Sehnsucht nach Wahrheit, nach Liebe, nach Gutsein und Schönheit erfasst mich, durchdringt mich und treibt mich weiter, dem himmlischen Jerusalem zu, das noch so ferne scheint. Möge meine Sehnsucht Licht und Hoffnung sein für alle, die hinter mir gehen!

---

[1] Vgl. hierzu auch Abschnitt "Lichter und Wegweiser an ihren Weg stellen".

Er sagt: "Spring!"

Plötzlich ist da ein breiter Fluss! Keine Brücke, kein Boot, kein Fährmann weit und breit! Wie kommen wir da hinüber? Am anderen Ufer wartet die goldene Hostie, das ist Jesus. - Oft habe ich mich schon gefragt, ob mein Glaube ausreichen würde, wenn der Herr mich auffordern würde, übers Wasser zu ihm zu gehen. Er sagt es nicht; aber Er sagt etwas anderes: "Spring!"

Oh! Ich verstehe: Wer diesen Sprung des absoluten Glaubens und Vertrauens nicht wagt hat keine Chance das Ziel zu erreichen. Dieser Sprung erfordert den ganzen Mut, denn damit gebe ich alle irdische Sicherheit auf, alle Geborgenheit und Sorglosigkeit. Es gibt dann keine bequemen Kompromisse mehr, der Weg wird mühsam und kaum einer geht ihn mit mir. Viele, die bisher freundlichen Umgang mit mir pflegten, schütteln den Kopf, wenden sich verständnislos ab oder spotten und verachten mich. Ich lebe in dieser Welt, aber ich gehöre ihr nicht mehr an.

Ich blicke kurz um und sehe die Menschenmenge, die erwartungsvoll innehält, um meine Entscheidung zu verfolgen. Wenn ich springe, werden mit Sicherheit auch andere springen - und wenn ich zu kurz springe? Ich schaue auf das dunkle, schnell fließende Wasser. Angst steigt auf vor der kalten Tiefe, in der die Hölle zu brodeln scheint. "Es ist der Unglaube, der dir Angst macht. Nur der Glaube wird sie besiegen!", so flüstert es in meinem Inneren.

... und dann – springe ich!

Drüben am anderen Ufer steht Jesus und wartet. Er lockt nicht mehr wie am Anfang, als Er mich zum ersten

Mal rief. Ich weiß es ganz sicher: Jetzt kommt die Entscheidung, für oder gegen Ihn; jetzt ist die Zeit der Bewährung, des Glaubens ohne Trost, ohne etwas zu fühlen, zu sehen, zu hören. Jetzt ist nur dieses "Spring!" da. Jetzt ist mein Wille gefordert, meine ganze Kraft, mein ganzes Herz, mein ganzes Sein. Ich richte meinen Blick fest auf den Herren und dann - springe ich! Einen Augenblick lang verliere ich die Besinnung. Im Dunkel meines Unbewussten spüre ich, wie die Hölle sich an mir festkrallen will. Doch dann wird alles so leicht und einfach und hell. Nun bin ich bei Ihm, der mich aufgefangen hat, ohne dass ich es merke. Jetzt ist nicht mehr die goldene Hostie vor mir; jetzt geht Er selbst den Weg vor mir, mit mir, in mir. Ich brauche Ihm nur nachzufolgen und kein Gespenst zu fürchten, wenn Er in dunkler Nacht den Weg ausleuchtet.

Voll Freude gehe ich nun meinen Weg, Seinen Weg! Beständig habe ich das himmlische Jerusalem vor Augen, das vor Liebe brennende Herz des Vaters. Aber der Weg zieht sich! Das Ziel, das manchmal so nahe scheint, bleibt fern und hin und wieder verschwindet es hinter hohen Bergen und dunklen Wolken. Ganz sachte schleicht Zweifel sich ein. Stimmt das alles: das mit dem Auftrag Gottes an mich - das mit dem liebenden Vaterherzen? Überhaupt! Wo ist denn der Herr? Ich war mir Seiner so sicher und nun ist Er plötzlich nicht mehr da. Ist Er wirklich der Sohn Gottes? Oder ist alles nur eine traurige Geschichte, die unbedingt einen guten Ausgang braucht, weil der Mensch sonst verzweifeln müsste? Ich hatte so fest an Ihn geglaubt und es nie für möglich gehalten, jemals an Ihm irre zu werden. –

Es ist jetzt pechschwarze Nacht

Ich sehe fast gar nichts mehr und stolpere über alle möglichen Hindernisse. Bin ich auf einem falschen Weg? Habe ich mich verirrt? Wäre es nicht besser umzukehren? Schließlich tue ich etwas, wovor der Engel mich gewarnt hat: Ich drehe mich um und schaute zurück. Direkt hinter mir steht eine große Schar von Menschen und wartet darauf, dass ich weitergehe. Es sind die, welche mit mir den Sprung übers Wasser gewagt haben. Sie sehen alle gleich aus, grau in grau und haben (noch) kein Gesicht. Ganz in der Ferne sehe ich den Rauch von der brennenden Stadt aufsteigen. Davor sehe ich eine andere Gruppe von Menschen. Sie haben helle Gesichter, manche davon sind mir bekannt. Mit überlangen Armen, die wie Schlangen sind, greifen sie nach mir. Sie rufen, sie locken, sie drohen. Sie beschimpfen mich und spotten, weil ich die ganze Herrlichkeit der Welt verloren habe. Manche flehen mich voll Inbrunst an, ich solle doch zurückkommen, da sie ohne mich nicht leben könnten oder zugrunde gehen müssten.

Meinen Jesus lass' ich nicht!

Es rührt mich ans Herz - und doch: Selbst wenn sie alle Recht hätten, ich spüre, dieser Jesus ist bereits so sehr in mein Leben eingegangen, dass nichts, aber auch gar nichts mich mehr zurückholen könnte in diese Welt, weder Jugend, noch Gesundheit, noch Geld und Besitz; aber auch nicht ihre Macht, Macht und Ansehen bei den Menschen. Es gibt nichts, was mir die Welt für diesen Jesus bieten könnte. Dieser Jesus, der mir so fremd und doch so nah ist, den ich nicht kenne und der mich durch und durch kennt, der mich in meinem Elend allein lässt, von dem ich mich verstoßen fühle und der mich auf geheimnisvolle Weise immer wieder an sich zieht, der mir entgleitet und mich doch ganz in Seinem Besitz hat. Manchmal meine ich, je mehr ich an Ihm zweifle, desto fester glaube ich an Ihn.

Ja, käme heute einer, der mir glaubhaft versichern könnte, das mit Jesus sei alles Schwindel, ich würde ihm sagen: „An diesen „Schwindel" kommen alle Herrlichkeiten der Welt nicht heran. Dieser „Schwindel" ist noch als solcher das Größte und Herrlichste, was es je gegeben hat. Mit Ihm will auch ich enden. Meinen Jesus lass' ich nicht!" -

Letztendlich: Zeugt es nicht von grenzenlosem Stolz, Hochmut und Dummheit, sich dem Zweifel hinzugeben, da doch weitaus größere Geister als ich das Geheimnis des Glaubens als wahr erkannt und sich ihm in Demut und Ehrfurcht gebeugt haben? Plötzlich steht groß die Frage vor mir: Würde Gott es zulassen, dass ich von Ihm abfalle? Sofort war der Versucher zur Stelle: „Probier's aus!" Da war jedoch Sein klares „Halt! Hier ist die Grenze zwischen Schöpfer und Geschöpf. – Du darfst Mich beschimpfen, schreien, trotzen; aber du darfst Mich nicht auf die Probe stellen!"

Ich stehe auf und gehe den Weg weiter. Auch wenn ich nichts sehe: Er ist mein Licht; auch wenn ich den Weg nicht kenne: Er ist der Weg. Ich brauche nicht nach dem Warum zu fragen, denn Er ist die Wahrheit, das Ziel und der Sinn dieses Weges.

"... dass Du sie zurückholst in Dein lebendes Herz!"

Am Rand des Weges sehe ich plötzlich meine Schwester stehen. Ich frage sie, warum sie ein so betrübtes Gesicht mache. Da erzählte sie mir einen Traum, aus welchem sie zu erkennen glaubte, dass sie bald sterben müsse. Sie sagte: "Wenn ich sicher wüsste, dass ich sehr bald sterben muss, würde ich ja mein Leben ändern und mich bekehren. Aber eigentlich möchte ich das Leben noch so lange wie möglich genießen." Ich sagte ihr, dass sie trotzdem beginnen könne, ihr Leben zu ändern, ohne deswegen die Freude am Leben zu verlieren. Da schaute sie mich traurig an und ging weiter, in die andere Richtung. – "O Herr, ich bitte Dich ganz innig für sie, dass Du sie zurückholst und heimholst, nicht in den Tod, sondern in Dein lebendes Herz!"

"Mich dürstet!"

Gedankenvoll ging ich weiter und bedachte, dass auch ich mich ständig bekehren muss und dass sich auch in meinem Leben noch vieles ändern muss. Schmerzlicher Durst nach einer radikalen Bekehrung erfasste mich. Da stand plötzlich der Herr vor mir und sagte: "Gib Mir zu trinken aus deinem Brunnen! Lass Mich teilhaben an deinem Leben!" Erschrocken fragte ich zurück: "Du, der Sohn Gottes, König des Himmels und der Erde, Weltenrichter, Du willst aus meinem Brunnen trinken?" - "Ja, Mich dürstet danach!" - "Aber der Brunnen ist tief und nur mehr wenig Wasser darin. Bald ist er leer. Und wie willst Du das Wasser holen?" – "Ich will selbst hinuntersteigen." Ich schämte mich, weil mein Brunnen nicht rein war. Soviel Schmutz war im Lauf der Zeit hineingefallen. Auf dem Wasser schwammen verwelkte Hoffnungen und modernde Trägheit. Auch manches Ungeziefer tummelte sich darin. Aber der Herr ließ sich nicht beirren: "Ich will alles herausholen, auch das, was du selbst hineingeworfen hast: ertrunkene Sehnsüchte, deine Tränen, deine Gefühle, deine Wünsche, deine Ängste, deine Liebe, die du fest in Pakete verschnürt hast, um sie in deinem Brunnen zu verstecken." Ich fühlte mich durch und durch erkannt und fragte den Herrn, warum Er das tun wolle. - "Weil dies alles und noch mehr die Quelle lebendigen Wassers verstopft, die Ich in dir angelegt habe und die wieder fließen soll, für dich selbst und für andere." - Ja, Herr, tue alles, wie Du gesagt hast. Ich sehne mich nach dem lebendigen Wasser, das Du gibst, das Du selbst bist.

Nach einer Weile sagte der Herr abermals: "Mich dürstet!" Ich dachte angestrengt nach, was ich dem Herrn anbieten könnte von meinem Leben, das mir so wertlos und leer erschien wie die ausgepresste Schale einer Zitrone. Seine Antwort auf meine stumme Frage kam wie eine Erlösung, eine Befreiung: "Und wenn ich nur ein winziges Tröpflein Liebe darin finde, das genügt für meinen großen Durst!"

Eine lange Strecke Weges war ich gegangen, durch staubige, trockene Wüste, geführt von meinem Engel, ohne zu merken, dass ich geführt wurde. Das Volk hinter mir begann laut und mürrisch zu werden. Ich selbst war völlig erschöpft. Ein Blick auf meinen Engel bedeutete mir, Halt zu machen. Ohne auf meinen Hunger und Durst zu achten, ließ ich mich sogleich unter einem Strauch nieder und schlief ein.

"... in ein goldenes Flammenmeer"

Irgendwann wurde ich sanft geweckt von einer Stimme, die zu mir sprach: "Steh auf, iss und trink; sonst ist der Weg zu weit für dich." Es war der Herr! In freudiger Überraschung fiel ich vor Ihm nieder, um Ihn anzubeten. Da reichte Er mir Brot und Wein und ich nahm Ihn auf in mein armes Herz. Der Gastgeber kommt als Gast zu mir und wird zugleich Gastmahl. Er verwandelt den Grund meiner Seele in ein goldenes Flammenmeer! Ich brauchte den Herrn nichts mehr zu fragen!

Auch das Volk hatte gegessen und getrunken, Brot der Erde, das den Hunger nicht sättigt, und Wasser aus dem Brunnen, das den Durst nicht stillt. Wieder begann es zu murren. Der Herr sagte, ich solle mit ihnen teilen, was ich von Ihm empfangen habe. Mein Herz zog sich zusammen. Teilen? Reicht es dann für mich? Und für so viele schon gar nicht! Die Stimme des Herrn drang durch meine eigensüchtigen Gedanken: "Was du Mir aus vollem, kindlichen Herzen schenkst, das kann ich vermehren, auch wenn es noch so wenig ist. - Die sprudelnde Quelle wird zum stehenden Wasser, wenn du sie verschließt und abdeckst. Nur wenn du andere aus ihr trinken lässt, bleibt sie frisch und lebendig."

Sich an Maria orientieren und heilen lassen

Eine Frau stand am Wegrand, welche auf grausame Weise ein Kind verloren hatte: Man hatte das kleine Mädchen missbraucht und dann getötet, weggeworfen, wie einen Gegenstand, den man nicht mehr braucht. Die leidgeprüfte Mutter blickte mit erloschenen Augen den Pilgern nach, die sich auf den Weg in das brennende Herz Gottes gemacht hatten. Sie hatte das auch gewollt, aber nun konnte sie sich nicht von der Stelle bewegen. Schmerz, Bitterkeit und der Hass auf den Mörder ihres Kindes ließen sie erstarren und machten sie unfähig, vergeben zu wollen. Jemand sagte: „Auch Maria musste den Mördern ihres Sohnes verzeihen." Sofort kam der Widerspruch: „Maria hat ja auch die Gnade dazu gehabt. Außerdem wusste sie doch, dass ihr Sohn der Erlöser sei." - Ja, Maria war begnadet, ohne Sünde empfangen, aber sie war ein Mensch, mit einem freien Willen, mit dem sie auch Nein zu Gott hätte sagen können. Wenn der Widersacher schon vor ihrem göttlichen Sohn nicht Halt gemacht hat, so hat er auch sicher versucht, Maria in Versuchung zu führen. Maria hat unendlichen Schmerz um ihren leidenden und ermordeten Sohn gelitten und in der Ohnmacht des Schmerzes wohl auch die Versuchung des Hasses, der Vergeltung durchlitten. Aber sie hat der Versuchung nicht nachgegeben. – Wem viel gegeben wird, von dem wird auch viel zurückverlangt werden. Maria wurde alles an Gnaden gegeben, es wurde alles von ihr zurückverlangt. - Maria war nicht die süße, oft verkitscht dargestellte Jungfrau, zart und zerbrechlich, sie war eine starke Frau, die Frau schlechthin.

Maria hat Ja gesagt, als ihr der Engel die Botschaft brachte, dass sie den Sohn Gottes empfangen werde. Sie hatte mit Sehnsucht das Kommen des Messias erwartet, wie alle im Volk Israel. Und sie war selig, dass es nun soweit war und dass sie die Auserwählte sein sollte. Aber Einzelheiten wurden ihr nicht mitgeteilt. So manches Mal in ihrem Leben musste sie überrascht staunen, ja auch erschrecken, angefangen von den Ereignissen mit den Hirten und den Weisen aus dem Morgenland; über die

Dinge, die bei der Darstellung Jesu im Tempel über Ihn gesagt wurden, bis hin zu der sorgenvollen Suche nach dem 12-jährigen verschwundenen Jesus und schließlich hin zu den Zurückweisungen Jesu im Laufe seines öffentlichen Wirkens. Aber sie bewahrte alles, was gesagt wurde und was geschah, in ihrem Herzen und dachte darüber nach, sprich: Sie betete darüber. Und als ihr geliebter Sohn am Kreuze hing und schrie und starb, da dachte sie sicher nicht: "Naja, Er ist ja der Erlöser, das muss halt jetzt so sein." Da fühlte sie sich wohl genauso von Gott verlassen wie Jesus. Das musste sie auch, wenn es stimmt, dass sie und ihr Sohn eins sind. –

Ich glaube, es wird Zeit, dass wir Maria so erkennen, wie sie sich unserer zerbrochenen Menschheit heute zeigt, damit auch Menschen wie jene verzweifelte Mutter sich an Maria orientieren und aufrichten können; damit sie sich von Maria trösten und heilen lassen und so zur Heiligkeit gelangen, Schritt für Schritt.

... das eigene, oft unscheinbare Kreuz willig auf sich nehmen

Meine eigene Unheiligkeit schmerzt mich. Es gibt so vieles, woran Anstoß zu nehmen ist: an meinem Charakter, an meinen Fehlern, an der Härte dessen, was ich den Menschen zu sagen habe. Die Wahrheit ist oft unbequem und wer sie verkünden muss, darf nicht mit dem Wohlwollen der Menschen rechnen. In diese meine Gedanken hinein spricht der Herr, der mich durch und durch kennt: „Achte nicht auf das, was Menschen von dir halten, auch nicht, was du selbst von dir hältst. Es kommt einzig und allein darauf an, Meinen Willen zu erfüllen und diesen ganz. Das gefällt Mir. – Auch Ich habe nicht allen Menschen gefallen und sie nahmen Anstoß an Mir. Heiligkeit ist etwas ganz anderes, als die Menschen oft meinen. Heiligkeit ist nicht das Aufsetzen eines frommen Gesichtes, das stets den anderen zulächelt; Heiligkeit ist auch nicht das Ableisten von unzähligen Hl. Messen und Gebeten. Nicht einmal das Gute-Werke-Tun gefällt Mir, wenn es aus diesem Leistungsstreben heraus geschieht. Heiligkeit ist das unablässige Ausgerichtet-Sein auf Meinen göttlichen Willen, der auch einmal darin bestehen kann, nichts zu tun, sich nutzlos vorzukommen, in Demut und Geduld zu warten, bis Ich rufe. Mein göttlicher Wille besteht vor allem darin, das eigene, oft unscheinbare Kreuz willig aufzunehmen und nicht mit schillernden Kreuzen zu prahlen, die nicht Ich aufgelegt habe. - Folge Mir so nach, wie du dich seit langem bemühst. Und was andere Menschen betrifft, an denen du Anstoß nimmst, so sage Ich dir: Was geht das dich an? Du folge Mir nach!"

Ich sagte zum Herrn: „Ich stehe zu Deiner Verfügung. Ich bin Deine sündige Magd." „Du bist Magd, das genügt. Andere sind nur Sünder." Diese Antwort überraschte mich und gab mir Mut weiterzugehen.

Lichter und Wegweiser an ihren Weg stellen

Wie kann ich das Volk des Herrn führen, wenn ich meinen schwachen Glauben betrachte, der so stumpf und glanzlos geworden ist vom Staub der Menschenfurcht, des Misstrauens und der Trägheit!

Immer wieder muss ich den Sprung des Glaubens wagen und dem Geist des Unglaubens, der sich heimlich einschleicht, widersagen. Der Blick des Herrn geht durch mich hindurch zu den Vielen, die mit mir auf dem Weg sind. Dann sagt Er: „Kehr zurück zu deinem ersten Glauben! Bedenke, was du in diesem Glauben gewirkt hast! Denke an den Glauben, den Abraham hatte, den Maria hatte, durch die das „Unglaubliche" wahr wurde! Du brauchst keine Angst zu haben. Was können Menschen dir antun? Ich bin immer mit dir. Ja, Ich lebe vom Glauben, auch von dem deinen. Ich will dich zu einem festen, starken, lebendigen Eckstein machen in Meinem Haus. In den Zeiten der Verwirrung und des Umbruchs wird es allein dieser Glaube sein, in dem und durch den ihr bestehen könnt."

Ich fragte den Herrn, wie ich Sein Volk weiter führen solle. Er antwortete: „Es werden nicht immer jene sein, die du gerne führen würdest, sondern andere, die nicht unbedingt zur Herde gehören. Auch musst du sie nicht bei der Hand nehmen. Sie müssen selbst wollen. Deine Aufgabe ist es, Lichter und Wegweiser an ihren Weg durch Finsternis, Rauch und Feuer zu stellen." Aber wie kann ich das z.B. bei Frauen, die abgetrieben haben; oder wie soll ich mich verhalten gegenüber stolzen, verblendeten Geistlichen?! Da spricht Sein Herz zu meinem Herzen:

„Fühle dich ganz ein in ihre Not und Erbärmlichkeit und umhülle sie mit deiner erbarmenden Liebe, so wie Ich dich in Meine erbarmende Liebe einhülle. Dann wird dir jeweils das Rechte eingegeben werden."

Mitten im Volk steht ein Priester. Er wettert gegen das Neuheidentum und predigt Neuevangelisation. Aber irgendwie dringt nicht ins Herz, was er sagt. Der Herr sieht meinen fragenden Blick und sagt: „Ihr sprecht so oft von Neuevangelisation, aber ihr tut sie nicht! Was ist denn Neuevangelisierung anderes als das Evangelium ganz ernst zu nehmen, ohne Wenn und Aber. Zwar müht ihr euch ab im sozialen Bereich, um vieles, was auch „gute Heiden" tun. Ihr verkürzt damit das Evangelium um wesentliche Inhalte. Lest es so, als hättet ihr noch nie davon gehört; nicht mit dem Stolz eures kritischen Geistes, sondern mit dem Ohr eures Herzens. Demut und Einfalt sind der Schlüssel, um die Geheimnisse des Reiches Gottes zu verstehen. Der Überhebliche hat auch zu den Gleichnissen keinen Zugang; er hört und versteht doch nicht. Richtet euren Glauben aus an dem Glauben der Apostel, die das tun konnten, was auch ihr tun sollt: Kranke heilen, Gefangene befreien, Dämonen austreiben, Tote auferwecken, die Botschaft vom Reich Gottes verkünden. Fürchtet euch nicht vor dem Kreuz, das damit verbunden ist; fürchtet nicht den Hass der Welt und die Angriffe der Hölle. Wenn Ich mit euch bin, wer kann euch dann etwas anhaben?! – Neuevangelisation geschieht dann, wenn ihr selbst zum lebendigen Evangelium geworden seid!" – Das drang in mein Herz!

Was muss noch geschehen, bevor ihr ablasst von eurem Gezänk über „alte" und „neue" Hl. Messe?! Wenn jene Zeit da ist, die Ich euch vorausgesagt habe, werdet ihr sehnlichst nach einem Priester verlangen, der, und sei es auch in aller Eile und im Geheimen, die entscheidenden Worte spricht: „Das ist Mein Leib, das ist Mein Blut!", der so das Wesentliche des Hl. Messopfers vollzieht und euch mit dem Brot des ewigen Lebens nähren und stärken kann. Da wird keiner von euch mehr nach dem alten oder neuen Ritus fragen. Aber da werden alle ein Herz und eine Seele sein, wie in den Katakomben der frühchristlichen Zeit." So sprach der Herr zu denen, die sich ereiferten über die Richtigkeit der „alten" oder der „neuen" Hl. Messe. - Ist diese Zeit nicht schon ganz nahe? Vor nicht langer Zeit lebte ein Bischof in kommunistischer Gefangenschaft. Sein größter Schmerz war es, nicht die

Hl. Messe feiern zu können. Als Freunde eines Tages einige Hostien und Wein in einem Medizinfläschchen einschmuggelten, konnte der Bischof voll Glück und Freude das Hl. Messopfer feiern, mit 3 Tropfen Wein und 1 Tropfen Wasser in der hohlen Hand, wie er selber es nach seiner Freilassung berichtete. Wer hätte es wohl gewagt den Bischof zu fragen, in welchem Ritus er denn die Hl. Messe gefeiert habe!

Werde Kind! Folge mir nach!

Wieder halte ich inne auf meinem Weg zu Gott, um ein wenig zu ruhen. Ganz still ist es und ganz dunkel. Ich betrachte das Wort, das Gott einst dem Jeremia zugesprochen hat: Mit ewiger Liebe habe Ich dich geliebt und in Meinem Erbarmen dich an Mich gezogen. - Da stiegen aus der Tiefe schmerzliche Fragen auf: Wenn Du Dich mir zuwendest, welches Verhalten erwartest Du dann von mir? Wenn Du zärtlich bist, welche Hintergedanken hast Du dabei? Wenn Du mir Geschenke machst, womit muss ich bezahlen? Genügt Dir meine Weise des Dankes? Wenn Du mich umarmst, nimmst Du mir dann die Luft? Wenn Du mich liebst, stößt Du mich dann von Dir, wenn Dir meine arme Liebe nicht genügt? Wenn Du mich an Dich ziehst, bin ich dann an Dich gefesselt, unfrei? - Da war es wieder, dieses tiefe Misstrauen gegen den Herrn, das Herunterziehen des allmächtigen, liebenden Gottes in meine kleine, arme, verwundete Welt! Und, oh Wunder, Er kommt in diese kleine, arme, verwundete Welt. Er lässt mir Zeit zur Heilung der Wunden, zur Genesung. Er hilft mir, mich lieben zu lassen!

Ich fragte den Herrn: „Herr, was soll ich tun? Was mache ich falsch? Ich will Dir doch gefallen und alles recht machen." - Möge die Antwort darauf auch vielen anderen ins Herz gesprochen sein: „Du willst Mir gefallen? Willst du dabei nicht auch dir selbst gefallen? Du willst alles recht machen? Aber nur, soweit du es für richtig hältst. Du willst Meine Wünsche erfüllen, aber nur soweit sie Deinen Wünschen entsprechen. Du willst Meinen Willen erfüllen und schiebst Mir deinen eigenen unter. Du willst Mein Wort hören, aber nur soweit du es verstehst. Sehen willst du, aber nur was dir angenehm ist. Du willst Meine Aufträge erfüllen, aber nur, soweit sie kein Risiko enthalten. Du willst, dass Ich dich liebe, aber dir nicht zu nahe komme. Du liebst Mich, aber nur, wenn du dich vorher im Spiegel betrachtet hast, wenn du deine Liebe unter Kontrolle hast. - Werde Kind! Kehre zu deiner ersten Liebe zurück! Wenn der Vater dem Kind etwas aufträgt, dann fragt das Kind nicht, wozu das gut sein soll. Es tut, was der Vater sagt. Wenn der Vater Seine Arme ausbreitet und sagt zum Kind: "Komm!", dann betrachtet das Kind nicht vorher im Spiegel sein zerrissenes Kleid und sein schmutziges Gesicht. Es strahlt und springt dem Vater voll Freude in die offenen Arme. - Kehr um und überlasse dich Meiner Gnade, damit Ich endlich das aus dir machen kann, was Ich schon längst aus dir machen wollte. Folge Mir nach!"

Müssen wir Gott eine Leistung erbringen?

Auf unserem Weg kommen wir an einer Klosteranlage vorbei. Ein paar Mönche sind dabei, das alte Kloster, das sie abgerissen haben, wieder neu aufzubauen, schöner, größer, bequemer. Ein Prachtbau wird es. Sie bauen und bauen, aber ihre Häuser bleiben leer, die Ernte bleibt aus.

Wann begreifen sie endlich, dass es nicht genügt, Steine aufeinander zu setzen, um das Haus, das in Trümmern liegt, wieder aufzubauen! Ehe sie das nicht begreifen, wird der Herr all ihre Mühen wie einen Windhauch hinwegblasen; denn Ihm geht es nicht um irgendwelche Leistungen, die wir erbringen, auch nicht um die großartigsten. „Nicht deine Leistung liebe Ich! Dich liebe Ich!", so spricht der Herr. –

Viele Menschen sind von dem Gedanken beherrscht, Gott eine Leistung erbringen zu müssen. Wir müssen eben nicht! Denn nichts, was wir „leisten", stammt aus uns selbst, es kommt von Ihm und gehört Ihm. Alle Leistung, die wir uns selbst zuschreiben, bleibt auch bei uns selbst stehen. Lassen wir uns doch vom Herrn lieben! Dann mag unsere Leistung groß sein oder klein, sie hat dann das rechte Maß und ihr Ziel aus der Mitte heraus, zur Mitte hin.

Der Herr beginnt zu reinigen und umzuwandeln

„Das ganze Leben ist ein Schmarrn![2]" - So oder ähnlich konnte ich es schon manches Mal hören, von Kranken, von alten Menschen, die verbittert und enttäuscht auf den Trümmern ihres Lebens sitzen. Ich bin dann ein wenig traurig und hilflos, weil ich zwar die Gefühle dieser Menschen nachempfinden kann, ihnen aber nicht vermitteln kann, dass nicht das Leben an diesem „Schmarrn" schuld ist, sondern dass wir Menschen selbst es sind, die einen "Schmarrn" aus dem Leben machen; dass da aber einer ist, der jeden "Schmarrn" heilen und

---

[2] Umgangssprachlicher Ausdruck für "Unsinn"

auch verwandeln kann. Mir ist dazu eine kleine Weihnachtsbetrachtung gekommen, die ich gerne allen verhärteten, vergrämten Herzen nahe bringen möchte:

Als Gott Seinen Sohn auf die Erde sandte, wurde Er nicht in einen Palast hineingeboren, sondern in einen Stall. Und wenn Er heute zu den Menschen kommt, muss Er auch mit einem Stall vorlieb nehmen: mit meinem Stall, mit deinem Stall. Dieser Stall – das ist mein Leben oder deines, ist niedrig, eng, beschränkt, überall Staub und Schmutz, Unordnung. Er ist dunkel und kalt. Im Hintergrund stampfen die Tiere, immer hungrig und begierig zu fressen. Durchs Dach tropft der Regen. Ungeziefer huscht in die Ecken. Alles in allem: ein unwirtlicher Ort, wenn da nicht in der Mitte des Stalles die Futterkrippe stünde. Und genau in diese Krippe – mein Herz, dein Herz - wird der Heiland hineingeboren, jeden Tag, so oft ich Ihn eben einlasse. All der Schmutz ringsum stört Ihn nicht, nur auf diese Krippe hat Er es abgesehen. Und sobald Er darin liegt, beginnt sie zu leuchten. Ganz hell und warm wird es jetzt in meinem Stall. Auch die begehrlichen Tiere verziehen sich und verhalten sich friedlich. Nun erst, im Schein der leuchtenden Krippe, kann ich den Schmutz und die Unordnung meines Stalles wahrnehmen. Ich erschrecke gewaltig, aber das Lächeln des Gotteskindes ist so überwältigend, dass ich voller Glück und Scham zugleich in die Knie sinke, um anzubeten und Ja zu sagen zu meinem Gott und Heiland, Ja auch zu meinem Stall, den der Herr beginnt aufzuräumen, zu reinigen, ja völlig umzuwandeln in einen Ort des Lichtes, des Friedens, der Liebe. - Kannst du jetzt noch sagen, dass dein Leben ein „Schmarrn" ist?

"Herr, lehre uns wirklich lieben!"

In der Schar der Pilger erkenne ich ein bekanntes Gesicht: Eine Frau, die sehr genau auf äußere Formen der Frömmigkeit schaut. Ich sah sie einmal mit schmerzverzerrtem Gesicht in der Kirche knien; ich sprach sie daraufhin an und sagte, sie solle sich doch setzen. Aber sie meinte, sie müsse in der Kirche unbedingt knien, auch wenn die Knie noch so schmerzen; das gehöre eben zur Frömmigkeit. Was würden auch die Leute denken, wenn man sitzt. Auch aus anderen Äußerungen konnte ich erkennen, wie klein und schief ihr Gottesbild war. Ist Gott denn ein Zuchtmeister? Echte Frömmigkeit hat man nicht in den Knien, sondern im Herzen! - Viele sind es, die so oder ähnlich im Äußerlichen verhaftet sind und den wahren Weg der Frömmigkeit verfehlen. Ihnen ruft der Herr zu: „Ihr seid Krämerseelen. Ihr legt Mir ein paar Pfennige auf den Altar und meint euch den Himmel dafür kaufen zu können. Bin Ich denn ein Krämer? Doch ihr werdet erhalten, das, was man für ein paar Pfennige kaufen kann. Dabei könntet ihr alles erhalten, was ihr wollt, umsonst, um einen Preis, den Ich selbst für euch bezahle: den Preis der Liebe. Bittet um diese Liebe, ihr werdet sie erhalten. Und wenn ihr wahrhaft lieben gelernt habt, dann tut, was ihr wollt, ihr werdet immer das Rechte tun. Dann wird die Ehrfurcht, die ihr Mir erweist, nicht mehr Furcht sein, sondern Liebe." - Sind wir nicht alle irgendwie und immer wieder Krämerseelen! Herr, lehre uns wahrhaft zu lieben, damit wir den Weg in Dein brennendes Herz finden!

Der Weg ist jetzt nur noch ein schmaler, steiniger Pfad und führt steil bergan. Noch einmal ist eine Rast angesagt vor der letzten großen Anstrengung. Schweigend sitzen die Menschen am Boden. Da kommt Jesus mit einem

Gefäß und beginnt, allen die Füße zu waschen. Ich erschrecke und betrachte meine staubigen Füße. Der Staub liegt ja nur an der Oberfläche und ist rasch abgewaschen. Aber das sind unendlich müde und schwer gewordene Füße, mit dicken Schwielen vom beschwerlichen Weg durch das Leben. Da sind so manche wund geriebene und blutige Stellen. Schlecht verheilte Brüche verursachen Dauerschmerz. Durch falsches Schuhwerk wurden die Füße verkrümmt und verkrüppelt. Dornen, in die ich getreten bin, entzünden den Fuß und beginnen zu eitern. Durch ein inneres Leiden schwellen die Füße an und stechen und brennen. - Wie unendlich gut tut es, sich von Jesus diese Füße waschen zu lassen! Vorsichtig gießt Er das warme, heilende Wasser Seiner Liebe über meine geschundenen Füße und trocknet sie behutsam ab mit dem reinen Tuch seiner Barmherzigkeit und Güte, so als wollte Er Tränen abtrocknen. - Nun lass auch an dir geschehen, was Jesus an mir getan hat! Dann tue selbst, was Er mir und dir aufträgt, den anderen! Ekle dich nicht vor all den schlimm zugerichteten Füßen. Du brauchst nicht daran herumzudoktern, keine Dornen herauszuziehen, keine Eiterblasen aufstechen, keine Bruchstellen gerade richten. Du brauchst auch keine Belehrungen über besseres Schuhwerk abzugeben. Lass sie in ihren Schuhen; sie können gar keine anderen mehr tragen. Tue einfach das, was Jesus an dir getan hat: Gieße das warme Wasser deiner schweigenden, gütigen, verstehenden Liebe über ihre Füße und trockne sie mit dem reinen Tuch des Erbarmens behutsam ab.

Mut auf dem Weg in Sein brennendes Herz

Jesus sieht, wie schwer mir der Aufstieg zum Gipfel fällt und wie heftig der Feind versucht, mich herunterzuzerren und zu locken. Er spricht mir Mut zu: "Die Wasser der Verlockungen dieser Welt werden dich nicht wegreißen; das Feuer, durch das du Mein Volk führen sollst, wird dich nicht verbrennen; die Lasten, die du trägst, werden dich nicht erdrücken; die Finsternis wird dich nicht in die Irre führen; die Angriffe des bösen Feindes werden dich nicht töten; in der Stunde deines Todes bin Ich bei dir; denn du gehörst Mir. Fürchte dich nicht, denn du bist Mir teuer und wertvoll und Ich liebe dich." –

Das Wort, das der Herr mir zuspricht, ist in gleicher Weise für alle bestimmt, die mit mir aus dem Feuer kommen und auf dem Weg in Sein brennendes Herz sind.

Ich freue mich über die Liebe, die der Herr mir immer wieder erweist und denke darüber nach. Da sagt Er: „Halte Mich nicht fest! Wenn du Mich festhältst, verlierst du Mich. Licht kann man nicht festhalten. Aber Ich bin das Licht, das dich erfasst und in sich hineingezogen hat. Ich lasse dich nicht mehr los; und wie Ich eins mit dem Vater im Hl. Geist bin, so bist auch du eins mit Mir und so jeder, der sich von Mir erfassen lässt." –

Auch die Fluten meiner Sünden können Seine Liebe nicht löschen und wegschwemmen. Und weil Er die Liebe ist, geht Er auch in meinen Tod mit, dessen Macht Er gebrochen hat, indem Er Sich ihm als Gott unterworfen hat. –

Warum die schweren Schicksalschläge?

Aber die schweren Schicksalsschläge, die irgendwann jeden Menschen heimsuchen? Wie vereinbaren diese sich mit der Liebe Gottes? Den Heimgesuchten antwortet Er so:

„In den Schicksalsschlägen wird deine Hingabe an Gott geprüft; sie vermehren nur die Liebe und das Erbarmen Gottes zu dir. Hätte Ich dich nicht geliebt von Ewigkeit her, dann hätte Ich dich nicht ins Leben gerufen und dir den Namen gegeben, der dich als Mein Eigentum besiegelt; dann hätte Ich dich nicht berufen, aus Meinem brennenden Herzen hinauszugehen in die Welt, um dort den Brand Meiner Liebe neu zu entfachen und um die heimzuholen in Mein brennendes Herz, die es verlassen haben oder es noch nicht kennen. Lerne auch dich selbst zu lieben, wie Ich dich liebe und weil Ich dich liebe."

"Unversehens werdet ihr am Ziel angelangt sein"

Kostbar sind diese Trostworte des Herrn; aber das Himmlische Jerusalem scheint immer noch in unerreichbarer Ferne zu sein. Wie soll es weitergehen? Werde ich den Auftrag des Herrn vollenden können? Bin ich nicht genauso armselig wie jene, die ich führen soll? Da spricht der Herr:

„Glaube nur und vertraue! Der Auftrag ist Weg, nicht Ziel; er findet erst in der Ewigkeit seine Vollendung. Gehe diesen Weg in aller Treue und zeige ihn denen, die ihn allein nicht erkennen. Ich sage euch: Unversehens werdet ihr am Ziel angelangt sein und eure Freude wird groß sein!"

Der Trost Gottes ist nicht der Trost des „Fleisches"; der ist vergänglich und erreicht nicht mehr die Seele, die vom Trost des Geistes, des Starken, gekostet hat. Dieser Trost kommt nicht von außen, sondern von innen, aus der innigen Vereinigung mit Gott. Wie aber gelangt die Seele zu diesem Trost? Quelle des Trostes ist die Anbetung des Dreifaltigen Gottes. Aus dieser Quelle darf die Seele schöpfen, um wiederum andere zu trösten, mit dem Trost, mit dem sie von Gott getröstet wird.

Frontalangriff aus der Hölle – jetzt heißt es standhaft zu bleiben

Aber der Trost Gottes ist nicht beglückender Besitz für immer – noch nicht! Er wird uns gegeben, damit wir stark werden und uns mutig dem Angriff aus der Hölle stellen. Es ist ein Frontalangriff; der heiße stinkende Atem Satans umhüllt uns wie eine Wolke, in der wir nichts mehr erkennen und unterscheiden können. Jetzt heißt es, standhaft zu bleiben, fest zu stehen und sich nicht von Luzifers Helfershelfern verwirren oder betören zu lassen. Es sind keine gehörnten Ziegenböcke oder Schreckgestalten; es sind vielmehr seriös gekleidete Herren und Frauen, die uns – scheinbar allgegenwärtig – aus dem Standbild des Tieres zulächeln. Es ist das Standbild, das von so vielen angebetet wird*. Den Seriösen ist große Macht gegeben von dem, der hinter ihnen steht, unsichtbar, aber erkennbar, jedoch nur für jene, die sein

---

* Wer mehr über das Standbild des Tieres erfahren möchte, lese dazu das Buch „Der letzte Kampf zwischen Licht und Finsternis".

Standbild nicht anbeten. Was die Seriösen denken und sagen, ist nicht immer schlecht; es dient dazu, das Volk einzulullen, damit es die gut verpackte Lüge in der Wahrheit nicht erkennt und der Unsichtbare seine Macht über die ganze Erde ausbreiten kann.

**Das ist sein Ziel.
Aber er wird es nicht erreichen.
Denn die Macht der Wahrheit
ist stärker als die Macht der Lüge.**

Der letzte Kampf zwischen Licht und Finsternis
Ursachen, Hintergründe und Folgen

384 Seiten. Bestell-Nr. 1091, € 15,90, sFr. 27,-.

Inhaltsverzeichnis – Teil I

Vorwort von Erzbischof Dr. Karl Braun	5
Vorwort (ein Beichtvater)	8
Einführung zu den drei Teilen	11
Einleitung des Herausgebers	21
Einleitung (Verfasserin N.N.)	35

1. Persönliche Läuterung und Heilung ... 37

„Es ist meine Liebe, die in dir brennt." ... 37
„Mein Plan ist nicht der deine." ... 39
Völlige Loslösung von allen Anhänglichkeiten ... 40
Die suchende Liebe ... 41
„Liebesfunke Gottes des Vaters seit Ewigkeit." ... 43
„Aus meinem Herzen habe ich dich ausgesandt." ... 44
„Haltet durch! Gebt nie auf!" ... 46
„Geh in aller Treue deinen Weg!" ... 47
„Nicht Erfolg führt zur Heiligkeit." ... 49
„Den Sprung wagen". ... 50
Ohne reines Herz kannst du Gott nicht schauen ... 51
„Wieder in die Stille kommen." ... 51
„Der Friede gründet in meiner Liebe." ... 52
„Wunderbare Segensfülle" ... 53
„Ich trage es bis ans Ende." ... 54
„Du bist Kind und Miterbe." ... 55
Charisma aus der Mitte des göttl. Herzens ... 56
„Glaube und fürchte dich nicht!" ... 56
„Im Opfer Christi verwurzelt." ... 58
Sei demütig: „Höre und diene!" ... 59
„Wahre Nächstenliebe nur in wahrer Gottesliebe." ... 51
„Ich bin getreu." ... 62
„Vom Brennglas der Liebe Gottes entzünden lassen" ... 63

Göttliche Bestrahlung in der Eucharistie 64
„Freue dich aus vollem dankbarem Herzen!"........ 65
Hl. Jungfrau, lege ein Siegel auf meine Stirne!...... 65
Heiliger Schutzengel, tritt du an meine Stelle! 66

2. Kampf 67
„Jetzt ist die Zeit des Kampfes." 67
„... damit ihr gerüstet seid, wenn es
    soweit ist." 69
„Ich bin die Frau aus der Wüste!" 71
Barmherzigkeit und Liebe ...………………...... 73
„Partisanen Gottes" ....………………........... 74
Netzwerk der „Partisanen Gottes" ...………..... 76

3. Heilung und Befreiung ..……………………. 79
„... wenn ihr tut, was Er euch sagt." 79
Werk der Heilung und Befreiung ..……………. 81
Man braucht die Kraft und die Liebe Jesu 84
„Wer ein glühendes Herz hat" 86
„Zögert nicht länger und befreit sie!" 88
Rosenkranz der Heilung und Befreiung 92

4. Endzeit ..……………………......................... 93
Fürchtet euch nicht! ..……………………........ 93
Deutet die Zeichen der Zeit .……………….... 94
„Fahrt hinaus mit euren Booten!" 95
Die Gräuel der Verwüstung ...………………. 97
„Meine kleine Herde will ich ganz in
    Liebe vereint wissen." 99
Verfolgung der Kirche .……………………. 100
„Komm und fürchte dich nicht!" 102
Sterben - Er bleibt. Er ist die Liebe ...………. 103
Ein Rosenkranz für Kranke und Sterbende 107
Mahnungen zur Umkehr, zum Anderssein,
    zum Andersleben ……………………........ 107

Inhaltsverzeichnis: Teil I

    Gebet zum heiligen Erzengel Michael 109
- **5. Priester und Bischöfe** 110
  - „Ich habe einen Verwalter eingesetzt." 110
  - „Auch wenn das Meer tost und
    das Schiff schwankt." 112
  - „Ein Angebot meiner Liebe." 113
  - Ordensgemeinschaften: Sich im
    Heiligen Geist erneuern 114
  - Der Zölibat ist ein Charisma 115
  - Gott, Christus ist das Ziel 117
  - „Werft das Heilige nicht den Hunden vor!" 119
  - Bischöfe: Werdet wieder Hirten u. Seelsorger ... 120
  - „Viele suchen das Ewige Licht, wo
    es erloschen ist." 123
  - „Die Priester müssen wieder
    Priester werden!" 124
  - Wort an die Priester und Bischöfe 125
  - Befreiung: „Wovor haben sie Angst?" 126
  - Die Gnade der Lossprechung 128
  - Wort an einen gefährdeten Priester 129
  - „Sie werden euch verachten u. beschimpfen." 130
  - Schauen wir doch auf Maria! 131
- **6. Maria** 133
  - Maria, die Ursehnsucht nach Reinheit
    und Vollkommenheit 133
  - Die Macht der Frau ist die Macht Mariens 133
- **7. Betrachtungen** 136
  - Der Mann aus Samaria 136
  - „Mir geschehe nach seinem Wort." 137
  - Vater unser 138
- **8. Der Auftrag** 143

Inhaltsverzeichnis – Teil II

Teil II: Das entsiegelte Buch	145
Vorwort des Herausgebers (für Teil II)	147
Vorwort der Autorin	153
Die ersten Begegnungen und Erfahrungen	155
„Ich rang und kämpfte um diese Frau mit Fasten und Beten"	155
„Wenn doch nur einmal ein Priester den Exorzismus über mich beten würde"	157
Flucht in esoterisch-okkulte Selbstverwirklichung	158
Dämonische Belastungen in Folge okkulter Verstrickungen	160
Ein Wort an die Priester und Bischöfe	163
Einfallstore für dämonische Belastungen	164
Den inneren Frieden immer noch nicht gefunden	164
Hassausbrüche gegen Gott und die Eltern	165
Ungeheuerer Leidensdruck	167
Wo Psychiatrie keine Hilfe geben kann	171
„Du kommst sowiewo in die Hölle"	172
Nochmals: Helga	174
Ein geistlicher Kampf – dann ist die Befreiung da	175
Wovor haben die Bischöfe und Priester Angst?	177
Heilt Kranke, treibt Dämonen aus, weckt Tote auf	180
Zeugnis von eigenen Erfahrungen mit Heilung/Befreiung	182
Kopfschmerzen und Depressionen	182
Da weinte er und begann zu reden	183

Inhaltsverzeichnis: Teil II

Ein religiöses Gespräch war untersagt 184
Die tiefste Wunde ihres Herzens 186
Sprechen in einer ganz fremden Sprache 188
In der Psychiatrie gelandet 189
Belastet durch ein trauriges und
zerstörtes Leben 190
Er war sehr fromm und wollte Priester werden . 192

Fragen an die Bischöfe und Priester 196

Ein Wort zum „Post-Abortion-Syndrom" 197

Allein gelassen 198

Was Er zu meiner Seele gesprochen hat 199
„Heilt sie in meinem Namen 199
„Nennt den Feind furchtlos beim Namen!" 199
„Ihr Priester, geht nicht vorüber!" 201
„Zögert nicht länger!" 202
„Denen, die glauben, wird es gelingen" 202
„Misereor heute: sich der geistigen
Not erbarmen 203
„Die Zeit ist da, das Treiben des Feindes
zu erkennen" 204
„Vergrabt nicht euere Talente!" 204

Heilung und Befreiung:
So kann der Weg aussehen 205
Heilung und Befreiung! Wie kann so
etwas geschehen? 205
Beim Gebet um Heilung/Befreiung sollten
folgende Punkte bes. beachtet werden 206

Schluss 207

Inhaltsverzeichnis – Teil III

Teil III: 1. Führe Mein Volk aus der
brennenden Stadt! 211
Vorwort des Herausgebers (für Teil III) 213
1. Führe Mein Volk aus der
brennenden Stadt! 215
   Was habt ihr getan? 215
   Das Haus des Götzen "Ich" 216
   Die Straße der Menschenwürde 219
   Menschen mit "weißer Weste" 220
   Traurige Kinderaugen 222
   Süchtig nach Schmutz und
      Unrat im Fernsehen 223
   Ungezügelte Begierden 224
   Scham zerstörende Kleidung 225
   Unmoral, Blasphemie, Unglaube als "Kunst" ... 226
   Eine Kathedrale kurz vor einem Feuersturm ... 227
   Sie haben sich selbst zur Mitte gemacht 229
   Im schwarzen Gewand der Sünder 230
   Die Stürme hatten leichtes Spiel 232
   Leere Beichtstühle 233
   Viele von ihnen voller Stolz und Hochmut 234
   Ein zäher, trüber Brei von Gleichgültigkeit,
      Trägheit und Schmutz 235
   Den Auftrag nicht erfüllt 236
   Die Sünde beim Namen nennen 237
   Geschwüre, die wie Feuer brannten 238
2. Führe Mein Volk hinein in das
brennende Herz Gottes!" 241
   Hier bin ich – ich bin bereit! 242

Inhaltsverzeichnis: Teil III

Wer führt, muss das Ziel vor Augen haben.	243
Er sagt: "Spring!"	244
Es ist jetzt pechschwarze Nacht	246
Mich dürstet!	248
Sich an Maria orientieren und heilen lassen	250
... das eigene, oft unscheinbare Kreuz willig auf sich nehmen	252
Lichter und Wegweiser an ihren Weg stellen	253
Werde Kind! Folge mir nach!	256
Müssen wir Gott eine Leistung erbringen?	257
Der Herr beginnt zu reinigen und umzuwandeln	258
Herr, lehre uns wirklich lieben!	260
Mut auf dem Weg in Sein brennendes Herz	262
Warum die schweren Schicksalschläge?	263
Unversehens werdet ihr am Ziel angelangt sein	263
Frontalangriff aus der Hölle – jetzt heißt es standhaft zu bleiben	264